民國歷史與文化研究

六 編

第 **2** 冊

范源廉與清末民初的中國教育

姜 文 著

花木蘭文化事業有限公司

國家圖書館出版品預行編目資料

范源廉與清末民初的中國教育／姜文 著 — 初版 — 新北市：
花木蘭文化事業有限公司，2017〔民 106〕
目 4+194 面；19×26 公分
（民國歷史與文化研究 六編；第 2 冊）
ISBN 978-986-485-140-9（精裝）
1. 范源廉 2. 學術思想 3. 教育哲學
628.08   106013729

ISBN-978-986-485-140-9

9 789864 851409

民國歷史與文化研究
六 編 第 二 冊   ISBN：978-986-485-140-9

范源廉與清末民初的中國教育

作 　 者　姜 文
總 編 輯　杜潔祥
副總編輯　楊嘉樂
編 　 輯　許郁翎、王筑　美術編輯　陳逸婷
出 　 版　花木蘭文化事業有限公司
社 　 長　高小娟
聯絡地址　235 新北市中和區中安街七二號十三樓
　　　　　電話：02-2923-1455／傳眞：02-2923-1452
網 　 址　http://www.huamulan.tw 信箱 hml 810518@gmail.com
印 　 刷　普羅文化出版廣告事業
初 　 版　2017 年 9 月
全書字數　181545 字
定 　 價　六編 10 冊（精裝）台幣 18,000 元

范源廉與清末民初的中國教育

姜文　著

作者簡介

姜文，男，1981 年生，遼寧大連人。現任職於北京師範大學校史研究室。北京師範大學歷史學院中國近現代史專業博士，北京師範大學教育學部博士後，研究方向爲中國近現代教育史、思想文化史。

提　　要

　　范源廉是近代中國教育變革中的重要人物。早年求學時務學堂，其思想發生重大變化，並逐漸確立了教育救國的志向。留學日本，是范源廉人生中的另一重大轉折，尤其是其參與創辦的速成教育，滿足了當時中國人才奇缺的狀況，對晚清的教育和政治變革起到了重要作用。

　　注重普通教育是范源廉教育思想和實踐的重要特徵。在民國初年擔任教育總長期間，范源廉頒佈了一系列法令，爲普通教育的發展鋪平了道路。范源廉對於教科書的管理和編寫非常重視，他不僅通過頒佈一系列法令對教科書進行管理，還親自參與教科書的編寫工作，體現了其重視實踐的可貴精神。在學校讀經和尊孔問題上的態度和做法，集中體現了范源廉的文化觀，可以看出其教育思想和實踐兼具保守與革新兩種特徵。

　　師範教育是普通教育的基礎，范源廉對師範教育尤其是高等師範教育非常關注，這與其受日本師範教育的影響有著密切的聯繫。民國建立以後，范源廉一直支持高等師範教育的發展，無論是高等師範區的構想，還是擔任北京師範大學首任校長，都是其重視高等師範教育的體現。可以說，近代中國高等師範教育能夠持續發展，與以范源廉爲代表的教育家的努力有著密切的關係。

　　北洋政府時期，由於政治四分五裂，中央權力已經無法控制各地，對教育的統一和獨立發展產生了不利影響。軍閥的混戰，又使教育經費嚴重短缺，成爲教育發展的重大障礙。范源廉爲尋求教育的獨立發展採取了各種措施，無論是設立教育廳，還是以各種手段籌措教育經費，其最終目的都爲尋求教育的獨立發展。但在北洋政府時期的政治亂局之下，范源廉的教育獨立目標根本無法實現。

　　新文化運動前後，中國的教育模式逐漸從模仿日本到學習美國轉變。在新的時代潮流中，范源廉通過親自赴美考察教育，聘請美國教育家來華講學等方式，積極推動中國教育向美國教育模式的轉變。在三次擔任北洋政府教育總長，試圖依靠政府力量自上而下改造中國教育而歷經挫折之後，范源廉逐漸對北洋政府失望，並調整自己的思路。范源廉通過組織中華教育改進社、主持中華教育文化基金董事會等教育機構，試圖依靠非政府的力量，自下而上改造中國教育，這表明其改造中國教育的新嘗試。

　　范源廉的一生以教育救國爲終身志業，其功績不應爲歷史所遺忘。雖然由於個人及時代的局限性，范源廉的許多教育理想和舉措無法實現，但其在促進中國教育變革中的努力和經驗值得後人銘記與反思。

目次

緒　論

一、選題緣起與意義

　　如果關注清末民初的教育史，尤其是北洋政府時期的教育史，我們就會發現范源廉的身影。范源廉〔註 1〕（1876～1927），字靜生，湖南湘陰人，早年求學時務學堂，1899 年赴日留學，參與創辦速成師範與速成法政。1905 年任職晚清學部，參與了晚清一系列重大教育制度的制定。民國建立以後，曾先後三次擔任北洋政府教育總長，參與制定並頒佈了「壬子癸丑學制」以及各級學堂章程。不僅如此，范氏還參與創辦了清華大學和南開大學，曾擔任北京師範大學首任校長、中華教育文化基金董事會幹事長等職，對於近代教育發展作出了重要貢獻。

　　范源廉與新文化運動也有密切的關係，所謂「北京大學的蔡元培時代」正是由於范源廉請蔡元培擔任北京大學校長所開啓的。五四時期杜威、羅素、孟祿等著名學者的講學，也與范源廉所創辦的尚志學會和其參與創辦的講學社有不少關係。可以說，范源廉對新文化運動的發生與發展起到了積極的推動作用。1922 年，《密勒氏評論報》曾發起「中國當今十二位大人物」的民意調查，范源廉雖沒有蔡元培、胡適、梁啓超、章太炎等人得票多，但在文化教育界排名靠前，在辜鴻銘、嚴修、梁漱溟等人之上。可見范源廉在當時民眾中已經有相當高的認知度，屬於時代的「大人物」之列應無疑義。〔註 2〕

〔註 1〕　范源廉，又作范源濂。時人與今人對「廉」、「濂」二字並沒有做嚴格區分，通常混用。但在《政府公報》等官方文件以及范氏自署的文字中，都用「廉」字，因此，筆者更傾向於採用前者。

〔註 2〕　可參看楊天宏：《密勒氏報「中國當今十二位大人物」問卷調查分析》，《歷史研究》2002 年第 3 期。

范源廉逝世以後，全國各大報刊幾乎都有相關的報導，並高度評價了其業績，認爲范氏「屢長教衡，學制大政，悉取決於先生之手。蓋近二十年來，以一人而關係全國教育興廢之重，未有若先生者也」。〔註3〕通過以上論述，我們可以看到范源廉在近代中國教育界佔有重要地位，是近代中國教育史上一個繞不開的重要人物。正如歐陽哲生在爲《范源廉集》所寫的前言中所說：「范源廉是北洋政府在教育界臺前幕後的主要操控者，可謂與民國前期的北洋政府相始終，對於范氏所扮演的這樣一個角色，我們過去認識顯然不足。」〔註4〕

然而與之不相符的是，學術界對范源廉的研究比較少，眞正有分量的論著還沒有出現。這種狀況的出現是各種因素造成的。第一個制約因素是范源廉「性不喜作文章」，其本人著述很少，也沒有留下日記、回憶錄等材料。對此，胡適在日記中曾有記載：「我曾勸梁任公、蔡子民、范靜生三先生作自傳，不知他們眞肯做嗎？」〔註5〕事實上，梁啓超和蔡元培都有自傳或自述，范源廉生前卻沒有留下這類史料，這就直接限制了後人對其進行深入地研究。

第二個制約因素是范源廉與北洋政府的當權者保持著密切的聯繫。范源廉曾加入袁世凱臨時幕府，作爲北方代表參與辛亥革命後的南北和談，又曾是民初政黨國民協進會的發起人，被視爲「袁氏幕下之有力者」；〔註6〕袁世凱敗亡後，又與段祺瑞有相對密切的關係，被時人視爲段祺瑞系的一員。〔註7〕因此，范源廉並不算「先進」的人物，這也不能不影響後人對其研究。

另一個限制范源廉研究深入的重要因素是其教育行政家的身份。〔註8〕范氏早年任職學部，民國建立後又三任教育總長，與教育行政的關係極爲密切。在近代教育史研究中，學術界對教育行政史的研究相對薄弱，〔註9〕這也間接

〔註3〕《本社董事范靜先生小傳》，《科學》第13卷第1期。

〔註4〕歐陽哲生等編：《范源廉集·前言》，湖南教育出版社2009年版，第6頁。

〔註5〕曹伯言整理：《胡適日記全編》第3冊，安徽教育出版社2001年版，602頁。

〔註6〕宗方小太郎：《一九一二年中國之政黨結社》，《近代稗海》第12輯，四川人民出版社1989年版，第89頁。

〔註7〕參看沃邱仲子：《段祺瑞》，上海廣文書局，1922年。

〔註8〕時人已經肯定其教育行政家的身份，如任鴻儁對范氏的介紹：「人性可分爲三人類，一爲美術的，一爲科學的，一爲實行的。合科學與實行則爲教育家，或教育行政家，范先生其人也。」《科學》，第4卷第5期。

〔註9〕參看關曉紅：《晚清學部研究·緒論》，廣東教育出版社2000年版，第24頁。

影響了對范源廉研究的深入。實際上，教育行政是教育的重要組成部分，因為教育思想畢竟要落實到現實制度之上，如果沒有現實力量的支撐，無論多麼先進的思想，只能是空中樓閣。教育行政不僅是教育問題，也與政治和社會密切相關。教育行政不僅要關注教育政策與條文，更要關注教育政策的推行狀況，如在推行過程中遇到了怎樣的困難，發生了什麼樣的變化，還要關注教育措施的推行對近代社會變遷產生了何種影響。因此，選取范源廉作為研究對象，可以對近代教育行政史的研究有所推進。

近代中國的教育發展實有兩種路徑與思路，即優先注重普通教育與優先發展高等教育，前者可以范源廉為代表，後者可以蔡元培為代表。近代中國，普通教育與高等教育哪種應優先發展，二者的關係為何，時至今日仍為一個重要問題。值得注意的是，上述兩種不同的教育思想與路徑選擇背後又有日本與美國教育思想與制度的推動，這兩種思想分別代表了兩種不同的認識與選擇。具體到范源廉本人，其既曾留學日本，又三次赴美考察，日本與美國教育思想分別對於其教育思想與教育實踐產生了哪些影響？選擇范源廉作為研究對象，也可以從個案來考察日本與美國教育思想對近代中國教育思想與實踐的影響。

綜上，選取范源廉作為研究對象，不僅可以重新確立其在近代中國的地位，更可以通過范氏個人的活動，進而考察其所經歷的時代，尤其是關注於清末民初這個從傳統到現代急劇轉型的歷史時期，並且可以發掘近代中國教育變革過程中一些為人所忽略的歷史面相。

二、學術史回顧

學術史的回顧是學術研究的基本前提。本文既然選取范源廉與清末民初的中國教育為研究對象，因此對這一課題的回顧就應包括兩個方面：其一為直接以范源廉為研究對象的著作，其二為與范源廉有關的教育史著作。下文即主要從這兩個方面進行敘述：

（一）直接研究范源廉的論著

目前為止，學界對范源廉生平與思想的研究還相當有限，迄今為止仍沒有以范源廉為研究對象的專著。現有的研究主要是一些教育史論著中對於范源廉教育思想的敘述以和少量以范源廉為研究對象的學術論文。

1、專著

《中國教育家思想精粹》〔註10〕一書主要選取對近當代中國有影響的 100 位教育家，並對其思想進行評述，其中專設一章論述范源廉的思想。該文主要從重視科學、尚武精神、愛國主義精神三個方面對其教育思想進行分析。其缺陷在於引用資料主要為范源廉的《說新教育之弊》及《今日世界大戰中之我國教育》這兩篇文章，並且分析也不深入。

軍國民思想是范氏教育思想的特點之一，有幾部著作注意及此。《中國教育思想通史》第 6 卷有一小節詳細論述范源廉的軍國民教育思想，主要參考資料來自范源廉的《今日世界大戰中之我國教育》，對范源廉軍國民教育思想評價很高，認為范源廉「將軍國民教育寓於其他相關學科的教學中」，「拓寬軍國民教育的領域，豐富軍國民教育的內涵」。〔註11〕《中國體育思想史·近代卷》〔註 12〕也專設一節論述范源廉的體育思想，指出范氏注重對學生和國民尚武精神的培養，並且積極提倡軍國民教育。但其史料來源仍為《說新教育之弊》及《今日世界大戰中之我國教育》這兩篇文章，沒有太多新意。

此外，由於范源廉與近代中國最著名的幾所高校關係密切，各高校的校史或校史史料中也有關於范氏的篇幅。如與清華大學的關係，可以《清華大學的校長們》〔註 13〕一書中的「范源廉」章為代表；與南開大學的關係，則散見於《南開大學校史資料選（1919～1949）》等；〔註14〕與北師大的關係，有金琦的《高師改師大後首任校長——范源廉》；〔註15〕王淑芳的《北京師範大學第一任校長范源廉》；〔註16〕《西北師大校史》也專有一章《范源廉與北

〔註10〕 楊際賢主編：《保存國粹，適應時勢——評述范源廉的教育思想》，《中華百年教育家思想精粹》，中國盲文出版社 1999 年版。

〔註11〕 王炳照、閻國華主編：《中國教育思想通史》第 6 卷，湖南教育出版社 1994年版。

〔註12〕 崔樂泉、楊向東主編：《中國體育思想史·近代卷》，首都師範大學出版社 2008年版。

〔註13〕 黃延復：《清華的校長們》，中國經濟出版社 2003 年版，第 12～13 頁。

〔註14〕 王文俊等選編：《南開大學校史資料選（1919～1949）》，南開大學出版社 1989年版。

〔註15〕 北京師範大學校友會編印：《校友通訊》2000 年第 2 期，第 145～146 頁。

〔註16〕 王淑芳等主編：《師範之光——北京師範大學》，北京師範大學出版社 2002 年版，第 32～37 頁。

京師範大學的發展》〔註17〕論述其在北師大的活動；熊明安所著《中國高等教育史》〔註18〕爲范源廉專設一小節，與蔡元培、張伯苓、蔣夢麟、梅貽琦等 4 人並列爲中華民國時期的高等教育家，雖然范氏並不以高等教育見長，但鑒於該書爲高校文科參考書的性質，對於確立范氏在近代中國教育的地位有一定幫助。

2、論文

以筆者視野所及，直接研究范源廉的論文與著作數量很少，並且基本都以研究范氏的教育思想爲主。張書豐的《范源濂的教育活動及教育主張初探》〔註19〕是較早研究范源廉的一篇論文。該文肯定了范氏三次擔任教育總長時期所推行的教育政策對近代中國的積極影響，尤其強調范氏在制定新學制方面的重要作用，並認爲重視師範教育和普通教育，提倡科學、尚武、愛國的「教育救國」論爲其思想的特色。該文的可取之處在於不僅是研究范氏的教育思想，開始關注其教育實踐，並試圖與時代的變遷相結合。

張欽的《范源廉教育思想述論》〔註20〕一文從范源廉的教育立國思想，具體教育主張，教育思想的理論依據三個方面，較全面的闡述了范氏的教育思想。作者引用了大量范源廉的言論，資料較爲充分。遺憾的是文章沒有注明出處，並且由於作者偏重思想的論述，對范氏的教育實踐關注不夠。

許曉明的《范源濂教育思想探析》〔註21〕一文仍然側重於探討范源廉的教育思想。該文首先對范源廉的生平予以簡要介紹，並分析了范源廉教育思想的背景，該文認爲注重社會教育、軍國民教育和義務教育是范氏教育的三個主要方面，在文章的最後，許文對范氏的教育思想予以了積極地評價，認爲其教育思想的特徵主要爲以教育爲救國手段的愛國精神、既學習外國先進經驗，又能夠與本國國情相適應等方面。許文對范源廉教育思想的分析是比較恰當的，不過總體而言，該文仍是一篇以研究范源廉教育思想爲中心的文章，與之前的文章相比，新意並不太多。

〔註17〕 西北師大校史編寫組：《西北師大校史（1902～2002）》，甘肅人民出版社 2002 年版。
〔註18〕 熊明安：《中國高等教育史》，重慶出版社 1988 年版，第 505～506 頁。
〔註19〕 張書豐：《范源濂的教育活動及教育主張初探》，《山東師大學報》1989 年第 3 期。
〔註20〕 張欽：《范源濂教育思想述論》，《船山學刊》1995 年第 2 期。
〔註21〕 許曉明：《范源濂教育思想探析》，《河北師範大學學報》（教育科學版），2012 年第 1 期。

北京大學胡慧娟的學位論文《范源廉教育思想與實踐》〔註22〕是對於范源廉研究比較全面深入的論文，該文無論在史料搜集與論述上都有可取之處，爲筆者的進一步研究提供了很好的基礎。但仍有探討空間和可議之處，如在史料運用上，對檔案使用不足；又如誤認爲范氏胞弟范旭東所撰《先兄靜生先生行述》已遺失，實則該文存於國圖古籍館（按：《范源廉集》已經收錄），因這篇文章提供了與范氏行動直接相關的論述，尤其是對范氏在近代教育所扮演的角色論述甚詳，所以遺漏此文不能不說是一種遺憾。

河北大學劉佳的學位論文《范源廉教育思想研究》〔註23〕概述了范源廉教育思想的產生，分析了其教育思想的來源，從義務教育、軍國民教育、修養教育、師範教育和實業教育等五方面論述了范氏教育思想的主要內容，並對於其教育思想的特點及其得失予以了評析，對於范源廉的教育思想有著比較全面的敘述。

不過以上兩篇學位論文，皆將研究重點放在范源廉的各種教育思想，但教育思想正是范氏比較薄弱的一面，因此這一研究取向似並非最佳的選擇。

（二）與范源廉研究相關的論著

隨著近代教育史的逐漸爲人所關注，近年來出現了不少有歷史學背景的學者所作的教育史方面的論著，這些著作開始把教育與政治、社會等結合起來考察，體現了一種新的思路與視野。雖然其中直接涉及范源廉的內容並不多，但或者有助於研究范源濂生活時代的教育與政治背景，或者在思路與寫法上對本文有啓發，因此也有重要的參考價值。限於篇幅及視野，筆者只擇要列舉與本文有比較密切關係的著作，論文則以博士論文爲主，特此說明。

1、專著

實藤惠秀所著《中國人留學日本史》〔註24〕對於近代中國留學日本的歷史進行了系統回顧，書中對於近代中國人留學日本的原因與過程、留學生在日本的生活和政治活動、留日學生的翻譯活動及對中國出版界的貢獻等方面都有相當全面而詳盡的敘述，時至今日仍對學界有重要的參考價值。該書中關於留日學生的速成教育、女子留學、留日學生反對「取締規則」的敘述，

〔註22〕 胡慧娟：《范源廉教育思想與實踐》，北京大學歷史學系 2006 年碩士論文。
〔註23〕 劉佳：《范源廉教育思想研究》，河北大學教育學院 2011 年碩士論文。
〔註24〕 〔日〕實藤惠秀：《中國人留學日本史》，生活・讀書・新知三聯書店 1983 年版。

都與范源廉有相當密切的關係，對於重建范源廉在日本的活動有重要的價值，本書也爲筆者考察范源廉在日本歷史的主要參考著作。

黃福慶所著的《近代中國的留日學生》〔註25〕主要考察 1896～1911 年中國人留學日本的歷史，主要從留日背景、清政府的留學政策及對留日學生的管理、留日學生在文化和政治上的活動等方面，對於晚清時期留日學生的各個方面進行了詳細地考察。作者用了不少篇幅對於留學生在日本的政治活動予以敘述，如革命組織的建立、參與拒俄運動等方面。該書也提到了范源廉在宏文書院速成科和法政大學速成科的活動，爲探討范氏留日期間的活動提供了線索。

關曉紅的《晚清學部研究》〔註26〕一書以學部的建立爲起點，論述了學部的人事與決策、機構設置與職能、如何統籌經費和教育，以及與晚清憲政的關係和對近代文化事業的推進等內容，其論證嚴謹、材料豐富，對我們全面瞭解晚清學部在近代中國教育中的作用有較大的參考價值。值得一提的是，范源廉回國後即任職於學部，該著作也有所涉及，對於我們深入考察范氏在晚清學部的工作起到了基礎性的作用。

蘇雲峰所著《從清華學堂到清華大學（1911～1929）》〔註27〕利用了中、美等各方面的檔案，從清華的籌設經過、管理體制、經費、師資、課程設置、學生素質與生活等方面對於清華大學早期的發展歷程進行了系統地梳理，爲一部研究清華大學早期發展歷史的力作。由於范源廉早年曾參與了清華學堂的創辦以及日常的校務管理，該書中有關清華創設歷程、教育宗旨、中美教員關係等問題的探討，都對於考察范源廉與清華的關係有相當大的助益。

王建軍所著《中國近代教科書發展研究》〔註28〕一書分別從清末西方教科書的傳入歷程、清末民間與官方所編纂的教科書、民初所編教科書這三個方面對於近代中國教科書的發展進行考察，應爲學界第一部對於中國近代教科書發展進行系統研究的著作。該書與范源廉有關的內容主要體現爲兩個方面：其一，該書對於清末與民初政府對於教科書審定制度的關注，對於考察范源廉在教科書審定制度上的作用有參考作用。其二，該書也關注到了民初

〔註25〕黃福慶：《清末留日學生》，「中央」研究院近代史研究所 1975 年版。
〔註26〕關曉紅：《晚清學部研究》，廣東教育出版社 2000 年版。
〔註27〕蘇雲峰：《從清華學堂到清華大學（1911～1929）》，生活・讀書・新知三聯書店 2001 年版。
〔註28〕王建軍：《中國近代教科書發展研究》，廣東教育出版社 1996 年版。

中華書局的崛起及其所編輯的教科書，由於范源廉曾擔任中華書局編輯長，對於考察范源廉在中華書局的活動也有不少參考價值。

劉捷、謝維和所著《柵欄內外：中國高等師範教育百年省思》〔註 29〕首先從歷史淵源、清末、民國、新中國這四個時期對於中國高等師範的歷史進行了回顧，隨後從高師教育專業性和發展模式、教育科學發展和教師職業變遷、高師改革與發展前景等方面對於百年來中國高等師範教育的成敗得失進行了分析和反思。該書還注意把中國與外國的高等師範教育進行比較，這是難能可貴的。書中對於清末民初高等師範教育的敘述與分析，對於我們審視范源廉在民初高等師範教育中的作用幫助甚大。尤其是對於范源廉在民初所設想的高等師範區計劃，本書作者給予了高度評價，認為這一構想是「光耀中華師範教育史上的一大創舉。」

姜朝暉的《民國時期教育獨立思潮研究》〔註 30〕系統研究了民國時期的教育獨立思潮。該書將民國時期的教育獨立思潮分成清末民初、北洋政府和南京國民政府三個階段進行考察，並對每一階段的形成原因、特徵等方面作了比較詳盡的論述。作者認為，教育獨立思潮不僅體現為教育界對外部政治力量的獨立，也體現為知識分子自身在政治上的理性行為，這應為以往研究者所忽略的面相。該書第三章對北洋政府時期教育獨立的研究，尤其是 1920 年代教育界對教育行政獨立和教育經費獨立的要求和討論，為探究范源廉在北洋政府時期為實現教育獨立所採取的舉措提供了背景性的知識。

商麗浩所著《政府與社會——近代公共教育經費配置研究》〔註 31〕一書系其在博士論文的基礎上修改而成，主要考察了近代中國教育財政制度的變遷，對於近代教育財政的進程、特徵、影響因素等進行了較為深入的探討。作者不僅關注近代中國中央一級的教育經費問題，對於省、縣鄉的教育經費制度也予以關注。該書中的部分內容對於北洋政府時期的教育經費制度有所敘述，特別是當時所興起的「教育經費獨立運動」進行了評析。范源廉第三次擔任教育總長期間，教育經費問題即為其最大的難題，並成為其離職的主要原因。因此，本書的相關內容對於考察范源廉與教育經費的關係問題提供了借鑒。

〔註 29〕 劉捷、謝維和：《柵欄內外：中國高等師範教育百年省思》，北京師範大學出版社 2002 年版。

〔註 30〕 姜朝暉：《民國時期教育獨立思潮研究》，中國社會科學出版社 2008 年版。

〔註 31〕 商麗浩：《政府與社會——近代公共教育經費配置研究》，河北教育出版社 2001 年版。

　　呂芳上所著《從學生運動到運動學生》〔註 32〕則是一本探討民國時期學生運動的力作。該文注目於「五四」以後學生力量的興起及其影響，探討了學潮發生的原因，尤其對學潮背後的政治因素有著深刻地剖析。其中也有涉及范源廉的部分內容，如對於北京國立八校索薪運動的敘述，就與范源廉第三次任教育總長有直接的關係。

　　楊思信、郭淑蘭所著《教育與國權──1920 年代中國收回教育權運動研究》〔註 33〕以歷史學的視角，整體性地考察了收回教育權運動的起因、發展演變、結果及影響等方面。該書作者對於歷屆政府對教會學校政策的演變、各政黨與社會團體在收回教育權中的作用等重要問題都有專門章節進行討論，這應爲以往學術界關注較少的層面。該書涉及到了范源廉在擔任教育總長期間對教會教育的措施，也關注到了中華教育改進社開會期間各派對教會教育的態度，以及國家主義派與各教育派別的論戰，這對於考察范源廉對教會學校的態度及范源廉在中華教育改進社內的活動有不少幫助。

　　楊翠華的《中基會對科學的讚助》〔註 34〕一書從縱向和橫向論述了中基會建立始末及其如何推動中國科學事業，是一部研究中基會歷史的力作。尤其是該書的第一部分對於中基會的緣起和組織、財務與方針等敘述甚詳，范源廉曾擔任中基會的臨時董事長及首任幹事長，因此，楊著的部分章節對於探討范氏在中基會的活動有不少助益。

　　林輝鋒所著《馬敘倫與民國教育界》〔註 35〕以馬敘倫中年時期（1913～1936）在教育界的活動爲切入點，並進而對民國時期教育界的相關史實進行了深入的思考，尤其是對於當時教育界派系的深入探討，對於理解當時教育界的一些事件提供了門徑，尤其作者的思路與寫法對筆者啓發很大。

　　2、論文
　　北京師範大學畢苑的博士論文《中國近代教科書研究》〔註36〕爲對近代教

〔註32〕呂芳上：《從學生運動到運動學生（民國八年至十八年）》，「中央」研究院近代史研究所 1994 年版。
〔註33〕楊思信、郭淑蘭：《教育與國權──1920 年代中國收回教育權運動研究》，光明日報出版社 2010 年版。
〔註34〕楊翠華：《中基會對科學的讚助》，「中央」研究院近代史研究所 1991 年版。
〔註35〕林輝鋒：《馬敘倫與民國教育界》，北京師範大學出版社 2010 年版。
〔註36〕畢苑：《中國近代教科書研究》，北京師範大學 2004 年博士論文。按：該論文的修改擴充版已經出版，並更名爲《建造常識：教科書與中國近代文化轉型》，福建教育出版社 2010 年版。

科書的綜合性研究。該文一方面對於近代教科書的發展歷程、出版、編審制度等進行了系統考察，另一方面則從政治變革、學術轉型等方面對教科書對近代中國的影響進行了深入分析。該文也用一定篇幅對於商務印書館和中華書局的教科書出版以及雙方的競爭有所敘述，其中還涉及到對中華書局所出版教科書的個案分析，對於探討范源廉在近代教科書發展的作用有不少幫助。

南京師範大學劉建的博士論文《中國近代教育行政體制研究》〔註37〕對於近代以來教育行政體制進行了整體性的考察。該文首先對近代教育行政的發展歷程進行了分期，其研究範圍既有中央層面，也包括省、縣等地方層面。該文對於近代中國教育行政體制發展歷程中的主要特徵、影響因素等也有所分析。當然，這種研究不免會因爲時限過長、涉及面太廣而產生難以深入的問題，不過作爲一部先行性的研究，其價值仍是值得肯定的。該文作者設立專節論述了北洋政府時期省教育廳設立的背景、政策出臺經過、影響等，這對於探討范源廉在省教育廳設立中的作用有所啓發。

北京師範大學楊彩丹的博士論文《北京高師與近代文化》〔註38〕從北京高師的發展歷程、北高師與新文化運動、北高師與新教育運動、北高師與五四時期的史學等方面對於北京高師在近代文化上的貢獻予以系統梳理。由於范源廉與北高師及後來的北京師範大學有相當密切的關係，特別是該文中有關「高師改大」前後史事的敘述，對於探究范源廉在擔任北師大首任校長的歷程提供了不少線索。另外，作者也注意到了北高師在邀請杜威和孟祿來華時所進行的活動，這對於考察當時北京教育界的派系紛爭有一定幫助。

華中師範大學汪楚雄的博士論文《中國新教育運動研究（1912～1930）》〔註39〕對新教育運動的起因、經過、主導力量、特徵等各方面進行了系統的回顧。該文認爲新教育運動是以留學英美的教育家群體爲主導、以民間力量爲主體的教育改革運動，其目標是建立適應中國國情的現代化新教育。在新文化運動與新教育運動的關係方面，作者認爲二者具有「同源、同質、異構、不同步」的特點。需要注意的是，該文對於范源廉在新教育運動中的活動也多有所涉獵，尤其是對於考察新文化運動前後的范源廉有一定的幫助。

〔註37〕 劉建：《中國近代教育行政體制研究》，南京師範大學 2008 年博士論文。

〔註38〕 楊彩丹：《北京高師與近代文化》，北京師範大學 2007 年博士論文。

〔註39〕 汪楚雄：《中國新教育運動研究（1912～1930）》，華中師範大學 2009 年博士論文。

　　中山大學何樹遠的博士論文《中華教育改進社與民國教育界》〔註40〕以中華教育改進社成立前後的背景、活動等，對於這一重要組織有相當深入的考察，著重考察當時教育界的派系衝突。范源廉作爲中華教育改進社的重要分子，該文對於范氏在改進社的活動有一些論述，並對范源廉在改進社的地位及貢獻有高度評價，這也對於筆者考察范源廉在中華教育改進社的活動提供了不少線索。

　　華南師範大學許文果的博士論文《民國教育界的庚子賠款之爭》〔註 41〕主要論述了 1920 年代教育界對各國退還庚子賠款的爭奪，分別從教育界對庚款用途的爭議，教育界關於俄、日、法庚子賠款的爭奪等方面，考察了政府和教育界內部圍繞著庚子賠款的使用和分配所展開的爭奪。其中關於教育界對日本庚款和對美國庚款爭奪的論述，對於本文寫作有不少參考價值。

　　對於近代中國教育史，國外學者也有所關注，限於視野，筆者只列舉有代表性的論著。耶魯大學 Sarah Coles McElroy 的博士論文《通過教育改造中國：嚴修、張伯苓與建立新學校制度的努力（1901～1927）》〔註 42〕則通過嚴修與張伯苓創立南開的教育實踐，以揭示中國教育如何從傳統的教育向現代西方教育轉變，作者把個人實踐與時代相結合的寫作方式，對於本文的寫作有所助益。

　　芝加哥大學 Han Yelong 的博士論文《使中國融入世界：1920 年代美國庚子賠款退還對中國學術體制建構的影響》〔註 43〕主要探討美國庚子賠款的退還對於近代中國教育和學術等方面的影響。作者首先考察了美國第一次庚款退還的始末，並敘述了中國留學生在美國的教育和生活，本文同時也關注到了中、美兩國對於留美的政策以及留美學生歸國後的活動及產生的影響。值得注意的是本文第四章論述了清華大學從留美預備學校至 20 年代向國立大學轉變的歷程，第五章則主要敘述美國第二次庚款退還以及在此基礎上建立的中華教育文化基金董事會對於促進近代中國教育和文化的影響，由於范源廉

〔註40〕何樹遠：《中華教育改進社與民國教育界（1919～1928）》，中山大學 2008 年博士論文。

〔註41〕許文果：《民國教育界的庚子賠款之爭》，華南師範大學 2007 年博士論文。

〔註42〕Sarah Coles McElroy: *Transforming China through Education: Yan Xiu, Zhang Boling, and the Effort to Build a New School System, 1901～1927*, Yale University PhD dissertation, 1996.

〔註43〕Han, Yelong: *Making China part of the globe: The impact of America's Boxer Indemnity remissions on China's academic institutional building in the 1920s.* Chicago University PhD dissertation, 1999.

與早期清華大學和中基會都有非常密切的關係，因此本文對於考察范源廉在兩個機構的活動有較高的參考價值。

通過上述的回顧，我們可以發現，范源廉已經逐漸為人所關注，尤其對於范氏的教育思想已經有比較深入的考察，畢竟思想是行動的指導，這也會成為進一步研究的基礎。值得注意的是，有的文章已經開始嘗試把范氏的思想及實踐與當時的政治和時代結合起來進行考察，這是比較可喜的現象。

但是，對於范源廉的研究仍有許多可以探討的餘地。最明顯的就是現有的范源廉研究都把焦點放在對其教育思想的探究上，然而范氏可以說是一個行勝於言的人物，在沒有新史料發現的條件下，執著於探究范氏的教育思想，既無創新，也是研究重心的偏離。另一方面，在具體寫作上，大部分研究者僅就教育談教育，沒有把近代中國教育與政治、社會的複雜關係相結合起來進行考察，這也使所研究的問題無法取得深入。總而言之，現有的范源廉研究雖然取得了一定成績，但與范源廉在近代中國教育上的地位遠不相稱，還有相當大的研究空間。

三、史料發掘和研究思路

（一）史料運用

長久以來制約范源廉研究的最大瓶頸為史料之不足，因此，史料的豐富與否就成為制約本文深度的一大關鍵。2009 年由歐陽哲生等人編就的《范源廉集》，是范氏著作的第一次結集，對於深入研究范源廉推動了一大步，該書也成為本文的基本史料來源之一。

此外，學界已經出版了不少有關近代教育史的資料彙編，這也是這一課題的基本史料來源。舒新城所編輯的《近代中國教育史料》〔註 44〕共四冊，該書的時間跨度為同治元年（1861 年）至民國十五年（1926 年），其主要內容「係指我國教育仿行西洋教育制度之全體而言」。在編排上，則分門別類地整理與近代教育相關的史料，舉凡學制、教育行政、大學、教育家等方面有都有所涉獵，這應為第一部近代教育史資料的系統整理，其價值不應忽視。

〔註44〕 舒新城：《近代中國教育史料》，上海中華書局 1928 年版。按：中華人民共和國成立後，該資料集又重新出版，被為三冊，但其內容有一定刪節，標題也加上政治意味比較強的標題，筆者以為其史料價值有所下降，且對於近代教育史的研究有一定誤導。

該書中所蒐集的一些資料，如關於留學、教科書、庚子賠款等方面的史料，對於論文寫作有重要參考價值。

　　陳元暉主編的《中國近代教育史資料彙編》〔註 45〕共十冊，該資料的編排係以專題為經、年代為緯，該書在此前近代教育史資料的基礎上，又增加了不少文集、年譜、日記等方面的資料，對於教育政策與法令，教育家的代表性言論等，也進行了選擇性的收錄，成為迄今為止近代教育史資料編輯的較為完備之作。該系列彙編的幾個分冊如《留學教育》、《普通教育》、《實業教育・師範教育》、《教育行政機構及教育團體》、《學制演變》中所收錄的一些內容，與范源廉有一定的關係，對於考察范源廉的教育思想與實踐提供了很大便利。

　　中國第二歷史檔案館所編的《中華民國史檔案資料彙編》〔註 46〕第三輯之教育分冊，分別從教育行政、方針政策、學校教育、教育會議與教育團體等方面對民國時期的教育進行了系統總結。該資料彙編的重要特點是所收錄內容的相當部分為教育部頒佈的重要法令政策，由於范源廉與教育行政的關係比較密切，該書所收錄的一系列法令，不少是范源廉擔任教育總長期間所頒佈的，因此這類資料對於研究范源廉的教育活動用很大作用。該書所收錄的關於中華教育改進社、中華教育文化基金董事會的資料，則對於考察范源廉在這些社團中的作用有不少幫助。此外，該輯之文化分冊〔註 47〕也有較高的參考價值，特別是有關尊孔讀經的部分，是考察范源廉在這一問題上的重要史料。

　　范氏既任職於晚清學部，又曾三長北洋政府時期的教育部，因此中國第一歷史檔案館的學部檔案和中國第二歷史檔案館的教育部檔案也成為史料的重要來源之一。范氏又與北京師範大學等學府有過密切的關係，因此北京師範大學檔案館等高校檔案館也應能查閱到與其相關的史料。

　　報紙史料是歷史研究的重要來源之一。由於范源廉在當時即為重要人物，所以當時的許多大報如《申報》、《時報》、《晨報》、《時事新報》、《順天時報》都有與其相關的報導。如所周知，民國時期的報紙分別代表著不同的

〔註45〕陳元暉主編：《中國近代教育史資料彙編》，上海教育出版社 2007 年版。
〔註46〕中國第二歷史檔案館編：《中華民國史檔案資料彙編・第三輯・教育》，江蘇古籍出版社 1991 年版。
〔註47〕中國第二歷史檔案館編：《中華民國史檔案資料彙編・第三輯・文化》，江蘇古籍出版社 1991 年版。

利益與派系，在使用時應該加以注意。不過，民初的報刊雖然有也受到政治權力甚至武力的控制與壓迫，但其言論還是有相對寬鬆的自由度，這種眾聲喧嘩的局面，反而為我們的研究提供了從不同視角和立場考察歷史真相的可能。以范氏退出共和黨為例，站在共和黨立場的《亞細亞日報》對其行為進行了激烈的批評，而代表國民黨利益的《民立報》的反應就相對平和。又如對於范氏在參戰案及處理公民團事件中的表現，代表研究系立場的《時事新報》的社論就表達了贊賞之意。〔註48〕我們可以從當時各異的報導與評論中得出一個相對客觀的結論。

人物研究必須與其各方面的關係聯繫起來考察，否則很難深入，這一點已為學界所公認。基於師生、同鄉、同學、同事等關係，我們可以更深入瞭解范源廉其人及其時代。近年來日記、書信、文集等的大量出版，為我們理解范源廉提供了重要的信息。日記方面如《嚴修日記》、《顏惠慶日記》，文集如《熊希齡集》、《蔡鍔集》、《黃興集》等，都可發現與其相關的歷史信息。如吳宓早年曾就讀於清華學堂，《吳宓日記》對於重建范源廉在清華早期的歷史提供了相當重要的信息；嚴修與范源廉有著相當密切的關係，尤其是在晚清學部時期以及赴美考察教育的關係更為密切，通過檢索《嚴修日記》，可以發現許多關於范源廉的信息。

書信可以為我們提供一些少為人所注意的歷史信息，如康有為1916年在致范源廉的信中對范氏廢除小學讀經的發難，〔註49〕胡適於1921年北京國立八校索薪運動中致范氏的信裏對於交通部的指責，〔註50〕都為我們進一步探討相關史事提供了重要的歷史線索。與范氏相關人物的回憶錄，也為我們提供了不少有價值的材料，如唐在禮在《辛亥以後的袁世凱》一文中對范氏在辛亥革命後的南北議和活動的回顧，〔註51〕張國淦在《北洋從政實錄》中對范源廉在推動中國參加歐戰的活動的回憶，〔註52〕都有利於重建范氏當

〔註48〕東蓀：《范源廉獨知大體》，《時事新報》1917年5月14日，第2版第1張。
〔註49〕康有為：《致教育總長范靜生書》，姜義華等編校：《康有為全集》第10卷，中國人民大學出版社2007年版，第321～325頁。
〔註50〕胡適：《致范源濂》，《胡適全集》第23卷，安徽教育出版社2003年版，第306～308頁。
〔註51〕唐在禮：《辛亥以後的袁世凱》，杜春和等編：《北洋軍閥史料選輯》上冊，中國社會出版社1981年版。
〔註52〕張國淦：《北洋從政實錄》，杜春和編：《張國淦文集》，北京燕山出版社2000年版。

時的形象。當然，對於回憶錄也應該慎重使用，在利用之前對相關史實要慎
重考辨。

（二）研究思路及主要內容

由於范源廉「素不喜作文章」，因此研究范源廉的教育思想並非最好的選
擇。但如果能夠轉換視角，在其教育思想相關的史料不是十分充足的情況下，
不再執著於探究范源廉的教育思想，而是以范氏的教育實踐爲切入點，進一
步考察近代中國的教育變革，則可以說是一個比較好的選擇。

本文並非單純教育史的論文，但范源廉一生的主要業績在教育，因此與
教育史關係比較緊密。近代教育史作爲中國近代史的重要組成部分，以往主
要由有教育學背景的學者從事研究，史學研究者涉足較少，因此其研究大都
側重於教育本身的問題，從歷史視角尤其是教育與政治、社會的互動等方面
研究比較薄弱，這就使得近代教育史研究顯得不夠深入。其實，近代的教育
變革與近代社會的演進與有著不可分割的聯繫，某一時期的教育變革往往隱
含著政治較量、思想衝突、文化論爭和社會變遷，通過教育史的視角我們往
往可發現以前較少關注的一些近代歷史的重要內容。〔註53〕

在具體寫作方法上，筆者擬以范源廉的生平行事爲經，以近代與范氏相
關的一些重要教育事件爲緯，尤其是以范氏三任北洋政府教育部長及其相關
史事爲主體，力圖完整還原范氏的歷史形象，並以此爲基礎，進而探究晚清
民國時期教育與政治、社會的複雜互動關係。

基於以上考慮，筆者擬從以下五個方面展開闡述：

第一章主要介紹范源廉早期的求學生涯以及留學日本的經歷。求學時務
學堂，著重強調范氏與梁啓超的師生關係對他的影響；留學日本則主要考察
其創辦速成師範、法政的歷程及其對中國近代教育和政治的影響；任職學部
爲范氏從事教育行政事業的開始，筆者擬探討其在學部所從事的工作，以及
對未來執掌民國教育所產生的影響；創建清華學堂是范源廉早年重要工作之
一，本章也擬考察其在清華早期歷史上的事跡。

第二章主要關注范源廉在推動近代中國普通教育中的貢獻。注重普通教
育爲范源廉教育思想和實踐的重要特色，筆者首先關注范氏爲推進普通教育
的發展採取了哪些措施，其背後的動因是什麼；教科書與普通教育的關係非

〔註53〕此點論述主要參考了張太原：《〈獨立評論〉與20世紀30年代的教育變革》，
　　　　中山大學2004年博士後出站報告的「緒論」部分。

常密切，范源廉不僅參與了教科書法令的制定，而且直接參與了教科書的編寫，本章對此也有所關注，試圖考察范氏在推動近代教科書發展上的作用；學校讀經和尊孔問題在近代中國為各派別所關注，通過這兩個問題，可以集中體現各派的文化觀點，范源廉在這兩方面都有比較積極的活動，筆者也試圖藉此分析范源廉的文化觀，並初步探究其思想成因及對於教育的影響。

第三章主要討論范源廉與高等師範教育的關係。范源廉高等師範教育的關係非常密切，尤其是范氏在第一次擔任教育總長任內所構想的高等師範區制度，值得仔細考察。筆者也試圖將范源廉與蔡元培的高等教育思想進行對比，以揭示雙方的分歧所在；發生於 1920 年的北京高師校長風潮，是范源廉第二次擔任教育總長時期所面對的一大棘手難題，通過這一風潮，可以深入探究當時北京教育界的派系紛爭；擔任「高師改大」後的北京師範大學首任校長，是范源廉師範教育思想的又一次實踐機會，由於當時錯綜複雜的矛盾，其任職前後有許多曲折，筆者擬首先考察這一歷程，再對范氏在北師大的活動進行論述。

第四章則注目於作為教育行政家的范源廉為實現教育獨立所做的努力。為統一教育權，實現教育獨立發展，范源廉於 1917 年在各省設置了教育廳。省教育廳的特點是什麼？在教育廳推行的過程中，中央與地方發生了怎樣的互動？其結局和效果如何？需要仔細進行考察；教育經費問題是困擾北洋政府時期教育發展的重大難題，面對教育經費短缺問題，范氏如何籌措經費？面對 1920 年代的北京高等教育界的索薪風潮，范氏如何應對？教育問題從來不是單獨存在的，透過這場索薪風潮，可以看到北洋政府各部、各派系之間深層次的矛盾，這反映了當時怎樣的政治生態？筆者也試圖對其進行深入的考察。

第五章主要考察新文化運動前後，范源廉的教育思想和實踐所發生的轉變。歐戰對近代中國各方面都產生了不小的影響，筆者首先考察范氏面對歐戰的爆發，如何調整教育政策；新文化運動前後，近代中國教育逐漸向美國教育制度轉變，筆者擬考察范源廉在這一重大轉變中所發揮的作用；參與組織中華教育改進社是范源廉後期最重要的工作之一，筆者試圖對范源廉在中華教育改進社的活動有所論述；中華教育文化基金董事會是范源廉晚年盡力最多的組織，圍繞著中基會的人事組織和經費分配問題，發生了相當多的紛爭。筆者首先關注范源廉在中基會的活動，並以北京圖書館為中心，以考察范源廉所領導的中基會在促進中國近代教育文化發展中的作用。

第一章　早年經歷與教育思想來源

第一節　早年身世與求學歷程

范源廉，字靜生，生於 1876 年 10 月 16 日，〔註1〕湖南湘陰人。關於范源廉的身世，范氏的胞弟范旭東有詳細描述：「吾家世居湘陰，先世本江蘇籍，考諱深，字彥瑜，以儒行見備鄉邑，授徒省垣，不幸早沒。吾兄弟在髫齔，吾父所遺者，書籍數筴外，無他長物。」在這種困難的家境之下，主要由范源廉的母親謝氏維持家庭，「時祖母鄒太夫人猶在堂，吾母謝太夫人上侍祖慈，下撫吾輩，與吾姑母拮据針黹，僅免飢寒，而志行高邁，曾不戚戚於所遭遇，時以詔吾兄弟者，唯善繼父志，毋貽家族之羞二語」。在母親的教育之下，范源廉養成了自強的性格，「兄年稍長，且曾親承父教，深知母訓特具苦心，終身奉之，未嘗或忘。吾兄立身處事之卓然有以自立，蓋植基於此」。隨後，范源廉隨其舅父在清泉學校讀書，學業也有了很大的進步，並「受江左劉氏之聘，為教其幼孫，束脩所入，悉以奉親，差分慈母之勞，祖母悲傷，至是始稍獲安慰」。〔註2〕由此可見，范源廉的早年家庭一直比較貧困，這養成了范源廉相對獨立的性格和勇於進取的精神。

〔註1〕范旭東所記載范源廉生年為清光緒丙子年八月二十九日，查郭廷以所編《近代中國史事日記》，中華書局 1987 年版，第 626 頁，應為 1876 年 10 月 16 日，歐陽哲生在《范源廉集》的前言中徑以范氏的出生日期為 1876 年 8 月 29 日，實誤。

〔註2〕范旭東：《先兄靜生先生行述》，歐陽哲生等編：《范源廉集》，湖南人民出版社 2010 年版，第 626 頁。

　　1894年中日甲午戰爭爆發，中國敗於日本，這成爲近代中國的重大轉折。許多人開始對此前只注重學習西方船堅利炮的做法表示懷疑，開始重視教育的作用。范源廉後來對此曾有回憶：「中國自甲午敗於日本，國人求所以致敗之由，乃咸以謂學問不如日本，實爲致敗之主因。欲雪此恥，非仿外國辦學校以研究學問不可。」〔註3〕甲午戰後，湖南引領時代之先，成爲推行維新運動最積極的省份。當時的湖南辦起了不少新政事業，其中以時務學堂爲著。時務學堂成立於1897年11月，聘請梁啓超擔任中文總教習。在時代風氣感召之下，范源廉選擇投考時務學堂，這也成爲其人生方向轉變的開始。如范旭東所言：「戊戌國政維新，吾方就學鄉間，於新政一無所聞，知兄於其時，力卻劉氏之續聘，毅然投考長沙時務學堂，是實吾兄畢生事業之權輿，亦即其富於活潑進取精神之表現。」〔註4〕

　　時務學堂的課程設置，主要分內課與外課兩種，之所以如此設置，梁啓超曾有所考慮：「超之意，欲兼學堂、書院二者之長，兼學西文者爲內課，用學堂之法交之；專學中學不學西文者爲外課，用書院之法行之。既擬舉此一二年之日力心力專用於此間，則欲多成就些人才出來。」〔註5〕時務學堂共招收了三批學生，其中蔡鍔、楊樹達等人爲第一次錄取學生。1898年3月22日，時務學堂舉行第二次入學考試，范源廉參加了考試。當時投考的學生共150名，題目按年齡分兩等，由於此時范源廉22歲，因此所答爲針對年稍長者的題目：黃老之學最爲誤國，試申論之；孟子惡鄉愿論。〔註6〕范源廉名列第五名，爲中文內課生兼西文留課生。〔註7〕既選中文，又學西文，可見其具有比較強的求知欲。

　　在時務學堂時期，范源廉即認識到欲使國家富強，必須首先開發民智，而教育則爲開民智的不二法門。據吳家駒回憶，范源廉曾說過：「曾、左、沈、

〔註3〕范源廉：《在北京大學20週年紀念會上的演說》，歐陽哲生等編：《范源廉集》，湖南人民出版社2010年版，第167頁。
〔註4〕范旭東：《先兄靜生先生行述》，歐陽哲生等編：《范源廉集》，湖南人民出版社2010年版，第627頁。
〔註5〕丁文江、趙豐田編：《梁啓超年譜長編》，上海人民出版社1983年版，第86頁。
〔註6〕《湘報》第17號。
〔註7〕《湘報》第37號。按：關於范源廉報考時務學堂時的考題和錄取情況，主要參考了劉慧娟：《范源廉的教育理念及其實踐》，北京大學2006年碩士論文，第10頁。

李諸先達均曾選派聰穎士子出洋，然唯船堅利炮是求，於自強之根本，均未之措意，吾安得一遊東西洋各國，考察其教育普及之法，而建議於國家，以改善科學教育之空疏乎！」〔註8〕可以看出范源廉對於教育的重要性已經有了較爲深刻的認識。

　　客觀而言，對於時務學堂在湖南教育改革中的地位不能過於高估，首先是時務學堂存在時間很短，歷時不過一年；在學生和教師程度方面，「該校學生只有中學或大學預科的程度，學生的年齡在 16 至 20 之間，除了傳統的四書五經之外，西學根基極淺。師資方面，只有『中學和西學』二者；中學以傳統的國學爲主，西學僅僅是英文的初步傳授」。〔註9〕雖然如此，但時務學堂仍對近代教育產生了不小影響，爲近代中國培養了不少人材。正如梁啓超對時務學堂的評價：「回想我在湖南時的時務學堂，以形式和知識而論，遠不如現在的學校；但師弟同學間精神結合成一氣，可以養成領袖人才，卻比現在的學校強多了。」〔註10〕梁啓超後來在回顧時務學堂時說：「我在時務學堂，也只有四十來個學生，可是出來了蔡松坡、范源廉、楊樹達等，一個頂一個！」〔註11〕此時的梁啓超頗有後見之明的意味，以歷史的眼光看來，范源廉當時的學習成績並不優秀，在當時只算是中等，較之蔡鍔等人較爲遜色。〔註12〕但時務學堂是范源廉生涯的第一個轉折點，尤其是與梁啓超、熊希齡等人的師生關係，以及與蔡鍔、楊樹達等人的同學關係，對其未來發展有重要作用。尤其需要注意是范源廉與梁啓超的關係，范源廉當時僅爲 22 歲，梁啓超不過 26 歲，因此雙方的關係介於師友之間。自此以後，兩人一直保持著相當密切的關係，這種關係也對范源廉有著深遠的影響。

〔註8〕 吳家駒：《追憶范靜生先生》，歐陽哲生等編：《范源廉集》，湖南人民出版社 2010 年版，第 638 頁。

〔註9〕 張朋園：《中國現代化的區域研究：湖南省》，「中央」研究院近代史研究所 1991 年版，第 169 頁。

〔註10〕 梁啓超：《湖南教育界之回顧》，夏曉紅輯：《〈飲冰室合集〉集外文》中冊，北京大學出版社 2005 年版，第 920 頁。

〔註11〕 梁容若：《梁任公先生印象記》，夏曉紅編：《追憶梁啓超》，生活·讀書·新知三聯書店 2009 年版，第 285 頁。

〔註12〕 關於范源廉在時務學堂的學習狀況，可以參看劉慧娟：《范源廉的教育理念及其實踐》，北京大學 2006 年碩士論文，第 12 頁。

第二節　留學日本與教育救國思想的確立

一、留學日本的曲折與思想轉變

中國的留日浪潮始於中日甲午戰爭之後。1896 年，清朝駐日公使裕庚把 13 名中國學生帶到日本留學，並由時任日本東京高等師範學校校長的嘉納治五郎承擔其教育任務，這也中國開啓了留日的先河。作爲開風氣之先的湖南省也走在留學日本的前沿，1898 年，湖南巡撫陳寶箴決定選拔學生 50 名赴日，時務學堂學生非常踊躍：「戊戌夏曆七月，吾省考選學生赴日留學，時務學堂學生幾乎全部投考。被錄取者約七十人，正整裝待發，忽傳八月六日政變發生，取錄諸生各自星散，考選留學事亦無形取消。」〔註 13〕維新運動雖然失敗了，但產生了近代中國第一代學生知識分子，其重要特徵是「皆在二三十歲之間，無科第，無官階，聲名未顯著者，而其數不可算計」。〔註 14〕正如李澤厚所言：「戊戌變法的失敗，譚嗣同等人的流血，湖南新政的慘遭摧殘，使得這個龐雜的改良派隊伍本身起了巨大分化」，在維新派的上層一蹶不振的情況下，這一代知識分子並沒有悲觀消極，而是思想上尋找新的出路。〔註 15〕在留學成爲時代潮流的趨勢下，不少人選擇了出國留學的途徑，范源廉正是這個群體的一員。

然而當時湖南的風氣仍比較閉塞，「能知海外情狀而作外洋旅行者絕少其人，況當政變之後，社會思想幾以洋學爲犯罪，爲不祥」，因此留洋的人數極少。范源廉的家境「既貧，復不獲於母氏，蹇蹇靡騁，抑鬱經年」。但范源廉並沒有放棄留學的努力，一直在尋找出國的機會。此時梁啓超致信范源廉等人，「謂諸子但能東來習文字，數月便可譯書賣稿，留學之費當不吝助力」。〔註 16〕在得知此消息之後，1899 年 5 月，范源廉與蔡鍔、唐才質三人一道首先赴上海，投考南洋公學，〔註 17〕隨後，在唐才質的哥哥唐才常的

〔註 13〕唐才質：《湖南時務學堂略志》，中國人民政治協商會議湖南省委員編：《文史資料》第二輯，1961 年版，第 93 頁。

〔註 14〕梁啓超：《戊戌政變記》，中國史學會編：《中國近代史資料叢刊·戊戌變法》（一），上海人民出版社 2000 年版，第 333 頁。

〔註 15〕李澤厚：《二十世紀資產階級革命派思想論綱》，《中國現代思想史論》，天津社會科學院出版社 2004 年版，第 264～265 頁。

〔註 16〕吳家駒：《追憶范靜生先生》，歐陽哲生等編：《范源廉集》，湖南人民出版社 2010 年版，第 639 頁。

〔註 17〕唐才質：《唐才常烈士年譜》，湖南省哲學社會研究所編：《唐才常集》，中華書局 1982 年版，第 274 頁。

資助下，范源廉與蔡鍔、唐才質等赴日本留學，最終實現了其留洋的理想。

對於范源廉等人的留日經過，梁啓超有著比較詳細地回憶：「戊戌之役，我亡命日本。時時務學堂曾辦了三班，第一班四十人吃我的迷藥最多，感化最深，——第二班，我也教過，第三班我全未教過——其中有十餘人，要到日本找我。因爲家庭不許，我們差不過帶宗教性質似的，與家奮鬥借錢逃出來，有的到上海，便無錢吃飯的，有的衣服破爛，好像叫花子的。當他們出門時，他們不知我在日本何處，一直跑到上海，打聽了我的地址，通信告我，我就想盡辦法籌錢接到日本。」〔註18〕梁啓超與范源廉等人初期在日本的生活是很艱苦的，在范源廉等人來到日本之後，梁啓超在日本租了三間房子，「十幾個人打地鋪，晚上同在地板上睡，早上卷起被窩，每人一張小桌，念書」。條件雖然艱苦，「但是我們精神方面異常快樂，覺得比在長沙時還好」。在學習目的上，主要是爲上日本學堂做準備，因此范源廉等人「大部分的時間都是預備日本話同其他幾種普通學——如數學」。〔註19〕經過幾個月的刻苦學習，范源廉由梁啓超介紹進入神戶一所學校學習日語和科學，范源廉也非常努力，「果不數月即能譯書報撰論述，任公爲之潤色，滬上各書店皆爭相購求」。此舉不僅解決了個人的經濟問題，更重要的是比較熟練地掌握了日語這一重要工具，爲其隨後在日本各學校擔任翻譯起到了關鍵作用。然而，范源廉早年的身體比較弱，幾個月的辛勞使得其舊病復發，嘔血不止，在梁啓超的幫助下，范源廉被送到東京一所醫院治療，經過三個月的時間才得以痊癒。在養病期間，范源廉「編輯明治維新諸元勳小史，益服膺教育家福澤渝吉之偉業。謂東邦倘無此翁則一切新政縱能炫赫一時，國民教育之始基不立，未必有今日富強之效」。〔註20〕從此福澤諭吉的思想對其產生了重大影響。

隨後，范源廉與蔡鍔等人轉到東京大同學校，東京大同學校「係橫濱華僑鄭席儒等捐款開設，校長爲梁啓超，教務長爲日人柏原文太郎（進步黨首領犬養毅代表）」。由於當時梁啓超正與孫中山商量組織新黨問題，因此雙方往來密切，大同學校內也因之充滿革命空氣，學生學習「所取教材有《盧騷

〔註18〕 梁啓超：《湖南教育界之回顧》，夏曉紅輯：《〈飲冰室合集〉集外文》中冊，北京大學 2005 年版，第 919 頁。

〔註19〕 丁文江、趙豐田編：《梁啓超年譜長編》，上海人民出版社 1983 年版，第 186 頁。

〔註20〕 吳家駒：《追憶范靜生先生》，歐陽哲生等編：《范源廉集》，湖南人民出版社 2010 年版，第 639～640 頁。

民約論》、《法國大革命史》、《摩西出埃及記》、《華盛頓傳》、《英國革命史》諸書」。受其影響，范源廉、蔡鍔、林圭、秦立山、馮自由等三十餘人「皆志大言大，各以摩西、羅伯斯庇爾、丹頓、華盛頓、盧騷、福祿特爾、克林威爾自命」。〔註21〕

　　1901 年，東京大同學校校址遷至小石川傳通院旁，校名改爲清華學校，由駐日公使蔡鈞接辦，犬養毅擔任校長。范源廉等人也轉入清華學校，在清華學校，范源廉表現優異，被當時赴日考察的嚴修稱爲「績學之士」。〔註22〕更重要的是，范源廉等人此時也有了革命思想的萌芽。1901 年夏天，吳稚暉也留學東京，並與范源廉等人有交往，即對范源廉等人的思想有所觀察：「所與往還的：什麼小石川的清華派，如范靜生呀，蔡松坡呀，蔣百里呀，蔣百器呀；又本鄉的大學派，如章仲和呀，吳止欺呀，曹潤田呀……當時要算清華派最激烈。他們都與橫濱居住的梁卓如，消息靈通。我看他們是半反賊，我的程度，極要想企及他們，然而還不敢冒昧的許可。」〔註23〕由此可以反映出范源廉、蔡鍔等人在這一時期有著較強的革命傾向。

　　事實上，范源廉曾列名自立會，想要以革命的方式挽救國家危亡。〔註24〕唐才常想在漢口發動武裝起義，范源廉也潛入回國，但終因對於革命派的失望，所以范源廉雖然到了武漢，「同志強留不爲動，僅爲其接濟湘中武器若干還」。范氏離開武漢不久，「不意船甫啓行之翌晨，密謀被發，南皮張氏大興黨獄，唐、林、李、蔡等十餘烈士悉就義武昌」。〔註25〕自立軍起義的失敗，使維新派的實力大受損失。梁啓超回憶說：「唐拂塵先生在漢口圖謀革命，十餘同學，竟不（幸）死難者八人，餘三人，一人後來病死，一是蔡艮寅，一即范靜生。吾黨元氣，在這一次損傷甚大，至今思之，猶覺痛心。」〔註26〕自立軍起義失敗之後，追隨梁啓超赴日的時務學堂學生只剩下蔡鍔和范源廉

〔註21〕馮自由：《記東京大同學校及余更名自由經過》，《革命逸史》第 4 冊，中華書局 1981 年版，第 97～98 頁。

〔註22〕嚴修撰，武安隆、劉玉敏點注：《嚴修東遊日記》，天津人民出版社 1995 年版，第 56 頁。

〔註23〕吳稚暉：《我亦一講中山先生》，尚明軒等編：《孫中山生平事業追憶錄》，人民出版社 1986 年版，第 699～700 頁。

〔註24〕《自立會人物考》，《自立會史料集》，嶽麓書院 1983 年版，第 311 頁。

〔註25〕范旭東：《先兄靜生先生行述》，歐陽哲生等編：《范源廉集》，湖南人民出版社 2010 年版，第 628 頁。

〔註26〕梁啓超：《湖南教育界之回顧》，夏曉紅輯：《〈飲冰室合集〉集外文》中冊，北京大學 2005 年版，第 920～921 頁。

兩人，兩人也分別選擇了不同的救國道路。沈從文曾對蔡、范二人有所評價：「後來一主軍事，推翻帝制，功在民國爲不朽；一長教育，於國內大學制度、留學政策、科學研究、對全國學術思想發展貢獻更極遠大。」〔註 27〕

二、參與創辦速成師範與速成法政

經過這次短暫的革命經歷，更堅定了范源廉以教育救國的決心。回到日本之後，范源廉「即排除一切，專意補習英算日語，以求深造」。1901 年，范源廉考入東京高等師範學校，「此校爲日本全國師資研習之總匯，講求教育者惟一之學府也。校長文學博士嘉納治五郎，亦曾任文部大臣而下野者。先生求學既勤，日課之餘，時以中國教育問題與校長相研討。嘉納君與諸教授奇之，爭相刮目。因當時東京留學生之中國學生，雖不下數十人，而入高師者只先生一人，且學生於日課外能提出當初切要之問題以爲商討者，更無絕而僅有也」。〔註 28〕由此可見，范源廉得到了嘉納氏的賞識。

隨後，范源廉轉入弘义書院學習，弘文書院是最早收錄中國留學生的學校，最初名爲「亦樂書院」，係「東京高等師範學校校長嘉納治五郎氏，特爲教育清國留學生設也」。〔註 29〕宏文書院最初只有普通科，爲了適應留學生不斷增多的局面，范源廉向嘉納治五郎建議設立速成師範班，並得到了嘉納氏的讚同。〔註 30〕弘文書院速成師範班的開設，滿足了當時中國開辦新教育師資奇缺的狀況，對此，即使是與范源廉關係一直比較緊張的魯迅也對於其功績持肯定態度：「范源廉先生是現在許多青年學生所欽仰的；各人有各人意思，我當然無從推度那些緣由。但我各人所歡服的，是在他當前清光緒末年，首先發明了『速成師範』一門學術而可以速成，迂執的先生們也許要覺得離奇吧；殊不知那時中國正鬧著『教育荒』，所以這正是一宗急賑的款子。」〔註 31〕

〔註 27〕沈從文：《芷江縣的熊公館》，《沈從文全集》第 12 卷，北嶽文藝出版社 2002年版，第 293 頁。

〔註 28〕吳家駒：《追憶范靜生先生》，歐陽哲生等編：《范源廉集》，湖南人民出版社2010 年版，第 641 頁。

〔註 29〕《弘文書院沿革概說》，舒新城主編：《近代中國教育史料》，中華書局 1928年版，第 263～264 頁。

〔註 30〕錫金：《弘文學院二三事》，《東北師大學報》1978 年第 4 期。

〔註 31〕魯迅：《寡婦主義》，《魯迅全集》第 1 卷，人民文學出版社 2005 年版，第 278頁。

　　弘文書院的課程設置分為普通科和速成科兩種，普通科為二至三年，速成科的年限有六個月、八個月、一年、一年半不等。班級組織主要以省籍分班，如南京普通班、湖北普通班、四川速成師範班、北京警務班等，「那是因為留學生多數是從各地集體前來求學，有頗強的鄉黨觀念的緣故」。〔註32〕授課主要採用日本教授講解，中國學生翻譯的方式，范源廉與張繼等擔任學生的翻譯，起到了重要的溝通作用。松本龜次郎追憶道：「在通譯上，是由范源濂氏及張繼氏、任傳榜氏等當其任的，他們不只是擔任教授的通譯，而且是以立於學院長及講師學生之間，盡瘁於圖謀意志之疏通為莫大任務的。」〔註33〕對於范源廉等人的作用予以充分肯定。

　　當然，這種授課方式有其弊端，湖南的留學生俞誥慶等人即表達了對這種授課方式的不滿：「誥慶等此次未能先通東語，全恃自備留學生湘陰范源濂逐日翻譯，其於教育程途、學科等級之類雖日有所知，但期止六月，何能得其教育全體？」〔註34〕可見，速成師範固然有適應當時中國實際情況的一面，但其弊端也不斷顯現。

　　不僅如此，在弘文書院，還發生了幾次風潮。以筆者目力所及，主要有兩次風潮，第一次為 1903 年的「弘文書院退學事件」。關於這次風潮，《清國留學生會館第三次報告》曾有記載：「弘文書院於今春新頒例數條，計利殊苛，且與原章不符。學生請之再四不得，即日學院學生先請命於總監督，同時退學。旋校長嘉納氏謝職員過，許以新例作廢，因與議添通學九條以沾自費。四月十四日幹事及各同鄉會職員會議，公決以返校為便，於是弘文書院全體復回院。」〔註35〕這次風潮的發生，表明弘文學院中國留學生對書院內部教學和管理的不滿。由於此時范源廉已經回國，因此與其關係不大。

　　1905 年發生於弘文書院的另一起風潮則與范源廉關係密切，當時留學日本的黃尊三在其日記中對此事記載甚詳，並提到了范源廉在調解學生風潮中的作用：「六月初二日，下講堂後，忽有日本警察來校，檢查同人行箱，檢畢，

〔註32〕　〔日〕實藤惠秀：《中國人留學日本史》，生活‧讀書‧新知三聯書店 1983 年版，第 47 頁。

〔註33〕　松本龜次郎：《中華民國留學生教育的沿革》，《留東學報》第 1 卷第 4 期，1935 年。

〔註34〕　《湖南留學日本師範生上俞中丞書》，陳學恂、田正平編：《中國近代教育史資料彙編‧留學教育》，上海教育出版社 2007 版，第 363 頁。

〔註35〕　清國留學生會館編：《清國留學生會館第三次報告》，1903 年，國家圖書館縮微膠捲。

毫無所得而去。同學憤極，余亦惱之，一夜不能安眠，弱國人之不能自由，此其見端。六月初三日，本日雨，爲昨日搜檢事，同學拒絕上課，並議退學，紛紛未有結果。六月初四日，本日晴，仍未上課，假自修室開會，余主爲學業計，忍辱上課，激烈派多反對之，無結果而散。六月初五日，仍罷課，同鄉范靜生來院，以檢查非院長意，乃日政府行政權之發動，勸同學忍耐上課，同學知無善法，不得已從范意議，定明日上課。」〔註36〕通過黃氏日記的記載，可見范源廉在弘文書院不僅擔任課程的翻譯，而且起到了調解留學生與學校關係的作用。

范源廉留學日本期間的另一貢獻爲推動法政大學速成科的設立。日本的法政大學「原爲日本和佛法律學校，1903 年改爲法政大學。其內設大學部、專門部、高等研究所，另有大學預科」。〔註37〕韓迪仙曾回顧了法政大學及速成科的成立過程：「日本各大學之招收我國留學生，實以法政大學爲嚆矢。蓋自甲午中日戰爭以後，我國朝野人士，咸知變法維新之必要，日思所以研求現代政治法律諸學科。當時留東先輩范源濂氏等慕梅謙次郎氏名，代表留東有志青年全體，而請其於法政大學內爲我國留學生特設法政速成科。梅博士諒其意商之於外相小村氏，大爲贊許、又由小村氏介紹之於我國駐日公使，協議結果，乃由公使奏准清廷，並令各省派遣學生入學，明治三十七年五月七日，法政速成課乃正式成立矣。」〔註38〕

關於法政速成科建立的細節，與范源廉有比較密切關係，並作爲發起人之一的曹汝霖有著較詳細地回憶：「余正擬束裝回國，范靜生（源廉）來看我，他說，我們今年均將畢業歸國，我學師範，回國後擬在教育方面致力，君學法律政治，回國後當然在那方面有所貢獻。惟政治不良，教育亦無從著手，兩者相輔而行，政治比教育還要緊。但人才缺乏，又不能立刻早就，我來與君商議，想在日本辦一速成法政班，雖不完全，總比沒有學過的好。君若贊成，君在法學方面認識的人，比較的多，經驗也比我豐富，君想如何辦好？我說尊意我很贊成，但日本法學家，自己用功者多，寫寫著作，不多管閒事。此事須要一位法學大家，又肯熱心教育的人，領導提倡，方能成功。至擔任翻譯，在學法科的人裏找不到，但這是盡義務的，亦要本人有興趣，自願方

〔註36〕黃尊三：《三十年日記》，湖南印書館 1933 年版，第 12 頁。
〔註37〕程燎原：《清末法政人的世界》，法律出版社 2003 年版，第 50 頁。
〔註38〕韓迪仙：《法政大學沿革現狀及我國留學生概況》，《留東學報》第 1 卷第 4 號，第 104 頁。

好，容我想想後再奉覆。」〔註 39〕隨後，曹汝霖與梅謙次郎協商，並得到了梅謙次郎的讚同，此事最終得以確定下來。

對於爲何設立速成科，梅謙次郎在《清國留學生法政速成科設置趣意書》有比較詳細地說明：「夫清國而欲與各國抗衡也，固非釐革其立法行政不爲功，而欲著手於立法行政之釐革，又非先儲人才不爲功。然則養成應用人才，謂非清國今日先務之尤乎？本大學有見於此，爰與清國留學生之有志謀者，又得清國公使之贊成，特設法政速成科。」〔註 40〕由此可見，速成法政的成立也與清朝政治當局的支持也是分不開的，在幾方面的共同努力之下，1904年 5 月，法政大學速成科終於得以設立。

按照《日本法政速成科規則》的規定，速成科以講授「清國現代應用必要之學科，速成法律、行政、理財、外交之有用人才爲目的」。〔註 41〕在課程上，主要以法政、理財等課程爲主。1907 年東遊日本的楊荷對於法政大學速成科的課程有比較詳盡的記載：「法政速成科分爲法律、政治兩部。專教中國學生，以華語通譯。我國先後入者已一千餘人，修業年限計一年半，分爲兩學期。法律部學科第一學期：法學通論、民法、憲法泛論、國際公法、經濟學原理；第二學期：民法、商法、行政法、國際私法、裁判所構成法及民事訴訟法、破產法、刑事訴訟法、監獄學；政治部學科第一學期：法學通論、民法、憲法泛論、國際公法、經濟學原理、近世政治史、政治地理；第二學期：民法、比較憲法、行政法、地方制度、刑法、政治學、應用經濟學、財政學、警察學。」〔註 42〕

法政大學速成科的師資比較雄厚，有許多知名教授來校授課，當時在法政大學讀書的湖北留學生張知本曾有所回憶：「日本法政大學教授陣容堅強，如民法教授梅謙次郎、刑法教授岡田朝太郎講授；國際公法教授中村午進；國法學教授筧克彥；憲法學教授清水澄等皆爲博學通儒。」〔註 43〕師資的強大，保證了教學質量。

〔註39〕曹汝霖：《一生之回憶》，傳記文學出版社 1980 年版，第 19 頁。

〔註40〕梅謙次郎：《清國留學生法政速成科設置趣意書》，法政大學史資料委員會編：《法政大學史資料集》第 11 集，第 2 頁。

〔註41〕《法政大學速成科規則》，《東方雜誌》第 1 年第 5 期。

〔註42〕楊荷：《扶桑十旬記》，沈雲龍主編：《近代中國史料叢刊分類選輯》文海出版社 1967 年版，第 500～501 頁。

〔註43〕沈雲龍訪問：《張知本先生訪問記錄》，「中央」研究院近代史研究所 1996 年版，第 16 頁。

在課程講授方面，仍採取日本教師講述，再由中國人擔任翻譯的方式，范源廉和曹汝霖等人在其中扮演著重要的角色，曹汝霖回憶說：「開學後，學生有已來日本尚未入學者，已有百數十人，來學者都很滿意，因翻譯聽講，比較稍通日文者更為明白。靜生任兩門翻譯，憲法及行政法，余亦任兩門刑法及刑事訴訟法。余回國後，第一班畢業，歸國宣傳，來學者頓增至四五百人，課程改為一年半。後又改為兩年，是較充實。聞後來學者，竟至三千人以上。這些種籽，散播各省，卻是一支無比的政治生力軍也。」〔註44〕相比於其他學校，法政大學速成科的學生程度比較高：「當時留學生之入學，必得駐日公使證明其有學力素養者方得允許，凡入學學生多為進士，舉人等出身，甚有已中狀元者。學生既如此優秀，故速成科修學年限，雖僅一年有半，然其成績，實超過以後大學正課三年畢業者多多也。教授時，則由范源廉氏等擔任翻譯更無語言文字上格格不相入之弊矣。」〔註45〕因此，所取得的成效比較明顯。

法政大學速成科的設立，滿足了清末傳統士大夫在科舉廢除之後沒有出路的歷史現實，因此得到了傳統士大大的歡迎。吳玉章回憶道：「當時東京還有一個法政大學，中國的留學生也很多。1904年在開封參加中國最後一次會試的舉子，無論考上進士沒有，由於在國內沒有出路了，差不多都到日本來進了這個學校。所以這個學校的學生大都是上層官僚的子弟。」〔註46〕

作為創始人之一的范源廉對於法政大學速成科寄予了很大期待，傾注了不少心血，范旭東回憶道：「吾兄修業餘暇，或為授課，或為翻譯，舟車接待，疾病扶持，事事躬親，動則徹宵從事，其具犧牲精神，誠足以起頑立懦矣！」〔註47〕范源廉等人的努力確實起到了成效，法政大學速成科學生畢業後，不少人投入政界，由於其中不少人又兼具傳統功名與地位，因此對於晚清政局起到重要作用，這在各省諮議局有所體現：「爾後清廷籌備憲政，各省設立諮議局，其中議員十九皆法政畢業生。」〔註48〕對於這種局面，范源廉非常興奮，曹汝霖回憶說：「范靜生時長教育部，喜而走告曰，我們佈的種子竟出了

〔註44〕曹汝霖：《一生之回憶》，傳記文學出版社1980年版，第19～20頁。
〔註45〕韓浦仙：《法政大學沿革現狀及我國留學生概況》，《留東學報》第1卷第4號，第104頁。
〔註46〕吳玉章：《吳玉章回憶錄》，中國青年出版社1978年版，第24頁。
〔註47〕吳家駒：《追憶范靜生先生》，歐陽哲生等編：《范源廉集》，湖南人民出版社2010年版，第630頁。
〔註48〕吳家駒《追憶范靜生先生》，歐陽哲生等編：《范源廉集》，湖南人民出版社2010年版，第644頁。

芽了，地方上對於速成班出身者，看得很重，我們總算沒有白費心，真想不到。」〔註49〕可見，速成法政畢業生對於晚清的政局發揮了重要的作用。

速成教育的開辦，滿足了當時中國人迫切學習日本的需要，因此赴日學習速成教育的人數很快達到了高峰。1905 年，曾留學日本法政大學的戴季陶對當時的速成教育狀況有所回憶：「最盛的時候，在東京一處，同時有三萬餘人，速成法政、速成警察、速成師範、速成陸軍，樣樣都速成，好一個終南捷徑，只要一到東京，便能很快的學得賺錢賺地位的法術。」〔註50〕然而盛極必衰，速成教育的弊端也不斷顯現出來。由於中國留學生大量湧入日本，日本的學校為了自身的利益，更加縮短學習的期限，「如甲校用一年教授完畢，乙校減為八個月，而丙校更縮成半年。尤有甚者，竟有數月乃至數日的速成科」。〔註51〕這就使速成教育的成效打上了嚴重的折扣，違背了各方面發起速成教育的初衷。

鑒於留日學生良莠不齊的狀況，學部開始限制留日學生的資格，尤其是短期留學，更加以嚴格限制。1906 年 3 月，學部頒佈《通行各省選派遊學限製辦法》，規定短期留日學習速成科「必須中學與中文俱優，年在二十五歲以上，於學界政界實有經驗者，方為及格，否則不送」；在留學期限方面，除有特殊情況外，「其餘無論長期短期官費私費，宜按道里遠近，預計程期，使到東之日恰在開學之前，平日概不零星派送」。〔註52〕1906 年 8 月，學部通電各省，規定「嗣後此項速成學生，無論官費、私費，師範、法政，應即一律停派」，〔註53〕正式宣佈停止速成教育。值得注意的是，范源廉對於速成科卻一直頗為積極，如 1909 年，已在學部任職的范源廉還向時任學部侍郎的嚴修建議繼續興辦政治速成科，「謂與憲政與極大關係」，但為嚴修所拒絕。〔註54〕

〔註49〕 曹汝霖：《一生之回憶》，傳記文學出版社 1980 年版，第 52 頁。

〔註50〕 戴季陶：《日本論》，民智書局 1928 年版，第 137 頁。按：本條材料的使用參考了杜敦科、岳瓏：《清末留日學生速成教育探析》，《福建論壇》2011 年第 1 期。

〔註51〕 〔日〕實藤惠秀：《中國人留學日本史》，生活‧讀書‧新知三聯書店 1983 年版，第 60 頁。

〔註52〕 《通行各省選送遊學限製辦法電》，學部總務司編：《學部奏咨輯要》，沈雲龍主編：《近代中國史料叢刊》三編第十輯，文海出版社 1986 年版，第 3 頁。

〔註53〕 《通行各省限制遊學並推廣各項學堂電》，學部總務司編：《學部奏咨輯要》，沈雲龍主編：《近代中國史料叢刊》三編第十輯，文海出版社 1986 年版，第 105 頁。

〔註54〕 《嚴修日記》編輯委員會編：《嚴修日記》第 3 冊，南開大學出版社 2001 年版，第 1510 頁。

近代中國的留日速成教育，是中國近代留學史上的一個特殊階段，梁啓超在回顧清代學術時，曾對於速成師範和速成法政有所評議：「同時還有應注意的一件事，是范靜生源廉所倡的『速成師範』、『速成法政』。他是爲新思想普及起見，要想不必學外國語言文字而得有相當的學識，於是在日本特開師範、法政兩種速成班，最長者二年，最短者六個月畢業。當時趨者若鶩，前後人數以萬計。這些人多半年已長大，而且舊學略有根底，所以畢業後最形活動。辛亥革命成功之速，這些人與有力焉。而近十年來教育界政治界的活動，實大半在這班人手裏。成績如何，不用我說了。」〔註55〕梁氏的回顧，既有對於速成教育的肯定，也表達了對於速成教育的不滿。無論如何，速成教育的發展，適應了當時中國師範、法政人才缺乏的狀況，爲近代中國提供了急需的人才，推動了中國近代教育和政治的轉型。

三、近代女子留學教育的推動

范源廉在日本期間，值得一提的是對於近代女子留學教育的推動。清末女性留學幾乎與男子留學同時，但最初的女子留學與政府行爲無關，大多是隨父兄或丈夫赴日的。〔註56〕中國女留學生進入日本之後，大多進入下田歌子所創辦的實踐女學校學習。下田歌子是日本著名的女教育家，曾任華族女子學校校監和學習院女學部長，1898年發起組織帝國婦人協會並擔任會長，1899年又創辦實踐女子學校自任校長。對於中國女子留學，下田歌子表現了積極的態度，在一次演說中即有所體現：「余於七、八年前，即思貴國女子，來此遊學，以求輔入文明，余亦知貴國之人，無肯信者，然常冀或有一、二人先來嘗試，以觀有效無效，不亦可乎？」〔註57〕從1901年開始，實踐女學校即接收中國女留學生，「下田創建的實踐女學校，形成了清末中國留日女學生的教育中心，下田也成爲在日從事中國女性教育事業的第一人」。〔註58〕

1905年7月，在范源廉等人的努力下，湖南派出20名女留學生赴日。范旭東回憶說：「甲辰回湘，倡議送女生赴日習師範，奔走月餘，得許玉屏、俞

〔註55〕　朱維錚校注：《梁啓超論清學史二種》，復旦大學出版社1985年版，第125頁。
〔註56〕　周一川：《清末中國女性的日本留學（1872～1911年）》，社會科學文獻出版社2007年版，第12頁。
〔註57〕　《日本華族女監督下田歌子之論中國女學事》，《大陸》1902年第1號。
〔註58〕　周一川：《近代中國女性日本留學史（1872～1945年）》，社會科學文獻出版社2007年版，第16頁。

經貽諸君之助，集女生十二人，年齡自五十餘至十五不等，率之東渡，途入東京實踐女學校，日一往視，無間風雪，迄今猶爲人稱道勿衰。國中送女生出洋留學，蓋未有先於此者。」〔註59〕湖南留日女學生的情況詳見下表：

姓　名	年　齡	籍　貫	選修科目
朱敬儀	17	湖北籍	師範科
陳光璿	17	長　沙	師範科
許　璧	18	善　化	師範科
曾尚武	19	湖北籍	師範科
許　馥	21	善　化	師範科
姚寧生	22	江蘇籍	師範科
黃國厚	22	長　沙	師範科
淩樵松	23	平　江	師範科
朱秀松	25	湖北籍	師範科
楊　莊	28	湘　潭	師範科
張漢英	29	醴　陵	師範科
黃憲祐	43	善　化	師範科
聶輯熙	48	衡　山	師範科
胡懿瓊	14	不　詳	工藝科
黃　輝	15	長　沙	工藝科
黃國巽	17	長　沙	工藝科
吳　雙	17	湘　潭	工藝科
許　薇	23	善　化	工藝科
王昌國	29	醴　陵	工藝科
黃　華	29	湘　潭	工藝科

資料來源：朱有瓛主編：《中國近代學制史料》第二輯下冊，華中師範大學出版社 1989 年版，第 737～739 頁。

　　湖南女學生到日本後，經過范源廉與下田歌子商議，決定在實踐女學校設立速成師範、工藝科。根據《日本實踐女學校附屬中國女子留學生師範、工藝科速成科規則》，設立速成科的目的是「使彼邦女子以短少之時日，得能

〔註59〕范旭東：《先兄靜生先生行述》，歐陽哲生等編：《范源廉集》，湖南人民出版社 2010 年版，第 630 頁。

盡其天職之技能」。〔註60〕在實踐女學校，速成師範科主要課程有教育、心理、理科、地理、歷史、算術、體操、唱歌、日語、漢文；速成工藝科主要課程為教育、理科、算數、體操、唱歌、日語、漢文，修業期限一年。在師資方面，基本為日本人，各科的課程都配有翻譯，以翻譯上課。在實踐女子學校，下田歌子的修身課由范源廉擔任。〔註61〕通過范源廉的關係，實踐女學校又聘請請章士釗但國文課教師。章士釗的授課取得了很好的效果：「在教留日女學生的過程中，以姚鼐的《古文辭類纂》為教材，在詮釋時『輒案以西文規律』，即以英文文法來解釋漢語。深受學生的歡迎。學生們『未數月遣詞造句，皆循定律，而為文益斐然可觀矣』。」〔註62〕

需要指出的是，秋瑾即就讀於實踐女學校師範班，不僅如此，秋瑾還特撰文號召更多的女性來日留學：「頃者留日諸君組織速成師範女學校，凡我留學者，未嘗不為我國女界幸，及將來之中國幸也。意自後我國姐妹苦經費之艱難、期間之短促、有志未逮者，咸得束輕便之行裝，出幽密之閨房，乘快樂之汽船，吸自由之空氣，絡繹東渡，預備修業。而畢業以後委身教育，或任教師，或任保姆，燦祖國文明之花，為莊嚴之國民之母。家庭教育之改良，社會精神之演進，無量事業，無量幸福，安知不胚胎於今日少數之女子。此諸君成立速成師範之熱心，而秋競報告姐妹之希望也。」〔註63〕

下田歌子、范源廉等人的倡導及社會輿論的鼓吹推動，對中國國內產生了重要影響，各省也逐漸開始派女學生留學日本。更重要的是，在時代潮流的推動下，清政府於 1907 年制定了《女子師範學堂章程》和《女子小學堂章程》，使得女子教育取得了合法地位。范源廉對於女子留學的倡導，體現出其思想的開明，在當時男女不平等的社會條件下具有引領時代的意義。

四、參與留學生事務的管理與捲入「取締規則」風潮

隨著留日學生的日漸增多，各界感到有統一管理留日學生的必要，清國留學生會館的成立就成為一個重要機構。清國留學生會館成立於 1902 年，其

〔註60〕 《日本實踐女學校附屬中國女子留學生師範、工藝科速成科規則》，《東方雜誌》1905 年第 2 卷第 6 期。

〔註61〕 周一川：《近代中國女性日本留學史（1872～1945 年）》，社會科學文獻出版社 2007 年版，第 38 頁。

〔註62〕 袁景華：《章士釗先生年譜》，吉林人民出版社 2001 年版，第 35 頁。

〔註63〕 秋瑾：《實踐女學校附屬清國女子師範、工藝速成科略章啟事》，《秋瑾集》，上海古籍出版社 1991 年版，第 9 頁。

前身爲東京留學生於 1900 年所組織的「勵志會」，該會會員有范源廉、曹汝霖、蔡鍔、章宗祥等，都是留學生的領袖。「其時各省學生留東者不過百數十人，尚無何種結合，此實爲留學界創設團體之先河。有會章五條，不外以聯絡感情策勵志節爲宗旨，對於國家別無政見。」〔註 64〕當時留學日本的曹汝霖曾對於「勵志會」有所追憶：「其時中國留學生，文武合計，只有五六十人，每逢假日，彼此往來，不分省界，亦不分文武，親熱異常，恍若家人。有一研究團體，名勵志社，文武學生，都有入會，設立宗旨，只是聯絡情誼，研究學術。有時開會辯論，討論時事，交換意見，在我未到以前，即以成立。」〔註 65〕

清國留學生會館的最初名稱爲「中國留學生會館」，其宗旨僅爲「聯絡情誼，交換智識」，曹汝霖回憶道：「留日學生來日之前，時有通信詢問情形，故有留學生會館之設立。」在會館成立初期，「在上海登報，如問留學情形，可直接通信留學生會館，隨時答覆，並可代爲照顧。會館公舉幹事十二人，論周值日，管理通訊等事」。〔註 66〕隨著時間的推移，留學生會館的作用也不斷擴大，逐漸成爲留學生的大本營：「這裡是留學生的世界，彷彿是中國在日本的縮影。它是策劃留學生全體活動的機關，有會議場、演說場、日語教室和俱樂部等，更是留學生書刊的翻譯和出版的總部。」〔註 67〕

需要指出的是，對於建立留學生會館，留學生和清政府的目標並不一致。以吳祿貞爲代表，在中國留學生會館開幕致辭時，「謂此會館之於中國，無異美國之獨立廳」，實際要使會館成爲類似美國獨立廳的性質，最終脫離甚至推翻清政府的統治。然而中國留學生會館成立之後，面臨著經費困難的問題，於是請當時駐日公使蔡鈞撥款補助，不過蔡鈞要求「須將中國二字改爲清國，始允所請，幹事會不得已許之」。〔註 68〕至此，中國留學生會館改名爲清國留學生會館，可見蔡鈞支持建立會館的目的則爲對留學生實行有效的控制。

1902 年 3 月 30 日，清國留學生會館正式舉行開館儀式，並由會館幹事范

〔註 64〕 馮自由：《勵志會與譯書彙編》，《革命逸史》初集，中華書局 1981 年版，第 98～99 頁。

〔註 65〕 曹汝霖：《一生之回憶》，傳記文學出版社 1980 年版，第 14 頁。

〔註 66〕 曹汝霖：《一生之回憶》，傳記文學出版社 1980 年版，第 14 頁。

〔註 67〕 〔日〕實藤惠秀：《中國人留學日本史》，生活・讀書・新知三聯書店 1983 年版，第 168 頁。

〔註 68〕 馮自由：《記東京中國留學生會館》，《革命逸史》第 4 冊，中華書局 1981 年版，第 99～100 頁。

源廉致開幕詞，宣佈留學生會館開幕。根據《會館章程》規定：「評議員由各學校團體選出」，「每月集會一次，與幹事會合行之」，「凡遇重要事宜，幹事會與評議會協議商定」。〔註 69〕在職能作用上，「這個組織，對內有約束中國留學生紀律的責任；對外有代表留學生爭取合法權利的義務。它雖然不是革命的組織，但在推動留學運動發展上發揮了積極作用」。留學生會館的建立，標誌著「中國留日學生有了民主自治的團結核心」。〔註 70〕經過會員的選舉，楊度和范源廉分別被選爲正、副幹事長，這體現出范源廉在留日學界的領袖地位得到初步確立。

留學生會館建立之後，楊度、范源廉等人所面臨最棘手的問題爲發生於1905 年的所謂留學生「取締規則」風潮，由於學界對此事件已經有比較充分的研究，〔註71〕因此本文側重論述范源廉在這次風潮中的活動。

1905 年，中國留學日本達到了高峰，隨著中國留日學生的數量大增，也帶來了一系列的問題。爲管理留日中國學生，1905 年 11 月 2 日，日本文部省頒佈了《清國留學生取締規則》十五條，以規範留日學生的活動。尤其是規則的第九和第十兩條，引發了留日學界的巨大反響。依據該規則，第九、十條的內容分別爲：「規定公私學校之清國學生，須住宿於寄宿舍或學校監督認可之館舍，取締校外住宿；規定公私學校不得收受在其他學校因品行不良而退學者。」

面對這種情況，12 月 1 日，時任清國留學生會館正、副幹事長的楊度、范源廉率領留學生總會幹事前往公使館拜會駐日公使楊樞，提出反對理由，請求公使向日本政府進行交涉。隨後，楊度又在留學生會館召集各省同鄉會負責人，討論如何反對「取締規則」。經過多次討論後，楊度以留學生總會幹事長的名義率總會全體幹事、各省分會長聯名向楊樞遞交《學生公稟》，要求改正取締規則中的不妥之處，尤其是第九、第十條，但交涉並沒有取得預期的效果。

在交涉無果的情況下，各學校開始舉行罷課活動。對於當時各校的罷課

〔註69〕清國留學生會館編：《清國留學生會館第二次報告》，1902 年，魯迅博物館藏。
〔註70〕董守義：《清代留學運動史》，遼寧人民出版社 1985 年版，第 233 頁。
〔註71〕學界對於「取締規則」的研究主要有：林增平：《清末留日中國學生反「取締規則」鬥爭》，《湖南師範大學社會科學學報》，1991 年第 1 期；王開璽：《取締規則事件與革命派領導下的留日學生運動》，《北京社會科學》1995 年第 3 期；李喜所、李來容：《清末留日學生「取締規則」事件再解讀》，《近代史研究》2009 年第 6 期等。

活動，范源廉最初是表示支持的，吳玉章曾回憶說，最初法政大學的留日學生並不願意罷課，「當時范源濂在那裏當翻譯，也很氣憤，他認爲同是中國人就應該共同奮鬥，因此便對法政大學的中國留學生說：『你們要上課，我就不給你們翻譯了』。這樣，法政大學的中國留學生，也最後地參加了罷課」。〔註72〕

對於日本政府的這個規程，當時的留學生分成了兩個派別：「一派主張立即退學回國，另在上海辦學，以洗日人取締留學生之恥辱；一派認爲既來求學，即宜忍辱負重，學成然後回國。雙方各執一詞，互有辯駁，爭之至烈。」〔註73〕不過，隨著留日學生中激烈派學生佔據著主導的位置，事態的發展已經開始無法控制。不僅如此，主張罷課和返國的留學生成立了聯合會，並威脅總會執行部幹事，提出取消全部「取締規則」。此時，楊度、范源廉等人的勸阻已經失去了作用，面對這種情況，作爲幹事長的楊度選擇了躲避。留學生會館隨後也進行了改組，曾鯤化和張繼分別被選爲正、副幹事長，新的會館幹部與楊樞進行交涉，但仍無效果，這也激起了留日學界的憤慨，留日學生開始成批回國。

面對留學大批回國的局面，范源廉非常憂慮，甚至爲此而吐血。范旭東對此事有詳細的回憶：「日本政府以我國留學生人數逾萬，品類不齊，發佈取締規則，同學忿其侮辱，決議罷課歸國。吾兄以教育爲國家百年長計，不應以一時榮辱爲進止，唯其受辱，尤應勵學，否則永無雪辱之一日。惜群眾心理不可以理論轉移，輟學而歸者踵接於途，吾兄竟以憂勞致病，患吐血仲症，幾至不起，吾聞訊馳赴平冢視疾，兄諱莫如深，雖委頓病榻，猶無日不以同學廢時失學爲慮。」〔註74〕

此時同盟會也發生了分裂，汪精衛、胡漢民、朱執信等人則反對退學，並成立「維持留學界同學會」，以反對聯合會的行動。當時的清國留學生會館就成爲了學生活動的中心，「每日學生數百熙來攘往，議論紛紛」。留日學生的兩大派別「更以會館作爲論戰的場所，館內柱子、牆壁、布告欄上均貼滿各同鄉會或各派大小長短無數的布告與檄文」。〔註75〕但維持會的活動並

〔註72〕 吳玉章：《吳玉章回憶錄》，中國青年出版社1978年版，第36頁。
〔註73〕 王時澤：《回憶秋瑾》中國人民政治協商會議全國委員會文史資料研究委員會編：《辛亥革命回憶錄》第4集，中華書局1962年版，第228頁。
〔註74〕 范旭東：《先兄靜生先生行述》，歐陽哲生等編：《范源廉集》，湖南人民出版社2010年版，第630頁。
〔註75〕 黃福慶：《清末留日學生》，「中央」研究院近代史研究所1975年版，第299頁。

沒有起到什麼效果，胡漢民回憶道：「方聯合會勢最張時，竟宣佈余與精衛之死罪於全體留學生俱樂部，女同志秋瑾尤激烈，范源廉避匿醫院，亦爲所毆擊。」〔註 76〕不過，隨著時間的流逝和留日學生憤怒情緒的緩和，主張罷課歸國的留學生人數也逐漸減少。與此同時，日本當局和清政府也通過各種手段對留日學生進行勸解工作，在各方面的協調下，1906 年 1 月，留日學生通過了復課的決定，至此，這場風潮才最終平息。

「取締規則」風潮結束後，不少人進行了相對理性的思考。即便是當時主張退學回國最爲激進的秋瑾也曾有所動搖。秋瑾在致王時澤的信中，雖然對其沒有選擇回國表示不解，但也表現了同情的態度：「雖然，其異也，適其所以同也。蓋君之志則在於忍辱以成其學，而吾則義不受辱以貽我祖國之羞；然諸君誠能忍辱以成其學者，則辱也甚暫，而不辱其常矣。吾素負氣，不能如君等所爲，然吾甚望諸君之無忘國恥也。」〔註 77〕可見，秋瑾的思想也開始向范源廉等人的思想靠攏，由激烈的主張回國轉變爲忍辱堅持在日本學習。

雖然范源廉在這次取締事件中遭到了極爲不公平的待遇，但其對留學生事宜仍盡心盡責。取締事件發生之後，當時的留日學生會館處於癱瘓狀態，面對此種情況，1905 年 12 月 30 日晚上，吳玉章與胡瑛去找范源廉，希望能夠通過范源廉的關係與日本政府進行溝通，范源廉也表現了不計前嫌的態度：「范也很熱心，認爲應該趁日本政府讓步的時候，把留日學生會館恢復起來，並願意待我們交涉。後來經過他到使館活動，再與日本政府反覆交涉，日本政府終於被迫答應了十多項條件，使日本政府拖延幾年不肯承認的中國留日學生會館，獲得了合法存在的權利。」〔註 78〕由此可見，范源廉明確反對激進學生的主張，表現了其思想中理性的一面，在取締事件之後的行爲，則體現了其強烈的責任感。

第三節　回國任職與教育經驗的積累

一、任職學部與初登全國教育舞臺

1905 年 9 月，范源廉從日本回國，任職於學部。范源廉的回國與嚴修有

〔註 76〕 胡漢民：《胡漢民自傳》，中國社會科學院近代史所近代史資料編輯組編：《近代史資料》總 45 號，中國社會科學出版社 1981 年版，第 18～19 頁。

〔註 77〕 秋瑾：《致王時澤書》，《秋瑾集》，上海古籍出版社 1991 年版，第 47 頁。

〔註 78〕 吳玉章：《吳玉章回憶錄》，中國青年出版社 1978 年版，第 38 頁。

密切的關係，范源廉與嚴修相識較早，1904 年嚴修第二次考察日本教育期間，嚴、范二人就有比較密切的交往，嚴氏對於范源濂也有很高的評價：「范靜生（源濂），湖南留學生，最有聲望。」〔註79〕因此，嚴修被任命爲學部侍郎之後，就聘請范源廉到學部任職。此時范源廉在東京高師尚未畢業，時任校長的嘉納治五郎對范源廉回國任職非常支持，「校長嘉納氏聞知此事，力勸先生入京，並贈以畢業文憑」。〔註80〕在這種情況下，范源廉選擇回國，被補用爲學部主事，這也是其正式任職最高教育行政機構的開始。

任職學部期間，范源廉可謂盡職盡責：「於本部事務之劃分，職責之分配，各省提學司使之任命，各級學校之規程，各地高中、小學校之分期進行，教育人員之考核，凡認爲力所當盡者，無不悉心規劃，勞瘁不辭。」〔註81〕由於范源廉深受嚴修的賞識，因此參與了不少工作，如在文件起草方面，「凡重要文件，多有羅振玉起草，張元濟、李家駒、范源濂、陳寶泉等參與意見，幾經修改，然後取得榮尚書同意，始能決定奏發」。〔註82〕

通過檢索《嚴修日記》，我們可以對於范氏在學部的活動有一個大概的瞭解：甲午北京日記（1906 年）：閏四月二十一日，靜生交所擬《教育會章程》；閏四月八日，與靜生、筱莊談各省優級師範事；五月十九日，閱靜生所擬《管理日本留學生章程》；五月二十二日，與靜生論仕學館分數事良久；五月二十八日，晚與靜生談，靜生談討章程事，與伯公談至十一時；六月二十日，晚與靜生談至十一鐘，靜生論醫學堂當立及蒙古學興學事之緊要；八月十六日，與靜生商學務方案。〔註83〕丁未日記（1907 年）：三月十九日，靜生交所擬覆楊公使信稿，因與論監督留學事良久；四月初五，靜生來談師範學制；七月二十三日，到講習所聽靜生將理財學兩小時，又與靜生談許久乃歸；十一月初四日，范先生來商開師範班事。〔註84〕戊申日記（1908 年）

〔註79〕嚴修撰，武安隆、劉玉敏點注：《嚴修東遊日記》，天津人民出版社 1995 年版，第 233 頁。

〔註80〕吳家駒：《追憶范靜生先生》，歐陽哲生等編：《范源廉集》，湖南人民出版社 2010 年版，第 644 頁。

〔註81〕吳家駒：《追憶范靜生先生》，歐陽哲生等編：《范源廉集》，湖南人民出版社 2010 年版，第 645 頁。

〔註82〕嚴修自訂、高凌雯補、嚴仁增編：《嚴修年譜》，齊魯書社 1990 版，第 186 頁。

〔註83〕《嚴修日記》編輯委員會編：《嚴修日記》第 2 冊，南開大學 2001 年版，第 1322、1324、1328、1329、1331、1337 頁。

〔註84〕《嚴修日記》編輯委員會編：《嚴修日記》第 3 冊，南開大學 2001 年版，第

二月十三日，靜生來談，圖書研究高等教員極須預備；四月初六日，靜生來談優級師範事，力辭監督之席。〔註85〕己酉日記（1909 年）閏二月二十一日，靜生來談至十鐘。靜生意當續辦速成政治科，謂與憲政有極大關係，但餘意不敢苟同；七月十八日，靜生來商談遊美試事；七月十九日，靜生來商考試事。〔註86〕

　　《嚴修日記》中的記載，我們可以看到當時嚴修與范源廉的關係非常密切，學部的許多事務，如文件的起草、留學事宜的制定，都與范源廉的建議有相當緊密的關係。由於工作成績優秀，范源廉的仕途也相當順利。到部一年之後，范氏所得評語爲「學識純正，辦事勤能」，學部擬將其擢升爲員外郎。1910 年，范源廉升任爲參事官。〔註87〕在其任職學部期間，范源廉與嚴修、馬鄰翼號稱「學部三傑」。〔註88〕此語雖未必準確，但也可以反映出范源廉在學部有突出的功績。

　　范源廉首次登上全國教育舞臺始於 1911 年的中央教育會。1911 年 7 月，學部召開由全國教育界代表參加的中央教育會，作爲學部的附屬機關。中央教育會的設立，是學部模仿日本高等教育會議的制度而設立起來，其目的主要是「研究解決制約憲政進程的重大教育事宜」，推動立憲運動的進程。依據《中央教育會章程》，中央教育會會員主要由來自學部及各省學務處、教育會等代表組成，〔註89〕這也體現出學部想要主導會議進程的企圖。中央教育會的會期歷時 30 天，議決案 12 件，主要討論的議題有：強迫教育、軍國民主義、廢止小學讀經、政府資助小學堂等。作爲學部的代表，范源廉廣泛參與了中央教育會的各種討論，尤其是在小學教育和軍國民教育方面，范源廉表現的相當積極。

　　爲解決小學經費問題，由學部提出了《中央教育會國庫補助初等小學經

　　　　1346、1389、1430、1431 頁。
〔註85〕《嚴修日記》編輯委員會編：《嚴修日記》第 3 冊，南開大學 2001 年版，第
　　　　1448、1457 頁。
〔註86〕《嚴修日記》編輯委員會編：《嚴修日記》第 3 冊，南開大學 2001 年版，第
　　　　1510、1530 頁。
〔註87〕關曉紅：《晚清學部研究》，廣東教育出版社 2000 年版，第 214 頁。
〔註88〕《民國教育部長馬鄰翼》，政協邵陽市委員會編：《古今中外寶慶人》（上卷），
　　　　嶽麓書社 2005 年版，第 227 頁。
〔註89〕《會奏設立中央教育會擬具章程摺》，陳學恂主編：《中國近代教育史教學參
　　　　考資料》上冊，人民教育出版社 1986 年版，第 773 頁。

費案》，其宗旨爲「使初等小學發達以促進教育普及」，在具體措施上，主要爲補助初等小學堂教員薪俸。隨後，時任學部總務司司長的范源廉代表學部對於這一議案進行了說明，范氏強調由於「中國國家稅與地方稅並未分清，小學經費若由地方稅辦理是不能久待的」，因此范源廉建議應再從國家行政經費中劃撥一部分以補助小學教師薪酬，進而推動教育普及的進行。〔註90〕對於學部的提案和范氏的說明，各地方代表則表示了懷疑，並從補助款項的數額、補助款項的來源和補助數額能否滿足學堂需要等幾方面表達了質疑。〔註91〕在地方代表的質疑聲中，此案最終沒有什麼頭緒，但體現了學部重視小學教育的用心。

軍國民教育案是會議過程中各方面爭論的焦點。該議案的主要內容爲建議中小學開展國民軍事知識教育和體育鍛鍊，在教科書和課程中增加軍事教育的內容，並列入打靶和拳棍刀法練習。對此，各派表達了不同的看法，在很多方面針鋒相對。學部官員內部也發生了分歧，以范源廉等人爲代表，主張通過此案，陸費逵回憶道：「中央教育會提議軍國民案，部員仰承意旨均反對，獨先生演說一時餘，竭力主張，聽者均爲之危。」〔註92〕范源廉的獨立支持，也受到了輿論的贊揚。以羅振玉等人爲代表，則堅決反對此案的通過。對於爲何反對該案，羅振玉曾有詳細的回憶：「辛亥夏，部中奏設教育會，以江蘇教育會長張君（謇）爲會長，俾與議教育。阻之不可，予亦濫竽爲會員。及開會，由會員譚太史（延闓）、陸太史（光熙）提議，以後教育當定位軍國民主義，令各學堂練習軍事，行實彈打靶，欲隱寓革命勢力於學生中。兩太史平日爲黨中之錚錚者，主張革命最力。其後陸在山西隨父任，倉卒死亂軍手，諡『文節』，亦異事也。此議提出，附和者眾。予首抗議，以爲不可。予友王君（季烈）、蔣君（黻）、恩君（華）等均贊予說，汪君（康年）時久病，亦扶病出席抗議，孫君（雄）亦反抗之，黃君（忠浩）則駁以事實不能行。乃不得議行。」〔註93〕由此可見，羅氏等人反對軍國民教育案的動機爲懼怕

〔註90〕《中央教育會開第五次預備會詳記》，《申報》1911年8月1日，第4版。此段材料的使用參考了關曉紅：《晚清學部研究》，中山大學1999年博士論文，第274頁。

〔註91〕《中央教育會國庫補助初等小學經費案》，《申報》1911年6月28日，第2版。

〔註92〕陸費逵：《悼友人范源廉》，呂達主編：《陸費逵教育論著選》，人民教育出版社2000年版，第365頁。

〔註93〕羅振玉：《雪堂自述》，江蘇人民出版社1999版，第37～38頁。按：羅振玉

革命力量因之而起，從而動搖清朝的統治。

　　對於羅振玉等人激烈反對軍國民教育案的言論，時論多有批評者，如《申報》即予以了駁斥：「教育家有二大主義：一曰國家主義，一曰社會主義。若軍國民教育，則僅僅國家主義一分子耳，所以張國威而非所以召內亂。況今此之打靶，亦世界各國軍國民教育上共同之名詞，而非今日吾國特有之創例也。乃自中央教育會會員提出此項議案後，政府諸公，深閉固拒，疑心生暗鬼，杯弓幻蛇影，一若大亂即在旦夕者。然吾不識政府果何憾於國民？當此外侮環伺之秋，而必欲諱疾忌醫，束手以待斃耳。」〔註94〕中央教育會議閉幕後不久，清政府即告覆亡，因此中央教育會的許多決議，實際上並沒有真正推行。但中央教育會為范源廉提供了登上全國教育的舞臺的機遇，范源廉的言行也獲得了教育界不少人士的好評。

　　范源廉任職學部期間，值得一提的是創辦尚志學會。尚志學會的建立，「初只為湘人少數同學讀書論學之小規約，初名求志，其主旨原為砥礪學行，鍛鍊身心」。經過范源廉的擴大，並擬定章程，「以講學例行增進德育、講求衛生增進體育、編譯新書增進智育三事為職志」，〔註95〕改名為尚志學會。尚志學會的發起，得到了不少人的贊成與資助。1910年，范源廉「遂購置會所於北京化石橋，並籌集基金，附設醫院及學校，編譯關於文化及科學書籍，出版之數，歲有增益」，尚志學會得到了更大的發展。尚志學會是范源廉非常重視的事業，范源廉曾言：「尚志學會規模雖小，無異中國社會事業之一苗圃。」〔註96〕尚志學會對於後來的新文化運動有著重要影響，後文將會有所論及。

　　　與范源廉二人素不和，其中既有政治理念的不同，也有教育方針的不合，如
　　　對於范源廉所積極提倡的速成師範和速成法政，羅氏即堅決表示反對，並促
　　　使了清政府對速成教育的中止。（參見羅振玉：《雪堂自述》，江蘇人民出版社
　　　1999版，第27～28頁。）而辛亥鼎革之後，羅氏則以清遺老的立場，對范氏
　　　之擔任教育總長大為不屑，羅氏曾對其孫羅繼祖談及范源廉，認為：「我如不
　　　當遺老，去到民國做官，教育總長也是有份的。范源濂是個什麼人，居然也
　　　能當上民國的教育總長，（范在清末也是學部參事官，但祖父很瞧不起他。）」
　　　（羅繼祖：《庭聞憶略》，吉林文史出版社1987年版，第105頁。）

〔註94〕《時評》，《申報》1911年7月31日，第6版。
〔註95〕吳家駒：《追憶范靜生先生》，歐陽哲生等編：《范源廉集》，湖南人民出版社
　　　2010年版，第646頁。
〔註96〕范旭東：《先兄靜生先生行述》，歐陽哲生等編：《范源廉集》，湖南人民出版
　　　社2010年版，第631頁。

二、參與清華學堂的創建

范源廉任職學部期間所做的另一件重要工作是參與清華學堂的創辦，為清華大學的早期發展作出了貢獻。清華學堂的建立，與美國第一次退還庚子賠款密切相關。1908 年 5 月 25 日，美國國會正式通過將庚子賠款剩餘部分退還中國，作為中國留學生赴美深造的專款。〔註97〕1909 年 6 月，遊美學務處正式建立，由外務部和學部共同籌辦。至於為何由兩部合辦，王道立對此有所回憶：「清華最初係單純的出洋留學預備學校。就國內教育言，屬於學部，就出洋言，又屬於外務部，故由兩部共設一遊美學務處，兼辦國內教育與出洋留學等一切事務。」〔註98〕

遊美學務處設立總辦一人，會辦二人。由於該處為兩部合辦，因此總辦必須為與兩部都有關係的人擔任，最終由曾擔任過駐美使館參贊和遊美學生監督，時任外務部左丞左參議的周自齊擔任總辦，並由學部加上「學部乘參上行走」的頭銜。〔註99〕由於遊美學務處「事務殷繁，舉凡考選學生、管理肄業館、遣送學生等事，在在需人襄理」，時任學部員外郎的范源廉和時任外務部候補主事的唐國安「中西學問均屬精通」，〔註100〕因此，二人分別擔任會辦一職。

由於遊美學務處經費充足，不少人曾想在此謀求職位，如嚴復即曾通過各種關係，試圖謀取會辦一職。1910 年秋，嚴復也在學部任職，由於自身經濟狀況的原因，嚴氏曾分別上書時任軍機大臣的毓朗和以文淵閣大學士會辦外務部的那桐，謀求遊美學務處的職位。在其致毓朗的信中，嚴氏表達了自己的要求：「目下京師部院處處皆有人滿之憂，無復堪容位置。惟聞外務部遊美留學公所，經派丞參行走周自齊主持，但其中尚可置副，而該所經費尚復充裕。無似自審所知，於遊學一事，尚有經驗，若蒙薦引，不至素餐。但此事大分係外部主持，欲乞齒芬於櫃暇，向慶邸、那桐代為緩頰，但使無似蒙

〔註97〕 關於美國第一次退還庚子賠款及中美兩國的交涉過程，學界已經有不少研究，比較重要的著作有王樹槐：《庚子賠款》，「中央」研究院近代史研究所，1985 年版。

〔註98〕 王道立：《清華學校點滴》，全國政協文史資料委員會編：《文史資料存稿選編·教育》，中國文史出版社 2002 年版，第 74 頁。

〔註99〕 參看清華大學校史編寫組編著：《清華大學校史稿》，清華大學出版社 1981 年版，第 7 頁。

〔註100〕 《清華學堂章程》，清華大學校史研究室編：《清華大學史料選編》第 1 卷，清華大學 1991 年版，第 132 頁。

大惠得三四百金之收入，則簞瓢之下從此可以久居。」〔註101〕不過，嚴復的努力沒有作用，學部最終派范源廉擔任會辦一職。需要注意的是，作為學部的唯一代表，范源廉係以留日身份辦理留美事務，可見范源廉在當時深受學部器重，從范源廉並未為美國方面所反對來看，可體現出范源廉在當時應為各方面所接受。

　　由於遊美學務處為學部和外務部合辦，因此兩部合辦的弊端也不斷顯現，雙方矛盾的焦點在應選派年幼學生還是成年人，是使學生全盤接受美式教育還是堅持中體西用原則。關於這一問題，外務部尚書梁敦彥主張多派幼童直接出洋，完全接受美式教育，培養為現代人材，再回國分配到全國各地，以推動中國的現代化；學部的意見則與之相反，主張選派有國學專長的人赴美，以免過於美國化而忘本。〔註102〕對於雙方的衝突，范源廉回憶說：「彼時外務部與學務部因上司官僚所見不同，以至關於清華招考之政策，亦屢屢互相衝突。即以關於留學生年齡而論，外部極主小，謂十六歲以上則對外國語言已絕無專精之望，而在學務部則謂三十歲以下之人，國學既乏根底，出洋實為耗費，彼此爭不相能，而考事亦無從進行。招考時考卷二部分閱。有一次外務部英文取第一之人，在學務部竟一分未得；而學務部取第一之人，則在外務部一分未得。誰去誰留，亦竟至爭不相下。」兩部的矛盾，直接影響了招考事務的進行。鑒於這種狀況，周、唐、范三人「以為如此分權爭立，無所統屬終非久計，於是決計稟請上司籌備完全學校。劃清界限，以責專成」。當時的學部尚書為張之洞，「張之習慣，非半夜不見客。」范源廉為了此事，「雞鳴候權門之者，固不知若干次矣」。〔註103〕通過范源廉的回憶，可見范源廉作為學部代表，為化解二者之間的矛盾起到了重要作用。

　　遊美學務處建立之後，主要工作為舉行遊美考試。在范源廉等人的主持下，遊美學務處於 1909、1910、1911 三年分別共選取了 180 人直接赴美，都是 20 歲以下的青少年男生，大都來自國內各教會學校及省立高等學堂。曾參加第二次考試的胡光麃回憶說：「這一次中等科考試除在京師一區錄取

〔註101〕嚴復：《與毓朗書》，王栻主編：《嚴復集》第 3 冊，中華書局 1986 年版，第
　　　　596 頁。
〔註102〕蘇雲峰：《從清華學堂到清華大學》，生活・讀書・新知三聯書店 2001 年版，
　　　　第 13～14 頁。
〔註103〕范源廉：《關於日本對華文化事業意見》，歐陽哲生等編：《范源廉集》，湖南
　　　　人民出版社 2010 年版，第 267 頁。

全額的半數名額以外，各省錄取的半數，是依各省所負擔庚子賠款多寡，而
定錄收該省學生的名額。中等科考試是宣統二年八月在學部舉行的，考的學
科是中文、英文、算學、歷史、地理，主考的是周貽師（按：指周詒春）、
范源廉、唐國安三位先生。」〔註104〕在這三批學生中，有許多後來對中國
有重要影響的人物，如趙元任、竺可楨等人。值得一提的是，在第二批留美
學生中有後來「暴得大名」的胡適，即應在此時與范源廉初次相識，後來范
源廉與胡適多有交往，後文將會有所敘述。

　　遊美學務處成立後，又準備設立遊美肄業館，以便經過短期訓練後，每
年選拔優秀者赴美留學。在籌設肄業館期間，遊美學務處又提出開設預備學
校，以作爲留美的預備。其原因一方面爲前三次招考人數未完成原定計劃，
另一方面爲緩解外務部和學部在招生方針方面的矛盾。經過學部與外務部協
商，決定在國內設立一個培訓學校，以便令學生在國內能夠接受長期的教
育，再派往美國。〔註105〕開設肄業館所面臨的首要問題是校址問題。1910
年9月30日，宣統皇帝將內務部所經營的清華園舊址約450畝撥與遊美學
務處，作爲遊美肄業館的校址。1910年9月，「由外、學兩部派郎中長福、
員外郎范源濂和中營總兵王文煥前往內務部接收」。〔註106〕然而接收的過程
可謂困難重重，首要問題即爲如何遷出當時居住於清華園的居民。此外，設
立一所新學堂還要面對當時保守的風氣，時任接收委員的范源廉追憶說：「清
華學校未成立以前，清華園裏已非王公貴族，乃爲佃夫莊家所佔據，第一件
著手創辦之事，即爲請出一切佃夫莊家，此事彼時已飽受困苦矣。蓋前清時
代，創辦學校已多受鄉民猜疑，而創辦此種洋學校，尤多引人誤會，稍一不
愼，則都察院呈奉皇上，立即『免職查辦』。在當日最麻煩之事，無過於修
理清華園至清華車站一節馬路。路線所過，盡傷墳地，握得朽骨，困難立至，
此間所費手續，殊難盡述也。」〔註107〕

　　經過各方面的努力，校址等一系列問題才得以解決。1911年2月，遊美學

〔註104〕胡光麃：《波逐六十年》，《近代中國史料叢刊續編》第62輯，文海出版社1978
　　　　　年版，第72頁。
〔註105〕本段論述參考了清華大學校史編寫組編：《清華大學校史稿》，中華書局1981
　　　　　年版，第8～10頁。
〔註106〕《清華園與清華學校》，清華大學校史研究室編：《清華大學史料選編》第1
　　　　　卷，清華大學1991年版，第21頁。
〔註107〕范源廉：《述清華之創辦》，歐陽哲生等編：《范源廉集》，湖南人民出版社2010
　　　　　年版，第226頁。

務處和肄業館全部遷入清華園,並正式將肄業館改爲清華學堂。1911 年 4 月 29 日,清華學堂在清華園正式開學,遊美學務處總辦周自齊兼任清華學堂監督,會辦范源廉、唐國安兼任副監督。清華學堂的創立,當時國人視之爲國恥,這一方面在范源廉日記有所體現:「認清華事業之由來爲國恥上有生命之一大紀念,對於美人退款興學,感與愧並。惟有教者、學者、遊者、居者,同力興國雪恥。」〔註 108〕因此,范源廉等人也比較盡責,僅從薪水方面即可體現,當時總辦周自齊和會辦范源廉只支半薪,分別爲 250 兩和 200 兩。〔註 109〕對此,范源廉曾有所回顧:「從前美國退還庚子賠款的與中國的時候,開首立了一個遊美學務處,隨後就辦了清華學校,我曾躬預其事。周自齊先生與我自己同辦這事三年有餘,我們都只支領半薪,那時款項存儲不少,額定薪俸照取更是無妨,我們何以只取少數不願多取呢?因爲我們是中國人,對於友邦這樣光明正人的處分這宗賠款,是衷心感謝的……所以我們務要使他用得正當,不肯輕費。」〔註 110〕在其時腐敗成風的環境中,范氏等人的做法,表現了難能可貴的精神。

依據《清華學堂章程》規定:「本學堂監督,以遊美學務處會辦兼任,總理全堂一切事宜。」〔註 111〕由於唐國安主要負責外事,因此主要由范源廉主持清華日常事務。當時吳宓正在清華學堂就讀,遊美肄業館開學後,「各省以俱不相識,建議各省各舉代表一人,會議、辦事,並爲眾介紹」。〔註 112〕吳宓被選爲陝西省代表,並與各省代表向校方爭取自身的利益,這便與范源廉發生了直接的關係。在《吳宓日記》中記錄了不少與范源廉相關的史事,下文即以《吳宓日記》爲主要史料,以期重建范源廉在清華學堂時期的活動。

在范源廉任職期間,所面臨的第一個重要難題是處理教務長問題,以及如何處理與美國教員的矛盾。當時擔任清華學堂首任教務長的是胡敦復,胡氏係江蘇無錫人,早年畢業於美國康奈爾大學。早在 1910 年 4 月,胡敦復

〔註 108〕《清華史料·清華史料本校第一任會辦范靜生先生於開辦時所作日記眞相》,《清華校友通訊》1934 年第 7 期。

〔註 109〕《遊美學務處任事人員銜名薪水數目清單》,清華大學校史研究室編:《清華大學史料選編》第 1 卷,清華大學出版社 1991 年版,第 118 頁。

〔註 110〕范源廉:《述清華之創辦》,歐陽哲生等編:《范源廉集》,湖南人民出版社 2010 年版,第 226～227 頁。

〔註 111〕《清華學堂章程》,清華大學校史研究室編:《清華大學史料選編》第 1 卷,清華大學出版社 1991 年版,第 149 頁。

〔註 112〕吳宓著、吳學昭整理:《吳宓自編年譜》,生活·讀書·新知三聯書店 1995 年版,第 100 頁。

就被聘爲遊美肄業館教務提調，〔註 113〕在遊美肄業館改爲清華學堂之後，又擔任教務長一職。在教務長任內，胡氏作出了不少貢獻，尤其體現於課程設置上。當時各省選送學生程度差異比較大，「有英文程度優良而國文極爲低落者；亦有國文程度極高，而英文尚在啓蒙者；其他如數學、科學等科，程度之高低，亦多懸殊」。鑒於這種情況，胡氏在課程計劃方面，「改用學科制，而暫不用學年制。故同一學生，英文可在四年級，算學在二年級，而國文或在一年級者」。〔註 114〕在課程設置上，「先將各門課程，訂立英文一、英文二……數學一（筆算）、數學二（初等代數）、數學三（平面幾何）、數學四（立體幾何）、數學五（平面三角）、數學六（高等代數）、數學七（立體幾何）、數學八（球面三角）等名目，頒佈全校課程表。再經過教師分別對每一學生《某某上課時間紙》一紙，依格填寫明白：每星期，某日，第幾時，須上某課。該生即可遵行，毫無困難。亦無繁雜與凌亂之弊。其用意，爲力求適合每一學生之需要及能力，故全高等科、中等科不分班，不立年級」。〔註 115〕吳宓認爲該制度最能夠適應當時的學生狀況。

但是這種制度的推行，遭到了校內美國教員的不滿。當時清華有美國籍男女教師數十人，係「由外務部轉託美國男女基督教青年會直接從美國聘來者」，其程度較低，基本爲美國普通中學教員。不僅如此，「其平日言談舉動，亦十分俗鄙、爲眾所駭異」。胡敦復所聘請的中國教員，雖然不少是南洋公學的舊同學，「但皆擅長數學、理化等科，教課認眞負責，學生甚爲欣服」。不過美國教師的薪酬遠高於中國教師，「而只能授極淺之課程，爲學生所輕視」。〔註 116〕這種情況，美國教員與胡敦復不免會產生矛盾。不久，美籍教員與胡氏的矛盾果然爆發，當時在學校就讀的王道立回憶說：「中國教職員中，學生最敬愛的是教務長胡敦復先生。……上課不到兩月，有算學教員美國人在中等科某班教代數時，屢次發生錯誤。學生等告訴教務長。教務長細查屬實，遂與該教員相商，勸他與別的教員換一課目教授。該教員當時不語，旋

〔註113〕清華大學校史研究室編：《清華大學一百年》，清華大學出版社 2011 年版，第 6 頁。

〔註114〕林子勳：《中國留學教育史（1847～1975 年）》，華岡出版有限公司 1976 年版，第 253 頁。

〔註115〕吳宓著、吳學昭整理：《吳宓自編年譜：1894～1925》，生活·讀書·新知三聯書店 1995 年版，第 101～102 頁。

〔註116〕吳宓著、吳學昭整理：《吳宓自編年譜：1894～1925》，生活·讀書·新知三聯書店 1995 年版，第 102 頁。

即奔往美國公使館，誣訴清華胡教務長排外。公使不問詳情，逕往慶王府告知慶王奕劻（時慶王爲管理外務部大臣），慶王即刻傳諭外務部尚書鄒嘉來急速開除清華胡敦復教務長，外務部馬上電知遊美學務處周自齊處長。翌日中午，胡教務長即離開清華。……越數日始由外務部尚書鄒嘉來的兒子鄒應歡（時亦在清華中等科讀書，與我博物課同班），秘密傳出此項消息，並堅囑勿露。故至今此項黑幕，知之者尚少。自此學校大權，即操於美國人之手。教務長繼任人選，非得美國公使同意，不能聘請。」〔註117〕

　　面對這種情況，吳宓等人與校方談判，請求周詒春和范源廉等人不要把教務長一職授予外人。5 月 12 日，總辦周詒春和監督范源廉在圖書室召見吳宓等人，周詒春通知各學生代表：「胡先生現已不任教務長，已另聘人充當。但新聘者卻係中國人，並非外國人，不必驚疑。」在具體人選上，「擬聘天津張伯苓名壽春先生來任教務長」，張氏「曾在保定、天津辦過學堂，成效卓著，與美國人相處亦甚相得。來就斯席，一定是極好的了」。〔註118〕5 月 15 日晚，范源廉再次召見學生，表示胡敦復已經辭職，而張伯苓無法即刻就任，因此由其暫時代理教務長一職。對於這一決定，吳宓表示了懷疑：「吾思監督於科學素未深諳，焉能代理教務？其如此云云，吾正恐其以教務一席授之美人，特作此言以欺學生。所云張伯苓一層，使張長此終古而不來范任亦難斷定，且聘之與否則更不可知矣。吾實不解其何故而必欲去胡敦復，而其行爲又如此費人疑猜也。或則曰美人覬覦教務長而得成功，則亦外務部之懼怯外人所致，本學堂亦莫之能抗。哀哉！」〔註119〕在吳宓的眼中，范源廉只是敷衍學生而已。

　　不過實際上當時范源廉確實在爲清華教務長一事積極運作，並非欲將教務長一職拱手讓與美國人。1911 年 5 月 4 日，范源濂爲聘張伯苓任清華學堂教務長，專程從北京來天津，並通過嚴修電約張伯苓「來商議清華學堂事」。〔註120〕由此可見，吳氏對此事的論斷是有誤的。經過范源廉等人的積極協調，1911 年 8 月，張伯苓正式擔任清華學堂教務長一職。張伯苓接任教務長之後，修正了

〔註117〕王道立：《清華學校點滴》，全國政協文史資料委員會編：《文史資料存稿選編·教育》，中國文史出版社 2002 年版，第 77～78 頁。

〔註118〕吳宓著、吳學昭整理：《吳宓日記》第 1 冊，生活·讀書·新知三聯書店 1998 年版，第 67 頁。

〔註119〕吳宓著、吳學昭整理：《吳宓日記》第 1 冊，生活·讀書·新知三聯書店 1998 年版，第 70 頁。

〔註120〕梁吉生：《張伯苓年譜長編》（上卷），人民教育出版社 2009 年版，第 102 頁。

胡敦復的辦法，如恢復學年制，「並將學生程度，重加甄別，依其學力，分別列入各年級，分班授課」。〔註121〕對此，吳宓表達了強烈的不滿：「新教務長張伯苓先生已將教務事宜大行變更。課程班次，皆已另行訂立。言本校爲劃一學制起見，將班次一切改與中國各校相同，訂中等科以五年、高等科以三年爲畢業期限。廢除從前班次，另分設各年級。中等科現無第五年級，余分在第四年級，功課爲國文、英文、外國地理、世界歷史、化學、幾何及圖畫、體操、樂歌、手工而已。各科所用書籍課本全皆更易，程度一切皆趨淺薄。於是，胡教務長設施之良法美意蕩然無存。前此早逆知其然矣。」〔註122〕聘張氏擔任教務長係范源廉所爲，吳宓的不滿對象自然也包括范源廉了。

對於范源廉的其他做法，吳宓也有所不滿。1911 年 6 月，清華放暑假，不少學生想留在學堂，但爲校方所不許。6 月 26 日，吳宓與吳芳吉、鄒榮等人開會討論，決定選舉特別代表主持辦理，並推舉吳宓等九人爲代表。當晚，吳宓等人面見范源廉，但不爲范源廉所允，「謂學堂原定章程辦法如此，不能更改，且又有修理房舍之事，諸生雖有種種困苦情形，仍當勉爲其難」。在吳宓等人的一再爭取下，范源廉表示了讓步，決定與顏總辦商量之後再回覆學生。〔註123〕6 月 28 日上午，范源廉在圖書室接見吳宓等人，並告知學生留堂事情已經與顏總辦商議過，不過「學堂原定辦法悉仿美國，既擬定如此辦理，自不能更有改變。故仍照原章，學生於暑假期終概不准留堂，且以後年假、暑假亦是如此。學生雖有種種困苦情形，並其中不乏寒峻之事，然亦不能爲一二人特別辦理。……如至放假之期，有不搬出堂強居校內，即必掛牌開除。……汝等當以此意曉諭大眾，速行搬出，決不能留堂也」。至此，吳宓等人的留堂要求沒有實現。通過此事，吳宓對於范源廉的態度和做法，表示了極大的不滿：「余實不解學堂何苦不准學生之留居，又實不料監督之專制殘忍乃至於是也。」〔註124〕

〔註121〕林子勳：《中國留學教育史（1847～1975 年）》，華岡出版有限公司 1976 年版，第 253 頁。

〔註122〕吳宓著、吳學昭整理：《吳宓日記》第 1 冊，生活・讀書・新知三聯書店 1998 年版，第 120～121 頁。

〔註123〕吳宓著、吳學昭整理：《吳宓日記》第 1 冊，生活・讀書・新知三聯書店 1998 年版，第 96～97 頁。

〔註124〕吳宓著、吳學昭整理：《吳宓日記》第 1 冊，生活・讀書・新知三聯書店 1998 年版，第 98～99 頁。

此外，對於學校的其他事務，吳宓也表示了不滿。如選派留洋的人選問題，吳宓即頗有微詞：「此次所選定派赴美學生，已經揭示。共十四人，其中多為有運動之勢力者。亦有年頗不稚、而品學成績不優者，亦竟廁其間；而有極合格者，乃均向隅。可歎也！」又如對於班長、室長的人選問題，吳氏也頗為不滿：「本學期所舉定之班長、室長等，亦已經監督核更定妥揭示。其中多數皆庸碌猥瑣、毫無表現之人，乃監督則故選之。噫，本年下學期諸事腐敗，即此一端亦已候易如此，其他可知矣。」〔註125〕

通過《吳宓日記》的記載，可以看到在當時吳宓的心目中，以范源廉等人為代表的校方負責人基本為專制、自大的形象。這種情況在當時其實不難理解，如論者所言，當時的清華學堂實則為一官僚機構，並沒有現代的學校意識，雖然「清華學校在教學上照搬美國學堂的制度，但在行政管理和日常禮儀上則充滿了濃厚的封建色彩。清華校名全稱是『帝國清華學堂』，英文校印字樣是『Tsing Hua Imperial College』。總辦到校視事時，從校門到辦公處工字廳，沿途兩旁擺滿菊花，儼若王爺駕到。學生有事要見總辦，得先呈『稟貼』。……在開學典禮上，總辦著清一品頂戴大禮服，率領學生向孔子像行三跪九叩之大禮，這與當時國內一般學堂沒有兩樣」。〔註126〕由此可見，早期的清華學堂仍保持著傳統的制度，因此發生各種弊端也就在所難免了。

不過，對於范源廉在清華學堂所採取的注重體育的做法，吳宓則表達了讚賞之意：「聞同學云，此校於體操一科，頗為重視。專聘一美國教員，教練體操。於每星期各班體操功課鐘點外，無論何人，必於每日下午至操場。……范靜生監督日前在學部以主張軍國民教育，為人所稱道。今將施之本校，以踐其言，以沽其譽，不可謂之不善。」〔註127〕

清華學堂的開辦並沒有持續太久，1911 年 10 月武昌起義爆發，北京高校學生紛紛離校，而清華卻反對學生請假，學校負責人之所以採取這種措施，「因清華校址孤立於京北郊區，且四圍民眾，旗人居多。當時仇視種族的風氣濃厚，外國人心怯，以為有此數百名學生團居一起，聲勢壯大，旗人

〔註125〕吳宓著、吳學昭整理：《吳宓日記》第 1 冊，生活‧讀書‧新知三聯書店 1998 年版，第 158～159 頁。
〔註126〕黃新憲：《中國留學教育的歷史反思》，四川教育出版社 1991 年版，第 121 頁。
〔註127〕吳學昭整理：《吳宓日記》，北京：生活‧讀書‧新知三聯書店 1998 版，第 128 頁。

必不敢侵犯。故在此時期，不但不放假，且不准學生個人請假」。但學生則不讚同范源廉等人的做法，並與范源廉等人進行了激烈地抗爭，王道立曾詳細回憶了這一經過：「於是中等科學生我們六個班長相商，同至高等科會客室，請范源廉監督說話。范來客室，先問我有何話說，我告知來意並說明一切細情。范說部裏不允許，我亦無法，你們還是安心讀書。三言兩語，即欲開門出去。恰好有一位班長（已忘其名）站在門邊，他遂將門頂住，跪於范前大哭，引得我們五人亦聲淚俱下，……僅持約二三分鐘，范返回原座搖電話機打電話。我們靜聽他打電話至何處，原來他與周處長談話。不久話畢，向他們說，明天放假，每人發川資二十元，暫回故里，俟時局穩定，再行通知。」〔註 128〕學生的努力受到了成效。11 月 5 日，范源廉在高等科禮堂發表演說，「謂現在事情緊急，人心惶恐更非昔比。而學生中多數出校，現在諸位中國教員又皆紛紛請假辭退，教課之事殊難進行。故現在決定停課一月，如一月後事尚未定。人尚未齊，當再議延長之計」。在功課停止期間，「諸生中有願回家及他往逃避者，即可自由他往。如不願他往及不能回家者，可仍留校中溫理學課。飯食一切及管理諸事，均如常日」。〔註 129〕至此這一問題才得到相對妥善的解決。

范源廉隨後也離開清華學堂，代表北方政府參與南北議和事務，其在清華的生涯也暫告一段落。不過在此之後范源廉與清華仍有不少聯繫。1924 年清華學堂籌備升格爲清華大學，范源廉與張伯苓、胡適、丁文江、張福運被校長曹雲祥聘爲大學籌備顧問。〔註 130〕1925 年曹雲祥辭職後，關於清華校長的繼任者問題，吳宓則傾向於范源廉。如 11 月 18 日記：「外方繼任之人，似范源廉爲宜。」11 月 20 日記：「晨，莊澤宣來，談校長繼任問題。同人之不贊成張者（按：指張彭春），有（一）范源廉（二）周詒春（三）郭秉文諸說。宓以（一）爲宜，（三）決不可。」當日，吳宓並探訪梁啓超，請其從中勸說，〔註 131〕最終范源廉因爲剛從北師大校長辭職，此事最終未能成功。通過吳氏的日記，可以看到經過多年以後，在其心目中范氏的形象發生

〔註 128〕王道立：《清華學校點滴》，全國政協文史資料委員會編：《文史資料存稿選編·教育》，中國文史出版社 2002 年版，第 79 頁。

〔註 129〕吳宓著、吳學昭整理：《吳宓日記》第 1 冊，生活·讀書·新知三聯書店 1998 年版，第 183 頁。

〔註 130〕清華大學校史編寫組編著：《清華大學校史稿》，中華書局 1981 年版，第 48 頁。

〔註 131〕吳宓著、吳學昭整理：《吳宓日記》第 1 冊，生活·讀書·新知三聯書店 1998 年版，第 97 頁。

了重大的轉變，范源廉從一個蠻橫專制的監督變爲清華大學校長的最佳人選，這應爲一段重要的史事，值得記錄於此。

小 結

個人的早年經歷會對其未來的發展道路產生深遠影響。早年求學時務學堂，是范源廉人生的一個重要轉折，通過時務學堂的學習，范源廉的思想發生了重大轉變，尤其是教育救國思想的初步確立，基本奠定了其未來的人生選擇。

留學日本，是范源廉生涯的另一轉折點。范源廉留日期間最重要的功績是推動了清末留日學生速成教育的發展。當然，留日學生速成教育的發展絕非范氏一人之功，但由此可以體現出范源廉思想的敏銳性，可以說，范源廉把握住了當時教育發展的脈搏。通過參與創辦速成教育，極大地提升了范源廉的聲望，爲其後來在國內教育界的發展奠定了良好的基礎。

在學部的工作經歷，使范源廉積累了豐富的教育行政經驗，並爲其民初執掌中央教育行政奠定了一個較深厚的基礎。任職學部對於其未來教育政策有相當大的影響，正如論者所言：「范源廉偏重普通教育尤其是中小學教育的觀念，實際是學部教育方針的延續。在國民教育、女子教育、義務教育、實業教育和留學管理等方面，民初均在學部的基礎上有所繼承和發展。」〔註132〕

〔註132〕關曉紅：《晚清學部研究》，廣東教育出版社 2000 年版，第 151 頁。

第二章　注重普通教育的理念和實踐

　　1934 年，胡適分別以范源廉和蔡元培為兩種教育發展道路的代表，回顧了民國初年的中國教育：「民國初元，范源濂等人極力提倡師範教育，他們的見解雖然太偏重『普及』而忽略了『提高』的方面，然而他們還是向來迷信教育救國的一派的代表。民國六年以後，蔡元培等人注意大學教育，他們的弊病恰和前一派相反，他們用全力去做『提高』的事業，卻又忽略了教育『普及』的方面。但無論如何，范、蔡諸人都還絕對信仰教育是救國的唯一路子。」〔註1〕今日看來，胡氏對范源廉教育思想與實踐的判斷並不全面，但由此可見范源廉注重普通教育已經得到時人的公認，重視普通教育也確實為范氏教育思想與實踐的鮮明特徵。因此，本章主要論述范源廉為推動普通教育發展所發揮的作用。

第一節　初任教育總長與民初普通教育的推動

　　辛亥革命爆發之後，南北雙方進行談判，最終商定孫中山辭去臨時大總統，並選舉袁世凱擔任臨時大總統。1912 年 2 月 28 日，蔡元培被任命為專使，赴北京迎請袁世凱到南京就任總統。〔註2〕范源廉其時也應袁世凱的邀請，成為袁氏臨時幕府的一員，〔註3〕並與趙秉鈞、顏惠慶、周自齊等 13 人

〔註1〕　胡適：《教育破產的救濟方法還是教育》，季羨林主編：《胡適全集》第 4 卷，安徽教育出版社 2003 年版，第 554 頁。
〔註2〕　高平叔撰著：《蔡元培年譜長編》上冊，人民教育出版社 1996 年版，第 407 頁。
〔註3〕　《袁總統幕府人員錄》，《時事新報》1912 年 2 月 29 日，第 1 版。

作爲招待蔡元培專使團的成員。〔註 4〕但袁世凱並不願到南京就職，在袁氏的謀劃之下，蔡元培迎袁北上的任務未能完成，南京臨時政府最終被迫同意袁氏在北京就職。隨後，范源廉又與唐在禮作爲北方代表南下，向南京臨時政府和參議院解釋袁氏無法赴南京就職的原因，並取得了南京方面的諒解。〔註 5〕范源廉的一系列活動，爲袁世凱出力甚多，也因之得到了袁氏的賞識。

南京臨時政府北遷之後，蔡元培堅辭教育總長，袁世凱最初曾擬范源廉爲教育總長，但在范源廉的堅拒之下，才由蔡元培繼續擔任教育總長。對於其中的曲折，蔡元培曾有比較詳細的回憶：「當我們將離北京以前，唐君少川商擬一內閣名單，得袁同意，仍以我爲教育總長，我力辭之，乃易爲范君靜生。到南京後，范君聞此消息，忽出京，不知所之；又有人散佈謠言，謂以范易察（按：應爲蔡），乃因蔡迎袁無效而受懲。以此種種原因，孫先生及唐君等定要我繼續任職。我託人詢范君以可否屈任次長，渠慨然願任，我於是仍爲教育總長之候補者，提出於參議院而通過。」〔註 6〕

蔡元培擔任教育總長之後，又聘請范源廉擔任教育次長，對於其事，范源廉也有所回憶：「當時蔡先生兩次親自訪問我，他說『現在是國家創制的開始，要撇開個人的偏見，黨派的立場，給教育立一個統一的智慧的百年大計』。」〔註 7〕在蔡元培的誠懇邀請下，范源廉終於同意擔任教育次長一職。蔡元培聘請范源廉擔任教育次長，不僅因范源廉在前清學部比較有聲望，而且范源廉對於普通教育更有經驗。對此，不僅蔡氏本人有著清醒的認知，章太炎也對蔡、范之關係有所評議：「教育總長蔡元培是一好人，所持教育方鍼只宜於高等學會，若行之普通教育則甚爲不可，惟有一切實有經驗之范濂源（按：原文如此）輔之或可免潑湯耳。」〔註 8〕可見，蔡元培爭取范源廉擔任教育次長也有彌補其在普通教育方面經驗不足的考慮。在當時黨見比較

〔註 4〕 高平叔撰著：《蔡元培年譜長編》上冊，人民教育出版社 1996 年版，第 410 頁。

〔註 5〕 參見唐在禮：《辛亥前後我所親歷的大事》，中國人民政治協商會議全國委員會文史資料研究委員會編：《辛亥革命回憶錄》第 6 集，中華書局 1963 年版，第 343～346 頁。

〔註 6〕 蔡元培：《自寫年譜》，高平叔編：《蔡元培全集》第 7 冊，中華書局 1985 年版，第 309 頁。

〔註 7〕 梁容若：《記范靜生先生》，歐陽哲生等編：《范源廉集》，湖南人民出版社 2010 年版，第 652 頁。

〔註 8〕 《章太炎月旦國務員》，《順天時報》1912 年 5 月 10 日，第 7 版。

深的情況下，蔡、范二人能夠通力合作，體現了二人對教育的共同追求。

　　雖然蔡元培與范源廉的教育思想並不相同，但也正是二人不同的思路能夠起到互補作用，正如蔡元培所言：「我與次長范靜生君常持相對的循環論。范君說：『小學沒有辦好，怎麼能有好中學？中學沒有辦好，怎麼能有好大學？所以我們第一步，當先把小學整頓。』我說：『沒有好大學，中學師資那裏來？沒有好中學，小學師資那裏來？所以我們第一步，當先把大學整頓。』把兩人的意見合起來，就是自小學以至大學，沒有一方面不整頓。」〔註 9〕事實證明，蔡、范二人的密切配合，對於民國初年教育的順利發展起到了關鍵作用。由於對袁世凱不滿，蔡元培於 1912 年 7 月 14 日辭去教育總長，〔註10〕隨後由范源廉接替蔡元培擔任教育總長。范源廉繼任之後，繼續了蔡元培的教育思想和政策，如范源廉在第一次出席國務會議宣佈政見時，對於蔡氏注重社會教育的政策，表示「當接續進行」。在 7 月 31 日的臨時教育會議上，范源廉又聲明「教育宗旨及行政大綱，業由蔡總長宣佈或規定，悉當遵行」。〔註 11〕范源廉的言論與舉措，對於民初教育發展的延續性起到了相當重要的作用。

　　蔡、范二人在教育理念和教育政策方面的延續性主要體現於范源廉繼任之後所發佈的一系列法令中。1912 年 9 月 2 日，教育部公佈了《學校系統令》，其中規定：「小學校四年畢業為義務教育，畢業後得入高等小學校或實業學校。」〔註12〕9 月 28 日，教育部公佈《小學校令》，對近代小學的設置、教科及編制、經費等進行了詳盡的規定，《小學令》的頒佈，對於推動近代小學教育的發展有重要意義。1913 年，教育部又陸續頒佈各種學校令，作為《學校系統令》的補充，這一系列法令被稱為「壬子·癸丑」學制，這是中國政府法令中明令推行義務教育之始。

　　實際上，民國初年的教育制度，尤其是普通教育方面，基本是對日本教育制度的模仿。究其原因，則是多方面因素共同作用的結果。首先日本教育制度更為適合當時中國的國情，正如蔡元培在臨時教育會議上所言：「至現在我等教育規程，取法日本者甚多，此並非我等苟且。我等知日本學制，本取

〔註 9〕蔡元培：《自寫年譜》，《蔡元培全集》第 7 卷，中華書局 1989 年版，第 197 頁。
〔註10〕高平叔撰著：《蔡元培年譜長編》上冊，人民教育出版社 1996 年版，第 470 頁。
〔註11〕高平叔撰著：《蔡元培年譜長編》上冊，人民教育出版社 1996 年版，第 476 頁。
〔註12〕《教育部公佈學校系統令》，《中華民國檔案資料彙編》第三輯·教育，江蘇古籍出版社 1991 年版，第 59 頁。

法歐洲各國，惟歐洲各國學制，多從歷史上漸演而成，不甚求其整齊劃一，而又含有西洋人之習慣；日本則變法時所創設，取西洋各國之制而折衷之，取法於彼，尤為相宜。」〔註 13〕此外，以范源廉為代表，民初教育部的官員大多數具有留日背景，《順天時報》曾有統計，當時教育部「總長、次長、參事、僉事共計一百廿名」，「留學日本出身者，范總長、董次長以下實有四十二名之多」。〔註 14〕最高教育行政部門人員的留日經歷，對於民初教育政策不能不有深刻影響。

需要注意的是，范源廉對於日本教育制度並沒有完全拘泥，這一點體現於范源廉所提出的「義務教育規定於憲法」思想中。1913 年，已經辭去教育總長的范源廉在《中華教育界》發表《論義務教育當規定於憲法》一文，該文在考察了各國義務教育的實施狀況之後，主張「義務教育應規定於憲法，在吾國實有特別之必要，即世界無此前例，吾人猶當毅然獨行，著此特有之規定，以求憲法之完美」。范源廉認為將義務教育加入憲法有三點理由：「義務教育非規定於憲法，則人民公私家國之觀念不易革之使新；義務教育非規定於憲法，不足以增強法律之實施力；義務教育非規定於憲法，不足以追先進之前蹤而挽國勢於將來。」在文章的最後，范源廉斷言：「則知義務教育規定於憲法與否，不問他國之有無先例，在吾國固可斷此問題實存亡盛衰關鍵之所存矣。」〔註 15〕

范源廉所提出的主張，與全國教育會聯合會的主張基本一致。1915 年 4 月，全國教育會聯合會在天津開會，通過《請將義務教育列入憲法案》，再次要求將義務教育列入憲法。該議案主張：「我國民俗窳陋，欲謀教育之普及，情格勢禁，著手殊難。蓋非取極端主義，無以破除障礙。而確立其設施之根本，非有正式規定，不足聳動全國聽觀。而推重其推行之勢力，計惟有仿普魯士、丹麥、瑞士、葡萄牙諸國之先例，將義務教育定之於憲法條文中，則於吾國前途所裨甚巨。」〔註 16〕

然而在義務教育加入憲法的問題上，卻經歷了一個相當長的歷史曲折。

〔註13〕 我一：《臨時教育會議》，璩鑫圭等編：《中國近代教育史資料彙編·學制演變》，上海教育出版社 2007 年版，第 649 頁。

〔註14〕 《教育部員與留日出身》，《順天時報》1912 年 12 月 16 日，第 3 版。

〔註15〕 范源廉：《論義務教育當規定於憲法》，歐陽哲生等編：《范源廉集》，湖南人民出版社 2010 年版，第 25～27 頁。

〔註16〕 《請將義務教育列入憲法案》，邰爽秋等合選：《歷屆教育會議議決案彙編》，教育編印館 1935 年版，第 1 頁。

1913 年 10 月，憲法起草委員會提出《天壇憲法草案》，其中第 19 條規定「中華國民有受普通教育之義務，普通教育之年限，依法律之所定」。〔註 17〕但《天壇憲法草案》並不爲袁世凱所接受，並於 1914 年 1 月 14 日被廢除，因此憲法中對義務教育的規定也無形取消。1923 年，憲法會議再次開會，「京內外教育界，群認教育爲國家命脈，憲法無專章，則不足明教育之重要，及立將來促進之根據」。於是教育界人士「遂擬具草案，向憲法委員會請願」。憲法委員會委員在斟酌草案的基礎上，最終將教育專章加入憲法。其主要內容爲：「義務教育之學年至少以六年爲限」；「在義務教育學年內，免納學費，其教科書及學校用品，由學校設備之。小學教員之年功加薪及養老費，以法律定之。」在憲法中設立教育專章，是近代教育史的一大進步，「惜因政治關係，教育生計兩章，未至議及，遽將其他通過頒佈，誠中國教育之大不幸也」。〔註 18〕1925 年，段祺瑞政府成立，再次組織憲法起草委員會，中華教育改進社擬定教育專條，向教育部提出申請。中華教育改進社的主張爲國憲起草委員會所通過，12 月，《中華民國憲法案》增設教育專章，規定「國民受義務教育概免納費」，「義務教育之年限、教育稅之征收、小學教員之優待以法律定之」。不過段祺瑞政府不久即下臺，「國憲起草委員會二讀通過之草案，亦無形取消」。〔註 19〕教育界的努力再次落空。

　　直至南京國民政府建立之後，國民會議於 1935 年制定《訓政時期約法》，特別設立教育專章，才眞正實現從憲法上對於義務教育予以規定。〔註 20〕可見，在北洋政府的混亂局面之下，范源廉等人的教育主張很難得以實現。但早在民國初年，范源廉即提出將義務教育列入憲法，體現了其思想的前瞻性。

第二節　教科書法令的制定及參與教科書的編輯

　　教科書與普通教育的發展有著密切的關係，教科書的編纂優劣和內容新舊對於普通教育的質量會產生直接影響。范源廉對於教科書問題一直非常關

〔註 17〕　《要件・憲法草案全文披露》，《申報》1913 年 10 月 17 日，第 7 版。
〔註 18〕　李建勳：《中華民國憲法問題內之教育專章》，邰爽秋等選編：《中國教育憲法問題》，教育編譯館 1935 年版，第 2～4 頁。
〔註 19〕　李建勳：《中華民國憲法問題內之教育專章》，邰爽秋等選編：《中國教育憲法問題》，教育編譯館 1935 年版，第 6 頁。
〔註 20〕　吳經熊、黃公覺：《中國制憲史（上冊）》，商務印書館 1937 年版，第 82 頁。

切，這主要體現於民國初年范源廉在擔任教育總長期間所頒佈的一系列與教科書相關的法令和辭去教長之後親自參與編寫教科書兩個方面。

伴隨著清末新政的開展，尤其是教育改革的深化，晚清教科書市場逐漸繁榮。在當時的教科書市場上，不少民間出版機構，如文明書局、商務印書館等機構紛紛編譯或自編教科書，形成了教科書發展的熱潮。〔註 21〕然而在這種繁榮背後，則是教科書質量的參差不齊，這種狀況對於教育的發展有很大阻礙，因此需要政府對於教科書進行規範。

對於教科書問題，清政府一直比較關注。尤其是 1905 年學部建立之後，更加注重對教科書的管理，並特別在學部內務司下設審定科，作為教科書的審定機關。當時學部可以借鑒的教科書審查制度，主要分為審定制和國定制兩種。所謂審定制，即允許民間自由編寫教科書，再由教育部門進行審查的制度，這種制度有利於促進教科書的競爭，當時西方主要資本主義國家基本採取審定制。所謂國定制，則是由政府壟斷教科書的編纂和發行，在全國範圍內對教科書統一使用，這種制度有助於政府對國民思想和全國教育進行控制，日本即採用這一制度。〔註 22〕由於晚清政府對教科書的審定是以加強思想控制為目的，因此逐漸由審定制向國定制轉變。不過這種做法並不得人心，招致了社會各界的反對，直至清廷覆亡，教科書國定制的目標也沒有實現。

民國建立以後，更需要教科書與時代發展相適應，因此對於教科書進行規範就成為當務之急。1912 年 1 月 19 日，蔡元培發佈《普通教育暫行辦法》，規定「凡各種教科書，務合乎共和民國宗旨。清學部頒行之教科書，一律禁用」，〔註 23〕體現了革新的精神。范源廉繼任教育總長之後，又頒佈了一系列法令，對於教科書進行管理。1912 年 9 月 13 日，教育部公佈《審定教科用圖書規程》，其主要內容有：「初等小學校、高等小學校、中學校、師範學校教科用圖書，任人自行編輯，惟須呈請教育部審定」；「編輯教科用圖書，應依據《小學校令》、《中學校令》、《師範教育令》」；「教育部已審定之圖書，各省圖書審定會認為確有尚須修正之處，得報由省行政長官，呈請教育部覆核後，

〔註 21〕 參見關曉紅：《晚清學部研究》，廣東教育出版社 2000 年版，第 376 頁。

〔註 22〕 關於教科書審查制度中的「審定制」和「國定制」，可以參看王建軍：《中國近代教科書發展研究》，廣東教育出版社 1996 年版和畢苑：《中國近代教科書研究》第三章第一節，北京師範大學 2004 年博士論文。

〔註 23〕 《教育部：電各省頒發〈普通教育暫行辦法〉》，璩鑫圭等編：《中國近代教育史資料彙編·學制演變》，上海教育出版社 1994 年版，第 606 頁。

令發行人於再版時遵照修改」。〔註24〕

　　9月18日，教育部又公佈《各省圖書審查會規程》，規定：「圖書審查會，直隸於省行政長官，審查適於各該省初等小學校、高等小學校、中學校、師範學校教科用圖書；圖書審查會審查教科用書，以經教育部審定者爲限；圖書審查會對於教育部審定之教科用圖書，有意見發表者，得報省行政長官呈請教育部酌核辦理。」〔註25〕由此可見，當時范源廉所主持的教育部實際上是對於教科書採取審定制度。教育部一方面想要把教科書的審查權收歸中央，另一方面也能夠適應當時各省的情況，設立各省圖書審定會以監督各省教科書的使用，基本適應了當時的狀況。對於教育部所頒佈的法令，時論也表示了支持：「此次教育部規定教科書制度，許民間自由編輯，不以國家之力，揠苗助長，又輔之以教育部之審查，圖書審查會之選用，文明進化，教育發達，胥於是焉。」〔註26〕

　　10月3日，教育部頒佈《小學教科書編纂辦法》，其主要內容爲：「查本部九月初三日令，各學校以八月一日爲學年之始，覎時與各書店新出之小學教科書，多照春日始業編纂。所有關於時令各課，自與新章不合。」因此，各教科書編輯機構應「按照新章或將關於時令各課改撰，或另行編輯新本，作爲八月始業之用」。〔註27〕在這種情況下，各書局紛紛跟進，「商務印書館由高夢旦等首行編纂《共和國教科書》。凡小學、中學、師範各科用書，無不齊備，經教育部審定，各校紛紛採用。其《小學共和國文科用書》，自出版至民國二十年，複印至三百餘次，銷售至七八千萬冊，其他各書，大概稱是。同時陸費逵等於上海創辦中華書局，成立發行《中華教科書》」。〔註28〕可見，范源廉主掌教育部期間對於教科書的一系列規定，對於教科書的發展起到了積極的作用。

〔註24〕　《教育部公佈審定教科用圖書規程》，李桂林等編：《中國近代教育史資料彙編・普通教育》，上海教育出版社2007年版，第476頁。
〔註25〕　《教育部公佈各省圖書審查會規程》，《中華民國教育新法令》第1冊，商務印書館1914年版，第16～18頁。
〔註26〕　江夢梅：《論現行教科書制度與前清制度之比較》，李桂林等編：《中國近代教育史資料彙編・普通教育》，上海教育出版社2007年版，第695頁。
〔註27〕　《教育部通告小學教科書編纂辦法》，李桂林等編：《中國近代教育史資料彙編・普通教育》，上海教育出版社2007年版，第477～478頁。
〔註28〕　鄭鶴聲：《三十年來中央政府對於編審教科書之檢討（節錄）》，李桂林等編：《中國近代教育史資料彙編・普通教育》，上海教育出版社2007年版，第476頁。第702頁。

　　范源廉對於教科書的重視，不僅體現於其在教育總長任內所頒佈的法令，更值得稱道的是在其辭去教育總長之後，親自主持編輯和審定了一批教科書，爲近代教科書的發展作出了重要貢獻。

　　范源廉能夠參與教科書的編寫，與陸費逵所主持的中華書局有著密切的關係。如所周知，在中華書局成立之前的教科書市場上，商務印書館基本是一家獨大的局面。爲與商務印書館競爭，中華書局從建立之日起，就揭櫫「教科書革命」的大旗，這從《中華書局宣言書》就可以得到體現：「立國根本，在乎教育。教育根本，實在教科書。教育不革命，國基終無由鞏固。教科書不革命，教育目的終不能達也。」〔註29〕然而，與商務印書館相比，中華書局的實力遠不如商務深厚，爲扭轉在市場上的不利局面，時任中華書局總經理的陸費逵聘請辭去教育總長不久的范源廉擔任中華書局董事，併兼任編輯長一職。陸費逵選擇聘請范源廉，應有幾重考慮：首先是范源廉剛從教育總長卸任，對於教育政策比較熟悉；另一方面，中華書局建立不久，面臨著商務印書館的強大實力，必須有一位重量級人物扮演領航人的角色。

　　1913年4月1日，范源廉接受陸費逵的邀請，擔任中華書局編輯長一職。在其任職中華書局之後，中華書局所編寫的教科書的質量得到了提升。1913年，中華書局出版了「新制單級小學教科書」。1915年，范源廉主持的「新編中華小學教科書」出版，「初小有修身、國文、算術各八冊，計二十四冊；高小有修身、國文、算術、歷史、地理、理科各六冊，計三十六冊。同月，「中華女子教科書」出版：國民學校用修身、國文、算術，計二十四冊；高等小學用修身、國文、算術、家事計十四冊」。〔註30〕1916年1月，范源廉又主持出版了「新式教科書」，主要包括「國民學校用修身、國文、算術計二十四冊；高等小學用修身、國文、歷史、地理、理科、農業、商業等八種計四十四冊，各冊教授法齊全。……各科都用淺顯文言編寫，而在國文課本末尾附有四課白話文體，實爲以後改用國語課本的先導」。〔註31〕

　　爲考察范源廉在近代教科書所作的貢獻，特列表顯示范氏所參與編輯或

〔註29〕陸費逵：《中華書局宣言書》，呂達主編：《陸費逵教育論著選》，人民教育出版社2000年版，第93頁。

〔註30〕錢炳寰編：《中華書局大事紀要（1912～1954）》，中華書局2002年版，第19頁。

〔註31〕錢炳寰編：《中華書局大事紀要（1912～1954）》，中華書局2002年版，第24頁。

審閱的教科書：

書　名	編　者	出版年	冊數
單級初等小學實行法	徐崶編，范源廉閱	1914.3	1 冊
新學制實行法	黃允文著　范源廉、陸費逵閱	1913.10	1 冊
新編中華初等小學修身教科書	沈頤、范源廉、董文編	1913.11	8 冊
新編單級修身教科書	沈頤、范源廉、方鈞編	1914.6～8	6 冊
女子修身教科書	沈頤、董文編，范源廉閱	1915.1～9	1 冊
新式修身教科書	方鈞編　劉寶慈、范源廉、沈頤、李步青閱訂	1915.12	1 冊
（訂正）新編修身教科書	沈頤、范源廉、董文編	1915.12	8 冊
新編中華修身教科書	沈頤、范源廉、董文編	1913.11	8 冊
新編中華修身教科書	沈頤、葛文珪編　范源廉閱	1913.12	6 冊
中華女子修身教科書	李少青編　沈頤、范源廉閱	1914.8～9	3 冊
新式修身教科書	方瀏生　劉械、范源廉、沈頤、張耀垣閱訂	1916.1	8 冊
新制中華國文教科書	陸費逵、沈頤編輯　戴克敦、華鴻年編　范源廉閱	1912.10	12 冊
新編中華國文教科書	戴克敦、沈頤、范源廉等編	1913.11	8 冊
新制單級國文教科書	劉傳厚、范源廉、沈頤編	1914.1～8	12 冊
女子國文教科書	沈頤編　范源廉閱	1915.10	8 冊
（訂正）新編國文教科書	戴克敦、范源廉、沈頤、楊喆編	1915.12	8 冊
新式國文教科書	陸費逵、李步青、沈頤、戴克敦、姚銘恩編輯　沈恩孚、范源廉、劉寶慈閱訂	1915.12	8 冊
新式中華國文教科書	沈頤、楊喆編　范源廉閱	1913.12～1914.2	6 冊
女子國文教科書	沈頤、范源廉、楊喆編	1914.8	6 冊
新式國文教科書	呂思勉編輯　崔景元、劉械、范源廉、沈頤、吳景濂、鞠承穎閱訂	1916.1～4	6 冊
新制單級國文教授書	劉傳厚、范源廉等編	1919.8	現存第5 冊
新編中華歷史教科書	潘武、章嶔編　范源廉、沈頤閱	1913.11～1914.3	6 冊

新式歷史教科書	楊喆、莊啓傳編輯　沈頤、范源廉、沈恩孚、崔景元閱訂	1916.5	6 冊
新編中華地理教科書	史禮綬、徐增編　范源廉、沈頤閱	1914.1～3	6 冊
新式地理教科書	呂思勉編輯　張灝、范源廉、沈頤、陶履恭閱訂	1916.12	6 冊
新編中華算術教科書	顧樹森、沈煦編　范源廉、沈頤閱	1913.11 ～ 1914.1	8 冊
（訂正）新編算術教科書	顧樹森、沈煦編　范源廉、沈頤閱	1914？	8 冊
新編中華算術教科書	顧樹森編　范源廉、沈頤閱	1913.11 ～ 1914.2	6 冊
新編中華理科教科書	顧樹森、丁錫華編　范源廉、沈頤閱	1913.11	6 冊
新制中華農業教科書	沈慰宸、丁錫華編　戴克敦、范源廉、沈頤、陸費逵閱	1913.7 ～ 10	6 冊
新制中華初等小學毛筆習畫帖	余翰繪　戴克敦、沈頤、范源廉、陸費逵閱	1913.7	3 冊
新制中華初等小學鉛筆習畫帖	余翰、金晨繪　陸費逵、范源廉、沈頤、戴克敦閱	1913.7	3 冊
新制中華毛筆習畫帖	余翰繪　戴克敦、沈頤、范源廉、陸費逵閱	1913.7 初版，1914.6 二版	1 冊
新制中華初等小學手工教科書	黃璵、黃兆麟編　顧樹森校訂　陸費逵、沈頤、范源廉、戴克敦閱	1913.8	4 冊
新制中華手工教授書	黃兆麟、黃璵編　戴克敦、范源廉、沈頤、陸費逵閱訂	1913.8	1 冊
新式修身教科書	李步青、謝蒙等編　范源廉、姚漢章閱	1914.5～6	4 冊
新式修身教科書	李步青、謝蒙等編　范源廉、姚漢章閱	1914.8	1～4 冊
新制國文教本	謝蒙編　范源廉、姚漢章閱	1914.8	4 冊
新制東亞史教本	李秉鈞、范源廉、姚漢章閱	1914.11 初版	1 冊
新編家事讀本	顧樹森編　范源廉、姚漢章閱	1914.8 ～ 1916.4	2 冊
新制哲學大要	謝蒙編　范源廉、姚漢章閱	1914.5	1 冊

新制哲學大要參考書	謝蒙編　范源廉、姚漢章閱	1914.5	1 冊
新式修身教科書	李步青編　范源廉、姚漢章閱	1914.12	4 冊
新制教育學　劉以鍾編	范源廉、姚漢章閱	1914.5	1 冊
新制各科教授法	劉以鍾編　范源廉、姚漢章閱	1914.6	1 冊
新制教育史	劉以鍾編　范源廉校閱	1915.5	1 冊

資料來源：王有朋主編：《中國近代中小學教科書總目》，上海辭書出版社 2010 年版。

　　不負陸費逵等人所望，范源廉所主持的教科書，在社會上產生了良好的反響，尤其是范源廉所主持編寫的「新制教科書」，獲得了社會的好評。如對於范源廉等人編寫的《新制中華初等小學修身教科書》，《神州日報》評論說：「我國家庭教育素不講究，幼稚園又寥若晨星，故造成良好兒童，初等小學校獨負其責。是書德目完全，首三冊以純粹之圖畫引兒童以實踐，後九冊以顯明之文字與圖畫並列，導學生以躬行。其間材料多男女生所可通用者，深合男女同校之用，編輯時苦心斟酌，於教員、學生均甚便利。」〔註32〕

　　「新制教科書」和「新式教科書」的出版，一舉扭轉了中華在教科書市場的不利局面，使中華書局在教科書市場上佔據了更大的市場份額。中華書局的強勢崛起，使得商務印書館教科書的發行，不免大受影響，兩家公司因此展開了激烈的競爭。1913 年 8 月，兩家在滬上各大報刊登廣告，向對方展開攻擊：「中華以課本分量合於授課時間，內容注重國民教育，尤重於國恥割地賠款，印刷精良，封皮耐用等為言；攻擊對方不敷課時應有，有所顧忌不敢言甲午賠款數額，底面單頁，字形過小。商務則以售價低廉減輕學生負擔，便於普及教育為言；攻擊對方分訂幾冊，售價高出三分之一以上，以營利為目的。」〔註33〕雙方的論戰文字連篇累牘，一直持續了 20 多天。至此，雙方的矛盾達到了頂峰。

　　客觀而言，良性的競爭可以使兩家公司反思自身所出版教科書的缺點，對於提高各自教科書的水準有不少幫助。但是雙方的激烈攻擊，使得兩家公司的矛盾進一步公開化，對於兩方的信譽都產生了不利影響。面對這種情況，范源廉深表憂慮，並通過自己的人脈積極運作，試圖緩和兩家公司的關係。當時從教育部辭職進入商務印書館的蔣維喬回憶說：「范君源廉辭職之後，任中華書局編輯所所長，在滬常常聚首，因商務、中華在營業上競爭激烈，以

─────────────

〔註32〕《紹介中華書局新刊》，《神州日報》1913 年 6 月 26 日，第 6 版。
〔註33〕錢炳寰編：《中華書局大事紀要（1912～1954）》，中華書局 2002 年版，第 9 頁。

為當如運動之競走,各求進步則可,不可互相損害,約余同作雙方之調人。」
〔註34〕

范源廉等人的努力起到了一定效果,兩家公司的關係也得到了緩和,不僅如此,雙方甚至開始商談聯合之事。1914 年 10 月 15 日,中華書局董事會召開第十三次會議,「專題討論與商務印書館聯合問題,用以消除彼此激烈的競爭,期免於『兩傷兩亡』的局面」,〔註35〕但沒有取得什麼效果。1916 年,中華書局繼續尋求與商務印書館的合作,作為中華書局的負責人之一,范源廉再次扮演了中間人的角色,積極與商務印書館的張元濟等人溝通,在《張元濟日記》中,留下了不少范源廉尋求兩家合作的信息。1916 年 2 月間,中華書局與商務印書館為教科書加價的事情進行協調,此時中華書局再次趁機提出聯合之事。張元濟在日記中記道:「昨晚范靜生交來紙價書價比較表,仍以連合為言。與夢旦詳細討論,恐無實際。擬復以連合事大,難速成。」〔註36〕張元濟對於兩公司的競爭也主張協商解決,3 月 8 日,張元濟約見范源廉、戴懋哉等人,與中華書局聯合折價售書事,但「時間匆促,尚未解決」。〔註37〕最終由於種種原因,兩家聯合的目標沒有實現。由此可見,在兩家公司聯合的過程中,范源廉扮演著相當重要的角色。

不可否認,由於編寫比較倉促,中華書局的教科書必然會有不少錯誤,如對於范源廉等人所編寫歷史教科書中的史事問題,康有為表示了批評:「弟專心教育,昔編中華教科書以全份贈我,以問得失焉。吾實不暇,嘗偶拈歷史科閱其中一二條,乃以張居正之相業編在萬曆之先,是猶以戊戌變法編在同治以前也。又謂佛教最盛於唐,豈知北齊之僧二百萬,唐時僧僅十餘萬。其他錯謬,不勝枚舉。若此之書,豈非異聞哉?以迷天下之兒童,而足為教科書乎?乃弟敢編之以教天下,乃反廢孔孟之經,豈非異聞哉?是亦不可已乎?」〔註38〕又如對於《中華高等小學地理教科書》,有報告指出,該書一、二冊「編制已涉陳舊,且平鋪直敘,板滯無情,事實亦多謬誤」,三、四冊「枯

〔註34〕 蔣維喬:《從南京教育部說到北京教育部》,《教育雜誌》1937 年第 27 卷第 4 號。

〔註35〕 錢炳寰編:《中華書局大事紀要(1912〜1954)》,中華書局 2002 年版,第 13 頁。

〔註36〕 張元濟著;張人鳳整理:《張元濟日記》,河北教育出版社 2000 年版,第 21 頁。

〔註37〕 張樹年主編:《張元濟年譜》,商務印書館 1991 年版,第 124 頁。

〔註38〕 康有為:《致教育總長范靜生書》,姜義華、張榮華編校:《康有為全集》第 10 集,中國人民大學出版社 2007 年版,第 323 頁。

燥尤甚,其明確處有從他種教科書得來者,顧瑜不掩瑕,仍非佳構,恐係急於盈利草率成篇所致」。更有人批評此書質量之低劣,可以比照晚清時期國民教育社所出之本。後者知識淺陋,無以復加,其「開卷第一課,乃以長白山脈外興安嶺爲我與韓俄之界。此書流毒極大,蓋視教育爲兒戲,未有甚於此書者也」。〔註39〕由此可知,由於編纂倉促、面臨與商務印書館競爭等原因,中華書局教科書的質量無疑會有缺陷。筆者以爲,當時教科書的編寫畢竟是開創性的工作,范源廉等人的功績是主要的。

因再度擔任教育總長,范源廉於 1916 年辭去中華書局編輯長一職,范源廉編寫教科書的事業也暫告一段落。關於商務與中華所編教科書的優劣,曾任職於商務印書館的陳叔通曾有比較:「商務爲什麼能成功?我看一是力量雄厚,二是人才多。1912 年成立的中華書局(以下簡稱中華),這兩個條件都抵不過商務。中華創立請范源濂主持編輯,但范是抵不過張(按:指張元濟)的。以後中華的發展大體上是跟著商務走的,在出版價值上的創造性遠不如商務。」〔註 40〕筆者以爲,作爲商務印書館的一員,陳氏的言論似乎有貶低中華書局之嫌。作爲新興的企業,中華書局與商務印書館的競爭中居於劣勢並不奇怪,范源廉的加入,在一定程度上增強了中華書局的實力。

對於范源廉對於中華書局的貢獻,陸費逵在《中華書局二十年之回顧》一文中對范氏的工作有高度評價:「范靜生先生,目光遠大,不計利害,在局雖僅四年,然服務勤勞,時間恪守,編輯基礎於以立,社會聲譽於以隆;而東山再起之後,對於公司尤多擘畫維持。」〔註 41〕對於范源廉所主持編寫的教科書,蔡元培等人也有很高的評價:「(范源廉)主持教育救國,互二十年,嘗有以普及教育規定於憲法之議,近年總編輯之務,所鑒定各種教科書,風行全國。」〔註42〕

雖然編寫教科書的功績絕非僅屬范源廉一人,但能親自參與教科書的編

〔註39〕太平洋人姚明輝著:《太平洋人高等小學新地理教授法》,中國圖書公司,1913年初版,第 467～479 頁。本條材料的使用參考了畢苑:《中國近代教科書研究》,北京師範大學 2004 年博士論文,第 44 頁。

〔註40〕陳叔通:《回憶商務印書館》,中國人民政治協商會議全國委員會文史資料研究委員會編:《文化史料叢刊》第 6 輯,文史資料出版社 1983 年版,第 83 頁。

〔註41〕陸費逵:《中華書局二十年之回顧》,中華書局編輯部編:《回憶中華書局》,中華書局 2001 年版,第 226 頁。

〔註42〕蔡元培等《致唐繼堯等函》:中國蔡元培研究會編:《蔡元培全集》第 10 卷,浙江教育出版社 1998 年版,第 279 頁。

撰工作，無疑體現了其重視普通教育的決心與努力。編輯教科書的經歷，對於范源廉教育政策的制定又有一定的幫助，范源廉第二次擔任教育總長之後，又頒佈了一些法令，對教科書進行規範。如介於各學校教科書不統一的狀況，規定自 1917 年 11 月 1 日起，「教科書須採用經部審定者，以歸一致而免分歧」。〔註43〕由此可見，范源廉對教科書的關注是持久的，教科書內容的更新以及對教科書的規範，對於近代中國的教育變革起到了促進作用。

第三節　革新與保守之間：廢除學校讀經與參加祭孔

學校讀經和祭孔問題之顯現，是傳統文化在西方文化衝擊下所產生的結果。在一定程度上可以說，對於尊孔讀經的態度，可以成為檢驗文化觀念新舊與否的試金石。范源廉在學校讀經和祭孔的問題上，表現得相對活躍。因此，筆者試圖考察范源廉在擔任教育總長期間在這兩方面的做法，進而探究范源廉的文化觀及其對於民初中國教育發展的影響。

在傳統中國社會，儒學定於一尊，尤其是科舉制度的存在，使讀經並不成為問題。然而晚清時期隨著西方文化的侵入，經學的地位逐漸式微。尤其是清末教育改革的推行，特別是伴隨著科舉制的廢除和新學堂的興起，使經學的地位進一步降低。清政府為維持經學的正統地位，必然要求讀經在學堂課程中佔據重要位置。在清政府所頒佈的《奏定學堂章程》中，即可體現出這一點。依據《奏定學堂章程》，讀經課程在各級學堂中都佔有相當大的比重，尤其是在中等以下學堂中，「中學堂及師範每周授課三十六小時中，有九小時為經學，計占四分之一。高等小學堂每周三十六小時，經學占三分之一；初等小學堂每周三十小時，經學為十二小時，占五分之二」。〔註44〕由此可見讀經在當時課程設置中佔據的分量之大。

隨著時代的發展，學校讀經的弊端逐漸為有識之士所省察，各界有識之士紛紛發表意見，對於學校讀經，特別是小學讀經問題予以關注。在這種狀況之下，廢除小學堂讀經問題逐漸被提上日程。1911 年，在中央教育會開會期間，曾有人提出廢除小學讀經案，但遭致了保守派的激烈反對，「至於初小不設讀經、講經科，新舊之爭尤烈。林傳甲痛哭流涕，以為是亡國舉動；孫

〔註43〕《劃一教科書籍》，《晨鐘報》1917 年 10 月 26 日，第 6 版。
〔註44〕林麗容：《民國讀經問題研究（1912～1937）》，花木蘭文化出版社 2010 年版，第 16 頁。

熊袖上論讀之，以爲鉗制人口之計」。〔註45〕在強大的反對之下，廢止小學讀經案最終沒有通過。學校讀經沒有得以廢止的另一重要原因爲當時提出這一要求的主要爲教育界人士，但其並不具備教育的決策權，因此該要求不具備現實操作性。〔註46〕

辛亥革命推翻了清政府的統治，開創了新的歷史局面，廢除學校讀經就成爲了時代的要求。以蔡元培爲代表的新派知識分子執掌中央教育行政，爲廢止學校讀經提供了可能性。1912 年 1 月 19 日，教育總長蔡元培頒佈《普通教育暫行辦法》與《普遍教育暫行課程標準》，〔註47〕明確宣佈學校讀經科一律廢止，這是第一次從中央政府層面廢止學校讀經，體現了新的時代精神。

然而隨著「二次革命」的失敗，袁世凱大權獨握，在教育上逐漸採取復古措施。1915 年，袁世凱發佈《特定教育綱要》，規定「各學校均應崇奉古聖賢以爲師法，宜尊孔以端其基，尚孟以致用」，「中小學校均加讀經一科」。〔註48〕1916 年，袁氏又陸續公佈《高等小學令》、《國民學校令》、《預備學校令》等，廢止了民國元年南京臨時政府教育部頒行的《小學校令》中關於初等小學、高等小學禁止讀經的規定，把讀經重新列爲高等小學、國民學校和預備學校的必修課目。〔註49〕

袁世凱在文化上的措施，實際上與其政治行爲互爲表裏。隨後袁世凱的稱帝，更令社會各界認清了袁氏尊孔讀經的眞實政治目的。袁氏稱帝之後，范源廉立即加入了反袁的隊伍，被任命爲軍務院駐滬委員，爲反袁鬥爭出力甚多。〔註50〕袁世凱敗亡之後，在各方面的協商與妥協下，由段祺瑞組閣，1916 年 7 月 12 日，范源廉第二次被任命爲教育總長。〔註51〕在范源廉再次擔任教育總長之後，首先對於袁氏的教育措施進行了重大修正。在其對新聞界

〔註45〕陸費逵：《論中央教育會》，呂達主編：《陸費逵教育論著選》，人民教育出版社 2000 年版，第 72 頁。

〔註46〕這一論點參考了林麗容：《民國讀經問題研究（1912～1937）》，花木蘭文化出版社 2010 年版，第 28 頁，謹此致謝。

〔註47〕《臨時政府公報》第 4 號，1912 年 2 月 1 日。

〔註48〕《特定教育綱要》，璩鑫圭等編：《中國近代教育史資料彙編・學制演變》，上海教育出版社 2007 年版，第 762、764 頁。

〔註49〕《高等小學令》、《國民學校令》、《預備學校令》，璩鑫圭等編：《中國近代教育史資料彙編・學制演變》，上海教育出版社 2007 年版，第 788、792、797～798 頁。

〔註50〕賈逸君編：《民國名人傳》，嶽麓書社 1993 年版，第 340 頁。

〔註51〕來新夏等著：《北洋軍閥史》，南開大學出版社 2001 年版，第 416～417 頁。

發表的關於教育方針的談話中說，「教育方針之根本問題，於民國元年已經發表，惟尚未見實行，今日惟有切實實行元年所發表之教育方針耳」。〔註52〕表達了恢復民初教育方針的決心。在具體舉措上，其重要表現即爲廢除小學讀經。1916年10月，范源廉頒佈法令，對於《預備學校令》予以廢除；對於《修正國民學校令》，則明確規定刪除第十三條和第十五條「讀經」二字。〔註53〕這體現了范氏教育思想的革新精神。

范源廉廢除小學讀經的舉措，引發了社會上保守力量的強烈反對。如對於范源廉宣佈廢除小學校讀經的舉措，康有爲專門致范源廉一封長信，以師爺的身份對其施加了巨大的壓力。在信中，康有爲首先表達了對范源廉廢除小學讀經的震驚：「閱報聞弟禁小學讀經，頭痛目眩，舌撟手顫，且驚且駭！萬不意此等舉動出之於弟手也。」康有爲認爲「孔子之教，則全在經，並非深奧，不過《論語》、《孟子》而已」。對於禁止小學讀經，康氏認爲：「今禁讀經，令其非聖無法，不幾驅天下之兒童、國民之子弟皆爲禽獸乎？」隨後，康氏逐條駁斥了時論對於讀經的駁難：對於有人所主張的「各國小學皆不讀其教之經，則我何妨取法之」的觀點，康氏以爲如果中國禁止讀經，「則驅全國之兒童、國民子弟終身不知有經。則二三十年後，經必絕於天下」；對於有人所認爲可以以修身課代替讀經的觀點，康氏以爲「修身一課，乃日本法，非特尊孔教，故刪讀經，而以修身代之者。在日本則或可，在吾國自有教主，自讀經文，以爲兒童終身之本，豈不比修身課更爲博大精深乎？」因此，康有爲認爲「無論兒童學課日力足否，而修身課必當刪除，讀經課必當保重」。在信的最後，康有爲表達了對范源廉的期待：「靜生乎，庶幾改此令也，予日望之。」〔註54〕范源廉是否對康氏的來信有所回應，我們已查閱不到相關史料。但從康有爲這封措辭強硬、義憤填膺的信中，我們可以從一個側面反映出范源廉廢除小學讀經的舉措對當時社會所產生的巨大衝擊力。范源廉能夠不畏各種阻礙，果斷廢除小學讀經，體現出其思想革新性的一面。

〔註52〕 范源廉：《對於教育之意見》，歐陽哲生等編：《范源廉集》，湖南人民出版社2010年版，第106頁。

〔註53〕 《教育部令第18號（廢止預備學校令）》、《教育部令第19號（修正國民學校令）》，璩鑫圭等編：《中國近代教育史資料彙編·學制演變》，上海教育出版社2007年版，第822頁。

〔註54〕 《致教育總長范靜生書》，《康有爲全集》第10卷，中國人民大學出版社2007年版，第322～325頁。

　　不過事情卻並沒有如此簡單，范源廉雖然廢除了初等小學讀經課程，但是在處理高等小學校和師範學校的讀經問題上，卻並不徹底。1916 年 10 月 9 日，范源廉頒佈《修正高等小學校令施行細則》，雖然刪除第二條的「讀經」二字，但卻並沒有刪除原有的「讀經宜遵照《教育綱要》講授《論語》」一項，反而在此條加入「讀經要旨，在使兒童薰陶於聖賢之正理，兼以振發愛國之精神。宣講《論語》大義，務期平正明顯，切於實用」。〔註 55〕不僅如此，范源廉在具體舉措上對此進行了規定，時論有所報導：「教育部范總長近以高等小學校、國民學校規定原定讀經一門每周只二小時，特於日前令京外各高等小學校、國民學校，自奉令日起，以後讀經一門每周一律加課改為三小時云。」〔註 56〕

　　在師範學校方面，1916 年北洋政府曾頒佈《修正師範教育規程》，規定師範學校本科設置讀經課程，並規定：「讀經要旨，在講明我國古先聖哲相傳人倫道德之要，尤宜注意於家庭、社會、國家之關係，以期本經常之道，適應時勢之需。」〔註 57〕該法令的頒佈，實際上是民初《師範學校規程》的倒退，但范源廉在再次擔任教育總長之後，卻並沒有予以廢除，而是默認了師範學校讀經課程的存在。

　　對於范源廉在廢除讀經上的做法，許壽裳等人對其表達了尖銳的批評。許壽裳在《精神的殺人罪》一文中，首先回顧了近代廢除小學讀經的歷程，隨即對范氏進行了批判：「其第一位教育總長是范源廉，以大名鼎鼎之人，居旋乾轉坤之會，只勞一舉手，便可以蕩滌舊污，因為那時部中參事室已將袁世凱擅改不合之處，統統修改了。不料他別有用意，只於國民學校的一分畫諾，其餘則託詞暫擱，永遠不理。其取消國民學校之讀經者，所以杜教育界之譴責，其留存高等小學及師範學校之讀經者，所以買遺老們之歡心。心思確乎聰明，手段確乎巧妙，所以成為八面玲瓏的美人，而十年間之精神的殺人罪，竟無人起來揭破。誠哉！……真可謂深得讀經之神髓了。」〔註 58〕由此可見，在廢除學校讀經的問題上，范源廉所採取的措施兼具革新與保守兩

〔註 55〕　《教育部令第 17 號（修正高等小學校令施行細則）》，璩鑫圭等編：《中國近代教育史資料彙編・學制演變》，上海教育出版社 2007 年版，第 821 頁。
〔註 56〕　《小學加課讀經》，《順天時報》，1916 年 8 月 21 日，第 3 版。
〔註 57〕　《修正師範學校規程》，李有芝等編：《中國近現代師範教育史參考資料》，北京師範學院內部交流資料 1983 年版，第 225～226 頁。
〔註 58〕　許壽裳：《精神的殺人罪》，林辰編：《許壽裳文錄》，湖南人民出版社 1986 年版，第 43 頁。

種性質。通過康有爲的反應，可以看出范源廉廢除小學讀經在當時具有進步意義；而許壽裳的批評，則可以反映出其思想保守的一面。

在祭孔問題上，范源廉也採取了相對保守的措施。學校祭孔問題是近代中國一個長久以來爭議激烈的問題。在 1912 年 7 月 12 日的臨時教育會議上，對教育部所提出的「學校不拜孔子案」，議員經過討論，認爲「若將此案明白宣佈，恐起社會上無形之風潮；只須於學校管理規程內刪除此節，則舊式自可消滅於無形」。〔註59〕最終此案並未獲得通過。

袁世凱在當選民國大總統後，對祭孔活動表示了明確的支持。1913 年 6 月 22 日，袁世凱發佈《尊崇孔聖令》，認爲孔子「爲萬世師表」，其學說「反之人心而安，放之四海而準」，因此通電各省徵詢祀孔意見，並準備「根據古義，將祀孔典禮，折衷至當，詳細規定，以表尊崇，而垂久遠」。〔註60〕1914 年 9 月 25 日，袁世凱又發佈《祭孔告令》，規定「九月二十八日爲舊曆秋仲上丁，本大總統謹率百官，舉行祀孔典禮」。〔註61〕至此，袁世凱的尊孔活動正式上升爲國家行爲。

與袁氏的行爲相適應，1912 年 9 月，時任教育總長的范源廉發佈部令，規定以舊曆八月二十七日爲聖日，「令各學校放假一日，並在該校行禮，以維世道，以正人心，以固國基，而立民極」。〔註62〕可見，范源廉對袁世凱的祭孔行爲並沒有反對，反倒表示了支持。

范源廉第二次擔任教育總長之後，對於祭孔活動並沒有予以廢止，仍是表現出了支持的態度。1917 年 9 月 7 日，范源廉發佈部令，規定孔子生日由舊曆八月二十八日改爲二十七日，「各學校於是日舉行聖誕紀念，放假行禮一如曩例」。〔註63〕同月，范源廉又發佈命令，規定「以舊曆本月二十七日爲祀孔大典，現已派令部員將各學校應行祀孔禮制規定妥協，日內即行頒發，各

〔註59〕 我一：《臨時教育會議日記》，《教育雜誌》1912 年第 4 卷第 6 號。

〔註60〕 《大總統發佈尊崇孔聖令》，中國第二歷史檔案館編：《中華民國史檔案資料彙編》第三輯・文化，江蘇古籍出版社 1991 年版，第 1～2 頁。

〔註61〕 《袁世凱：祭孔告令》，璩鑫圭等編：《中國近代教育史資料彙編・學制演變》，上海教育出版社 2007 年版，第 744 頁。

〔註62〕 《教育部關於定孔子誕辰爲聖節致各省都督等電》，中國第二歷史檔案館編：《中華民國史檔案資料彙編》第三輯・文化，江蘇古籍出版社 1991 年版，第 2 頁。

〔註63〕 范源廉：《孔子誕日自今始仍定爲二十七日行局通飭所屬各校遵照》，歐陽哲生等編：《范源廉集》，湖南教育出版社 2009 年版，第 67 頁。

學校一律遵行」。〔註64〕

　　1917 年 1 月，范源廉以教育總長的身份兼署內務總長。在內務總長任內，范源廉對於祀孔的計劃可謂比較周詳。如對於 1917 年的春丁祀孔，范源廉分別訓令京兆尹王達和呈文大總統黎元洪，對於祀孔活動進作了比較詳盡的安排。〔註 65〕此外，范源廉咨還呈國務院暨各部門，並咨文教育部，對於祀孔中的承祭、分獻、陪祀等具體事宜進行了提前的布置。〔註 66〕可見，范源廉對於祀孔一事是相當重視的。

　　在北洋政府所舉辦的祀孔典禮上，范源廉也表現得較爲積極，時論曾對范源廉 1917 年所參與的秋丁祭孔活動有比較詳細的報導：「昨日爲秋丁祀孔之期，午前六時許，總統（按：指馮國璋）乘禮輿至孔子廟，抵持敬門，降輿少憩，即行奏禮樂。總統御軍服侍從、武官蔭昌等隨侍，狀甚嚴肅。……正殿分獻各官則爲內務如湯總長、財政梁總長、司法林總長、教育范總長等均先時到廟。……是日天氣晴朗，禮成約七鐘半，成賢街一帶市民之聚觀者，途爲之塞云。」〔註67〕

　　筆者以爲，范源廉在祭孔上的做法，也許有在其位身不由己的因素，但其個人的態度才應是關鍵。需要注意的是，此時袁世凱已死，一時並不存在復辟的問題，並且前文已經表明范源廉對於帝制是堅決反對的，由此可見其內心對於祭孔在一定程度上是表示支持的。實際上就其個人而言，范源廉對於傳統文化並沒有表示反對，在 1914 年所發表的《說新教育之弊》一文中，范氏認爲：「保存國粹與適應時勢，凡獨立國之教育主義，必含此二者而斬合爲一焉，初無彼此之可分也。」〔註 68〕作爲傳統文化代表的孔子，正是所謂「國粹」的關鍵要素，因此范氏對於祭孔的支持就不難理解了。

〔註64〕　《教育部籌備祀孔》，《晨鐘報》1917 年 9 月 21 日，第 6 版。
〔註65〕　參見《內務部訓令第五十六號》，《兼署內務總長范源廉呈大總統舉行春丁祀孔典禮請示遵行文》，《政府公報》第 395 號，中國第二歷史檔案館整理編輯：《政府公報（影印版）》第 103 冊，上海書店出版社 1988 年版，第 19、23 頁。
〔註66〕　參見《內務部咨呈國務院春丁祀孔請先期派承祭分獻陪祀各官知照過部文（附單）》，《內務部呈國務院暨各部院舉行春丁祀孔請派定薦任陪祀官開單知照文》，《內務部咨教育部春丁祀孔請將應派各項執事即陪祀人員先期派定開單知照文（附單）》，《政府公報》第 395 號，中國第二歷史檔案館整理編輯：《政府公報（影印版）》第 103 冊，上海書店出版社 1988 年版，第 27～28 頁。
〔註67〕　《昨日祀孔記盛》，《晨鐘報》1917 年 9 月 23 日，第 2 版。
〔註68〕　范源廉：《說新教育之弊》，歐陽哲生等編：《范源廉集》，湖南教育出版社 2009 年版，第 38 頁。

　　范源廉對祭孔的支持，也應受日本的影響，尤其是嘉納治五郎的影響有關。1903 年 12 月，嘉納治五郎在弘文書院全體會議上發表演說，主張「振興中國教育以進入二十世紀之文明，固不必待求之孔子之道以外，而別取所謂道德者以謂教育，然其所以活用之方法，則必深明中國舊學而又能參合泰西倫理道德學說者，乃能分別其條理而審之規律」。〔註69〕弘文書院即經常舉行祭孔儀式，魯迅曾有所回憶：「這是有一天的事情。學監大久保先生集合起大家，說：因為你們都是孔子之徒，今天到御茶之水的孔廟去行禮罷！我聽了大吃一驚。現在還記得那時心裏想，正因為絕望於孔夫子和他的之徒，所以到日本來的，然而又是拜麼？一時覺得奇怪。而且發生這樣感覺的，我想決不止我一個人。」〔註70〕民國時期范源廉的祭孔，與弘文書院的祭孔具有相似性，在魯迅等人看來，幾乎是歷史的重演，因此其行為招致魯迅和許壽裳等人的反對也就不足為奇了。

　　范源廉對祭孔的支持也與當時保守的環境密切相關。民國建立以後，雖然掛著共和的招牌，但國人思想大部分仍比較守舊，無論是讀經還是主張祭孔，在當時的環境中都大有市場，如論者所言，「如尊孔、如讀經，非僅袁世凱欲用為造成封建勢力的工具，當時的社會，實也極為歡迎」。〔註71〕除此之外，范源廉的行為，還與其人際交往不無關係，如在祭孔問題上康有為即不時對其施壓：「弟許復行拜聖禮，後日丁祭，何以未見明令？何必代人受責而不自弟復之耶？……弟必復之，否則吾門鄙人不能無憾。」〔註72〕這對於范氏也不免會產生影響。

　　范源廉在祭孔問題上的舉措，招致了當時任職於教育部的魯迅等人的反對，楊莘士回憶道：「范源廉第二次做教育總長時，他提出要『祭孔讀經』，引起了我和魯迅、許壽裳、錢家治、張協和、張宗祥等從浙江同來教育部任職的六人的憤慨，當即議定由我執筆聯名寫信，堅決反對，據理駁斥，信寫好後，魯迅等人都親筆簽了名。該信一式二份，一份送范源廉，一份攤放在辦公桌上，讓大家觀看，是辨明是非。為此范源廉惱羞成怒，陸續把反對他

〔註69〕　《記嘉納校長演說》，《遊學譯編》1902 年第 3 期。
〔註70〕　魯迅：《在現代中國的孔夫子》，《魯迅全集》第 6 卷，人民出版社 2005 年版，第 326 頁。
〔註71〕　陳俠：《近代中國小學課程演變史》，福建教育出版社 2007 年版，第 32 頁。
〔註72〕　康有為：《致范源濂電》，姜義華、張榮華編校：《康有為全集》第 10 集，中國人民大學出版社 2007 年版，第 364 頁。

的人排擠出外，名義上是外放廳長，實際上是明升暗降。魯迅因爲是社會教育司的，所以無法把他弄到外地去。」〔註 73〕通過魯迅等人的激烈反對，可以看出范源廉的做法不爲新派知識分子所認可。

　　在祭孔問題上，我們可以把范源廉與蔡元培的思想和實踐相對比。如所周知，早在 1912 年 2 月 8 日，蔡元培在《對於新教育之意見》一文中，即認定尊孔不合時代潮流，蔡氏認爲晚清學部所制定的「忠君、尊孔、尙公、尙武、尙實」的教育方針中，「忠君與共和政體不合，尊孔與信仰自由相違」，〔註 74〕明確表達了反對尊孔的意見。雖然蔡氏民初擔任教育總長不久即辭職，其廢除祭孔的舉措未能實現，但其反對祭孔的態度一直沒有改變。1927 年 7 月，蔡元培擔任南京國民政府大學院長之後，於 1928 年 2 月 18 日頒佈法令，宣佈停止春秋祀孔，該令認爲孔子雖然其人格與學問爲後世推崇，「惟因尊王忠君一點，歷代帝王，資爲師表，祀以太牢，用以牢籠士子，實與現代思想、自由原則，及本黨主義，大相悖謬。若不行廢止，何足以昭示國家……著將春秋祀孔舊典，一律廢止」。〔註 75〕通過這一法令，可以體現出蔡氏停止祭孔的果決態度。可以說，在讀經和祭孔問題上，蔡元培的反對態度是堅定和一貫的。與蔡元培相比，范源廉的思想和做法是相對保守的，其所謂「切實實行元年所發表之教育方針」也是打了折扣的，其原因既有時代環境因素的制約，也是其本人思想保守性的體現。

小　結

　　注重普通教育是范源廉教育思想和實踐中最鮮明的特色，其原因與日本教育的影響密切相關。范源廉在日本學習期間，日本通過實行義務教育而富強的經驗，使范氏堅定了取法日本教育制度以救國的信念，在其第一次擔任教育總長期間所發佈的一系列法令，正是對日本教育制度的借鑒。難能可貴的是，范源廉不僅在擔任教育總長期間通過頒佈法令極力提倡普通教育，而且能夠踐行其主張，如擔任中華書局編輯長，親自參與教科書的編寫，這正

〔註 73〕魯迅博物館魯迅研究室編：《魯迅年譜（增訂本）》第 1 卷，人民文學出版社1981 年版，第 350〜351 頁。

〔註 74〕蔡元培：《對於新教育之意見》，高平叔編：《蔡元培全集》第 2 卷，中華書局1985 年版，第 3 頁。

〔註 75〕《令各大學、各省教育廳及各特別市教育局爲廢止春秋祀孔舊典由》，《大學院公報》1928 年第 3 期。

體現出其注重實踐的品質。時論曾對范源廉和蔡元培在推動近代教育發展中的貢獻有所評議:「吾國新教育之基礎工作,首屈一指當歸功於范靜生先生之長教育;而第二步之推進,則在蔡孑民先生之長北大。」〔註76〕從中也可以看到時人對范氏在普通教育方面所做工作的高度肯定。

　　另一方面,我們不應忽略的是范源廉個人的保守性對於教育發展的消極影響。范源廉雖然可以廢除小學讀經,但卻並不徹底;在學校祭孔的問題上,更是表示了支持的態度,這對於近代教育的發展是不利的。尤其是范源廉在師範學校讀經問題上的模糊態度,使得師範教育保留了濃厚的保守氣息,直至新文化運動時期師範學校的讀經課程才得以廢止。

〔註76〕《悼劉復博士》,《北洋畫報》第 1119 期,1934 年 7 月 26 日,第 2 版。

第三章　高等師範教育的規劃與推進

　　師範教育是普通教育的基礎。早在戊戌維新時期，已經有不少有識之士認識到師範教育的重要性，如梁啓超在《論師範》一文指出，日本明治維新以來之所以富強，興辦師範學校是重要原因，因此「欲革舊習，興智學，必以立師範學堂爲第一義」。〔註 1〕范源廉對於師範教育的發展非常關切，正如范旭東所言：「師範教育爲吾兄生平所注重者」，「自丙午規劃優級師範迄今，其期望與愛惜師範之殷切，蓋二十年如一日」。〔註 2〕本章即主要論述范源廉爲推動中國師範教育，尤其是高等師範教育的發展所作出的貢獻。

第一節　歷史淵源與民初高等師範區的構想

　　近代中國的師範教育發端於清末新政時期建立近代學制的過程中。1904年，晚清學部所頒佈的《奏定學堂章程》中，對於師範教育進行了規定。該章程包括《初級師範學堂章程》和《優級師範學堂章程》，爲正式設置獨立的師範學堂提供了基本依據。根據章程規定，師範學堂分爲初級師範學堂和優級師範學堂兩級，初級師範學堂的目的爲造就「高等小學堂及初等小學堂兩項教員」；設置地點應爲每州縣各設一所，在初辦之時「可先於省城暫設一所，俟各省城優級師範學堂畢業有人，再於各州縣以次添設」；在開辦經費上，「當就各地籌款備用」。〔註 3〕優級師範學堂設立的宗旨爲「造就初級師範學堂及

〔註 1〕梁啓超：《變法通議》，《飲冰室合集・文集之一》，中華書局 1989 年版，第 37 頁。
〔註 2〕范旭東：《先兄靜生先生行述》，歐陽哲生等編：《范源廉集》，湖南教育出版社 2009 年版，第 631、635 頁。
〔註 3〕張之洞纂：《奏定學堂章程》，沈雲龍主編：《近代中國史料叢刊》第 73 輯，文海出版社 1972 年版，第 267、268 頁。

中學堂之教員、管理員」；設置地點上「京師及各省城宜各設一所」。〔註4〕《奏定學堂章程》的最大特點是使師範教育由附屬地位上升爲獨立地位。

范源廉與師範教育，尤其是高等師範教育的淵源頗深。中國的高等師範教育始於京師大學堂師範館，范源廉即參與其中。1902 年，清政府下令恢復京師大學堂，並以張百熙爲管學大臣。由於條件不成熟，張百熙建議暫不設立本科，先辦預科和速成科，速成科又分爲仕學館和師範館。〔註5〕鑒於當時師資不足的情況，所以張百熙決定聘請日本教習。1902 年，仕學館所聘教習爲岩谷孫藏和杉榮三郎，師範館所聘請的日本教習爲服部宇之吉、太田達人、氏家謙曹等十人。〔註6〕日本教習的到來，自然需要翻譯作爲輔助，因此，范源廉就與陸宗興、章宗祥等人一道回國，擔任日本教習的翻譯工作。

范源廉能夠進入京師大學堂，也與時任京師大學堂總教習的吳汝綸的推薦有密切關係，吳氏在致張百熙的書信中，表達了對范源廉的欣賞：「服部、岩谷諸君爲講師，必應有人通譯；此間范景（按：原文如此）生名源濂，湖南留學生，弘文書院講演，范生因係教吾國生徒，自願爲之通譯，能暢明未盡之緒，聽者悅服，公若用爲通譯，范必樂就，希卓裁。」〔註7〕在吳汝綸的作用下，范源廉最終進入京師大學堂，並與胡宗瀛、劉翼周等擔任日語助教。〔註8〕在京師大學堂，范源廉起到了很好的溝通作用，松本龜次郎回憶道：「在這些學校中，日本教習教授時，因爲大概都用日本語的關係，所以，要用從日本歸國的留學生諸君擔任翻譯，其中最主要的人物爲曹汝霖，章宗祥，陸宗興，汪榮寶，范源濂，江庸，張孝移，姚震，林棨，汪燨芝，曾彝進，黃德章，夏燩時，朱紹灝等諸君，他們都畢業於東京帝國大學，京都帝國大學，早稻田大學，中央大學等，在前清時代，已升至侍郎，丞參事等官位，也參與修訂法律館之法典編纂，另外還擔任教授，通譯的職務，以其新

〔註4〕 張之洞纂：《奏定學堂章程》，沈雲龍主編：《近代中國史料叢刊》第 73 輯，文海出版社 1972 年版，第 215 頁。

〔註5〕 蕭超然等編：《北京大學校史（1898～1949）》（增訂本），北京大學出版社 1988 年版，第 16 頁。

〔註6〕 汪向榮：《日本教習》，北京：生活・讀書・新知三聯書店 1988 年版，第 166 頁。

〔註7〕 吳汝綸：《與張尚書》，徐壽凱、施培毅點校：《吳汝綸尺牘》，黃山書社 1990 年版，第 299 頁。

〔註8〕 王畫初：《記優級師範館》，陳平原，夏曉紅編：《北大舊事》，生活・讀書・新知三聯書店 1998 年版，第 13 頁。

知識博得很大的信望。」〔註9〕

　　由於史料所限，我們對於范源廉在京師大學堂的活動無法細緻敘述，但此時范源廉即與高等師範教育產生了關係。在任職學部期間，范源廉又曾被學部派往籌辦京師優級師範學堂，「越二年，始建校舍，規模漸備」。〔註10〕京師優級師範學堂建立之後，時任學部侍郎的嚴修曾擬任范源廉爲監督，不過爲范源廉所拒絕。〔註11〕由此可見，范源廉與近代中國高等師範教育的關係相當密切。

　　民國初年，范源廉繼任蔡元培擔任教育總長，爲其提供了發展高等師範教育的機會。1912 年 9 月 29 日，教育部頒佈《師範教育令》，其中關於高等師範學校的內容爲：在目的上，「高等師範學校以造就中學校、師範學校教員爲目的」；在性質方面，「高等師範學校定爲國立，由教育總長通計全國，規定地點及校數，分別設立」；在經費上，「高等師範學校經費，以國庫金支給之」。〔註12〕《師範教育令》的頒佈，爲民初高等師範教育的發展提供了保證。

　　民初的高等師範教育，仍深受日本師範教育的影響。早在 1897 年 10 月，日本文部省即頒佈了《師範教育令》，對於師範教育進行了規定。其中有關高等師範教育的內容爲：「高等師範學校爲養成師範學校、尋常中學校及高等女學校教員之所」；在高等師範學校的設置地點上，「高等師範學校及女子高等師範學校在東京各設一所，師範學校在北海道及各府、縣各設一所或數所」；在隸屬關係上，「高等師範學校及女子高等師範學校屬文部大臣管理」。〔註13〕如果我們把民初教育部所頒佈《師範教育令》與日本所頒佈師範法令中有關高等師範學校的條文相對照，可以發現兩者有不少相似之處，這可以反映出民初中國師範教育制度基本是對日本師範教育制度的借鑒。對此，周傳儒曾評價道：「最奇怪的日本設初級師範，高等師範，中國也設初級師範，高等師

〔註9〕　松本龜次郎：《中華民國留學生教育的沿革（續）》，《留東學報》第 1 卷第 5 期，1935 年。

〔註10〕范旭東：《先兄靜生先生行述》，歐陽哲生等編：《范源廉集》，湖南教育出版社 2009 年版，第 631 頁。

〔註11〕《嚴修日記》編輯委員會編：《嚴修日記》，南開大學出版社 2001 年版，第 1457 頁。

〔註12〕《教育部公佈師範教育令》，《教育雜誌》1912 年第 4 卷第 8 號。

〔註13〕南洋公學譯書院初譯；商務印書館編譯所補譯校訂；陳婉玲等點校：《新譯日本法規大全（點校本）》第 8 卷，商務印書館 2008 年版，第 407 頁。按：本條材料的使用參考了劉山：《日本近代普及義務教育研究》，河北大學 2010 博士論文。

範（在歐美先例甚少）。眞所謂一步一趨，惟妙惟肖，可以說這期學制，就是日本學制。」〔註14〕

　　民國初年，范源廉對於高等師範教育最具創新意義的是在全國設立高等師範區的構想。對於設立高等師範區，在1912年臨時教育會議上，即有人提出《劃分高等師範區案》，擬將全國劃分爲若干高等師範區，每區設立一所國立高等師範學校以滿足該區的需要，以保證該區的需要。〔註15〕1912年12月，范源廉計劃將全國劃分爲六大師範區，每區以一省爲中心，將附近各省的高等師範教育行政合併管理，直屬教育部管轄。六大高等師範教育區分佈如下：直隸區：包括直隸、察哈爾、熱河、綏遠、山東、山西、河南等省；東三省區：包括奉天、吉林、黑龍江等省；湖北區：包括湖北、湖南、江西等省；四川區：包括四川、陝西、甘肅、雲南等省；廣東區：包括廣東、廣西、福建、貴州等省；江蘇區：包括江蘇、浙江、安徽等省。除此之外，蒙古、青海、西藏等地另行組織，新疆另劃一區。〔註16〕在此6大區的基礎上，分別設立6所國立高等師範學校，即：北京高等師範學校、南京高等師範學校、瀋陽高等師範學校、武昌高等師範學校、四川高等師範學校、廣東高等師範學校。而且規定各高等師範學校校長除管理本校事務外，還要視察各該區的中學事務。可見，范氏的高等師範區構想，實際欲使高等師範學校代替大學，起到各地區教育中心的作用。

　　對於爲何要設立高等師範學校，范源廉並沒有相關言論予以說明。1914年教育部在上國務院的呈文中，則對此作了詳細的解釋。在呈文中，教育部認爲在內憂外患的情況下，只有統一教育，才能應付時局。而「高等師範學校，爲師範學校教員所自出，又爲教育根本之根本。……惟有將高等師範學校定爲國立，由中央直轄，無論爲校若干，悉以國家之精神爲精神，以國家之主義爲主義，以收統一之效」。至於爲何只設立六所高師，原因在於「現在財政之艱，達於極點，一時輒設多校，國家斷無此財力，本部擬暫設六校，

〔註14〕周傳儒：《十五年來的中國教育回顧》，《清華周刊》（十五週年紀念號增刊），1926年。

〔註15〕我一：《臨時教育會議日記》，《教育雜誌》1912年第4卷第6號。

〔註16〕《高等師範教育之區域》，《教育雜誌》1912年第4卷第9號。按：現在幾乎所有關於近代師範史的著作都認爲范源廉於1913年6月設立了高等師範區，實際此時范氏已經辭職，設立高等師範區僅爲范源廉長教育時期的設想，故在此予以說明。

以爲教育統一入手辦法」。〔註17〕

需要注意的是，民國初年在是否發展高等師範教育的問題上，實際存在著不同意見，蔡元培和范源廉的觀點即有明顯的不同。蔡元培是德國教育制度的服膺者，早在 1903 年，蔡元培即認爲「遊學非西洋不可，且非德國不可」。〔註18〕1906 年，清政府擬派翰林院編檢出國留學，蔡元培特別爲此赴京，要求赴德考察，但因經費問題未能如願。直到經過與時任駐德公使孫寶琦的交涉以及商務印書館的資助，蔡元培才得以於 1907 年 5 月隨孫寶琦等人赴德，最終實現留學德國的願望。〔註19〕4 年的德國經歷，尤其是在萊比錫大學的 3 年學習，使蔡元培對於德國的教育制度，特別是大學制度有了比較深刻的瞭解。在其回國擔任教育總長之後，即想要在中國借鑑德國的大學制度以發展中國的高等教育。在其自寫年譜中，蔡元培曾對如何發展民國初年的高等教育有所設想：「鑒於高等師範學校之科學程度太低，規定逐漸停辦；而中學師資，以大學畢業生再修教育學的充之（仿德國制）。又以國立大學太少，規定於北京外，再在南京、漢口、成都、廣州各設大學一所。」由此可見，蔡元培對於高等師範教育是不以爲然的，而是堅持以大學作爲教育和學術的中心。通過二人在發展高等教育思路上的對比，則可以體現日本與德國教育思想的差異。但是在當時的歷史條件下，蔡元培的主張並沒有得到太多人的響應，「這個缺點，直到後來各省競設大學時，才算補救過來」。〔註20〕

與民初蔡元培高等教育思想的曲高和寡相比，范源廉的高等師範教育構想則部分得以實現。高等師範區的計劃雖然也沒有在范源廉任內實現，但「後來中國六所國立高等師範即由此計劃產生；民國三年五月，袁氏所訂教育綱要中的六大高等師範區與此全同；民國四年二月，湯化龍在教育總長任內，所計劃六大區域亦與此全同」。〔註21〕范源廉的這一構想實際上爲後來各地高

〔註17〕《教育總長具呈大總統擬暫設高等師範六校爲統一教育辦法》，璩鑫圭等編：《中國近代教育史資料彙編·實業教育師範教育》，上海教育出版社 2007 年版，第 827 頁。

〔註18〕蔡元培：《傳略（上）》，《蔡元培全集》第 3 卷，中華書局 1989 年版，第 323 頁。

〔註19〕參見金林祥：《蔡元培教育思想研究》，遼寧教育出版社 1994 年版，第 62～63 頁。

〔註20〕蔡元培：《自寫年譜》，《蔡元培全集》第 7 卷，中華書局 1989 年版，第 312 頁。

〔註21〕陳青之：《中國教育史》，商務印書館 1935 年版，第 675 頁。

等師範學校的建立奠定了理論基礎。在當時中國教育發展很不平衡，特別是在大學數量有限的條件下，設立高等師範區，以高等師範學校作爲教育文化中心，在當時實爲積極的探索。

第二節　應對北京高師校長風潮

作爲最早成立的高等師範學校，北京高等師範學校的發展一直是比較順利的，尤其是在校長陳寶泉的帶領下，學校各項事業取得了長足的進步。從1912年擔任校長起，陳寶泉在位長達9年之久，在其任職期間，「從校址的開闢，主要校舍的建築，到系科的設置，教師的延聘，以至學校規章制度的制定，都是由他主辦的。陳寶泉可以說是北京高師的主要創辦人和北京師範大學的主要奠基人之一」。〔註22〕然而在1920年，圍繞著陳寶泉的去留問題，引發了影響甚大的風潮。北高師校長風潮的發生，正值范源廉第三次擔任教育總長期間，北高師校長問題與其有著較爲密切的關係，因此本節特對此事予以論述。

當時的北京高師，一直受到日本學制的影響，體現在師資方面，學校的教職員主要爲東京高等師範學校的畢業生。在系科及課程設置上，也主要模仿日本的辦法。當時在北高師就讀的張作人回憶道：「北京高師的課程設置，一般仿照日本。例如，『博物部』這個名稱就是日本的。我畢業時還稱博物部，後來才改稱生物系。」〔註23〕1919年，陳寶泉與袁希濤、金曾澄等人赴美國進行教育考察，〔註24〕在其回國之後，即想在北高師內部實行美國制度。爲此，陳寶泉一方面聘請校內外對歐美教育素有研究的學者，組織「改良學則委員會」，希望「將本校舊制之缺點及改良之計劃切實研究」；另一方面，向全校教職員和學生徵求對於改良北高師的意見，以對北高師實行徹底改造。〔註25〕

然而陳氏的舉措卻招致了學校內部教職員的不滿，圍繞著陳寶泉的去留

〔註22〕 北京師範大學校史編寫組：《北京師範大學校史（1902年～1982年）》，北京師範大學出版社1982年版，第65頁。

〔註23〕 張作人：《回憶五四時期北京高師片段》北京師範大學校史資料室編：《五四運動與北京高師》，北京師範大學1984年版，第187頁。

〔註24〕 陳寶泉：《五十自述（節選）》，蔡振生等編：《陳寶泉教育論著選》，人民教育出版社1996年版，第168頁。

〔註25〕 《高師改革計劃》，《京報》1920年10月20日，第3版。

問題，北高師學生分成兩個派別，其「背後則涉及留美派與東洋派的爭奪」。〔註26〕不僅如此，陳氏還有其他比較棘手的問題需要應付，這也令其萌生去意，李希章回憶說：「現在想來，如果陳不辭職，他會碰到許多困難。北洋軍閥政府，靠借外債度日，教育經費積欠甚多，教師薪金發不出去。學生膳金髮不出去，學生膳費聽說欠下了幾萬元，幸虧包辦學生伙食的魯東人陳某是糧棧經理，能扛得住，學生才未斷炊。校長對此，很難想辦法。其次，五四之後，有了學生自治會的組織，對校務可以提出意見，老校長也難應付新事務，況陳口吃，說話極爲費力，更是個不利條件。經費困難，教師難請，陳氏就更窮於應付了。」〔註27〕由於感到無法處理學校的各種狀況，陳寶泉向教育部長范源廉提出了辭職要求，雖經范源廉挽留，但陳氏辭意甚堅。在這種情況下，范源廉答應了陳氏的請求，於 1920 年 11 月 23 日發佈命令，批准陳寶泉辭去北京高師校長職務，隨即調任他擔任教育部司長一職，並委派陶孟和接任校長。不料，這一命令甫經發佈，即遭到了北高師學生的強烈反對。

　　對於陳寶泉的辭職，北高師學生表示了堅決挽留的態度。11 月 25 日上午，北高師全體學生開會，決定由各班代表組織「挽留陳校長委員會」，並於下午 5 時開會討論校長問題。與此同時，范源廉也派代表出席，並向學生傳達了范氏的態度，表示他對於北高師「希望極大，且極力維持，此次委派陶孟和爲貴校校長，大有苦衷在內，望貴校學生，不要有反對之舉」。北高師學生隨即請教育部代表轉達范源廉，說明陳寶泉在北高師的功績，而且陳寶泉「近自美回國，已抱有徹底改革師範學制之決心，與總長前次所謂注意歐美教育者，頗相契合。何以驟易校長？總長是否有維持高師之意？所謂苦衷者何在？總長留美多年，考歐美專門學校，凡校長任事五六年以上，例許休養一年，總長何不取此，而驟許其辭職？現在同學，已抱有挽留陳校長之決心，請總長爲教育前途計，收回成命」。隨後，北高師委員會議決三項辦法：「（一）發表宣言，說明反對派某派教員，乃學生全體之主張；（二）派代表請北大代理校長蔣夢麟勸陳筱莊打消辭意，並說明該校學生挽留陳氏之

〔註26〕呂芳上：《從學生運動到運動學生（民國八年至十八年）》，「中央」研究院近代史研究所 1994 年版，第 101 頁。

〔註27〕李希章：《北高生活片段》，《學府叢刊》編輯組編：《學府叢刊》，北京師範大學 1985 年版，第 131～132 頁。

決心;(三)派代表赴教部說明挽留陳氏之決心,如教部不許,將仍以罷課為最後表示。」〔註28〕至此,北高師與教育部就校長問題陷入了僵局。

面對北高師學生的挽留,作為當事人的陳寶泉解釋了辭職原因。在其所發表的宣言裏,陳氏呼籲北高師學生取消挽留的要求,以免耽誤學校的發展。在信中,陳氏首先對於其在民國初年聘請的教員多畢業於日本東京高師表示了肯定,對於當時社會和北高師學生要求提高高師教育程度的主張,陳氏也表示認同,但陳氏以為,「贊成改良高師為一事,校長辭職又為一事」,兩者不能混同。隨後,陳寶泉表明了其辭職的理由:首先陳氏認為自己沒有改良高師的資格,陳寶泉認為其資格學識已經不能滿足組織師範大學的要求,「況且本校要改組師範大學,必須與北京大學聯絡的,孤立的師範大學甚少。且我國中央財政支出,北京一個地方,亦斷辦不起兩個分科大學。寶泉資格學問如此,改革必不能徹底,若仍充校長,北京大學斷不肯合我校聯絡」。因此,為了有利於改組為師範大學,必須辭職;第二是其身體已經不能滿足當校長的要求,尤其當時北高師所發生的風潮,使其疲於應付,「雖疲精敝神,勉強敷衍瞭解,已經顯出失眠心跳的病象來,若再作下去,是必要犧牲性命的」。在信中,陳寶泉表達了對范源廉的維護,陳氏認為既然教育部的命令已經發佈,如果「今又聽諸生挽留的話,取消前議,是同教育總長開玩笑,教他失去教育部部尊嚴」。〔註29〕基於以上理由,陳寶泉主張學生取消挽留行動。

作為另一當事人的陶孟和在接受《晨報》記者的採訪中,認為陳寶泉的辭職主要有兩個原因:其一為北高師學生攻擊東洋派教員,而陳寶泉所聘請的教員大多數畢業於東京高等師範學校,並與之交往較深,因此陳寶泉無顏留職;其二「因學生議決將該校改為師範大學,陳以次商之教育部,教育部以一城內不能有兩大學,如必欲改為大學只有合併北京大學一途,因此陳屢向教育部辭職」。在這種情況之下,范源廉為整頓師範教育,派陶氏接任校長。但陶氏表明其本人並不願擔任北高師校長,只是在友人的勸說下,才決定接受。但沒想到面臨如此狀況,「因此鄙人之校長問題,此時尚不能解決云」。〔註30〕

對於陳寶泉的宣言和陶孟和的解釋,北高師學生並未予以理會,而是繼續發表宣言,進行挽陳拒孟活動。在對待陶孟和的態度上,北高師學生「為

〔註28〕 《北高師生留陳之堅決》,《民國日報》1920年11月28日,第6版。
〔註29〕 《高師校長陳寶泉辭職之宣言書》,《晨報》1920年11月28日,第6版。
〔註30〕 《陶孟和與高師校長問題》,《晨報》1920年11月20日,第3版。

保全陶孟和之名譽起見，暫不宣佈其劣跡，促之辭職」。不僅如此，北高師學生還發表宣言，要「以全副精神，揭出某省、某教育會、某某系壟斷教育之野心」。〔註31〕北高師學生的運動，也得到了教育界的讚同，如中華民國學生聯合會總會也致電陶孟和，請求陶孟和自行辭去北高師校長一職，同時致電陳寶泉，希望陳氏能夠復職。〔註32〕

在各方面的壓力之下，陶孟和於 11 月 30 日致信教育部，請求辭去高師校長一職。在致范源廉的信中，陶孟和表明其允許擔任北高師校長「實以為師範教育為中學教育之基礎，若能從事改革，中國教育前途，或有向上之一日，非冒冒然即應命者」。但令陶氏深感意外的是，北高師學生「曾以全體學生之名義，來書四次，阻止就職。昨聞發佈電，更攻擊及孟和之身」。〔註33〕在這種情況下，范源廉只好批准了陶孟和的辭職請求，這使得北高師校長危機有了初步解決。

此次校長風潮所涉及的另一問題則與北京大學有密切的關係。如果仔細考察，北高師學生在宣言中所提到的「某籍某系」問題，實際是暗指北大欲吞併北師大。對於此事，時代理北京大學校長的蔣夢麟特意在報刊上發表致陳寶泉的公開信，對此事進行申辯。在信中，蔣氏首先指出，「高師歸併北大之議，事實上曾有之」，但提出此辦法的是陳寶泉，而非蔣夢麟，並且當時的教育總長范源廉和北京大學校長蔡元培也並不讚同兩校合併，只是在陳寶泉的要求下，蔡元培才答應幫忙，不過此時已經由兩校合併改為兩校聯絡。蔣夢麟經過與北大同事商議後，主張參考美國哥倫比亞大學的辦法，由北大先設立教育學院，北京高師學生畢業後，可以先加入教育學院三年級，兩年之後再授予教育學士學位。對此，陳寶泉表示了同意。范源廉也因為陳氏的屢次辭職，要求蔣夢麟以北大的名義向教育部呈報，以辦理教育學院。選擇陶孟和擔任校長一事，也是經過各方努力才得以實現。最後，蔣夢麟認為：「合併之議，實先生倡議於前；北大提議，亦先生要求所得；新校長之委任，先生復參與其間，此事經三面再四磋商，其議始定。先生始終主持其間，並始終主張秘密；故外間於此事多不明真相。」〔註34〕

對於蔣夢麟的申辯，陳寶泉表示了讚同與理解。陳氏隨後致信北高師學

〔註31〕《北高師生堅留陳寶泉》，《民國日報》1920 年 12 月 3 日，第 6 版。
〔註32〕《學生總會為北高師校長問題電》，《申報》1920 年 12 月 9 日，第 10 版。
〔註33〕《高師新校長正式辭職》，《晨報》1920 年 12 月 1 日，第 3 版。
〔註34〕《高師校長風潮與蔣夢麟》，《晨報》1920 年 12 月 4 日，第 6 版。

生，表達了自己的兩點意見：「一、宣言書第一條案文義解釋，係推論之辭，絕無被壓迫之意義；二、泉所主張者兩校聯絡，非主張歸併而已。」對於北高師學生所印發的出版物，陳寶泉極不贊成，認爲「北京學校規模較大者，不過數校，主持校務者，不過數人，若長此內哄，必至使教育前途生莫大之危險」。關於北高師與北大聯絡問題，陳氏坦承自己「實爲主持之一人，並非人家之欲吞併」。至於所謂「某籍某系」欲吞併北高師問題，陳氏以爲「至某教育會、學閥等語，泉更不知所謂，諸君何必出此，使破壞教育者有所藉口乎？」陳寶泉最後表達了希望能盡快平息此事的態度：「泉爲已去職之人，對於學生並無管理之責，惟相處數年，不無幾分情誼，不得不少盡忠告。諸君如愛泉者，今後應停止此種印刷物，否則，泉並調停之義務，亦不能盡矣。」〔註35〕

此後，陳寶泉又在《晨報》上披露了兩校聯絡的聯絡辦法，具體內容如下：（一）高師改稱師範大學，內分兩部：一、高等師範部（四年），二、大學部（二年）；（二）北大、高師二校，取入學生之程度，須彼此平等。（甲）二校協同組織入學考試委員會；（乙）邊省學生外國語程度不及格者（其他科目均成及格），高師應酌設外國語補習班，但五年以後，須廢除此種辦法。（三）第一、第二年級外國語課程，此照大學預科程度教授：（甲）第一、第二全體學生，均學外國語一門，至第三、第四年，凡欲入大學專科者，須習第二外國語；（四）高師大學部生，於本校所規定教育科目外，得向北大選習各科科目；北大本科第三年以上學生，亦得向本校選習教育科目，其每年之學分，應合併計算；（五）大學部學生，均繫自費，惟本校應酌設寄宿舍，寄宿者量收宿費；（六）四年畢業者，給高師文憑；大學部畢業者，給教育學士學位；（七）在兩校充教員者，得稱爲教授或專任教員；（八）對於高師畢業生使有提高程度之希望，如設夏期講習會等。」〔註36〕由此可知，陳寶泉所提出的方案並非是兩校合併，隨著陳寶泉聲明的發表和兩校聯絡的辦法的公佈，這一風波才逐漸得到了平息。

北高師校長問題，給范源廉帶來了相當大的麻煩，社會輿論對范源廉也有所不滿，如具有國民黨背景的《民國日報》對於范源廉在北高師校長問題上的處理表達了批評：「北庭教育部范源濂在就職時很說過幾句漂亮話，從他

〔註35〕 《陳寶泉覆高師學生書》，《晨報》1920年12月6日，第3版。
〔註36〕 《北大與高師聯絡之原案》，《晨報》1920年12月7日，第1版。

就職到現在，有一兩件事，可以證明比以前那個混蛋好的嗎？若單說不作惡便是個好的，本來教育總長比不得別部，要作惡也機會不多的，搬個傀儡上去，也決不作惡，然而能作傀儡，一樣要拂逆學生意思，排斥高師挽留陳寶泉的呈文了。」〔註37〕

　　1920 年 12 月，處於風口浪尖的范源廉就高師校長問題對新聞界表達了自己的看法：「高師校長風潮，則由於一部分學生之誤會。陳寶泉校長與余爲舊交，且亦由余長教部時派往。此次余回部後即欲以陳校長回部幫忙，……陳校長初雖未允，後則因經費困難，而又多病之故，故迭次辭職。余不得已而覓陶孟和爲繼任校長。蓋因陶爲日本高師學生，又曾赴美考察教育多年，意原以爲最適任之人物。不料高師學生疑陶爲北京大學派，而謂北大有合併高師範之心。其實高師爲獨立之學校，不但各國先例皆然，而我國高師亦不止北京一處，焉有合併於北大之理？即陶爲北大派，兩校聯絡則或有之，決無所謂合併也。余辦事素秉大公，惟此次不見諒於高師少數學生，殊足令人灰心。現今陶已決然辭職，陳既不肯回任，陶如無慰留辦法，則此事尚係困難問題。」〔註38〕

　　值得欣慰的是，北高師的校長危機並沒有持續太久。1920 年 12 月，范源廉改任命鄧萃英接任北京高師校長，「鄧萃英與留日派有舊交，與留美派有新誼，加上他的靈活與原則相結合的工作作風，很快得到雙方的認可。」〔註39〕至此，北高師校長問題才得以初步解決。北京高師校長風潮的發生，是范源廉擔任教育總長期間所發生的一件大事，這也從一個側面反映了北京教育界內部的派系矛盾。

第三節　師範教育的踐行：擔任北京師範大學校長

一、「改大」前後的北師大與「迎范」之曲折

　　如果說范源廉與師範教育的關係以前只是一個倡導者的話，那麼 1924 年范氏執掌北京師範大學校長一職，則是其對師範教育的踐行。1923 年前後的

〔註37〕高競俠：《猶吾大夫的范源濂》，《民國日報》1920 年 12 月 1 日，第 6 版。

〔註38〕《范源濂對教育界問題之談話》，《晨報》1920 年 12 月 3 日，第 6 版。

〔註39〕戤芳：《教育家鄧萃英》，王淑芳，邵紅英主編：《師範之光：北京師範大學百傑人物》，北京師範大學出版社 2002 年版，第 83 頁。

北京高等師範學校,正面臨著發展的關鍵時期。在北高師教職員的努力下,「高師改大」〔註 40〕取得了成功,爲學校發展帶來了新的契機。在新的歷史條件之下,無疑需要一位新的校長執掌未來的北師大,在當時教職員心目中,范源廉爲北師大首任校長的最佳人選,這主要基於兩個層面的考量:從歷史上看,范源廉與北高師有較深的淵源,無論是京師優級師範學堂的設立,還是北京高等師範學校的設立,都與其有密切關係。

從現實上需要看,范源廉曾三次擔任教育總長,又是清華大學和南開大學的創始人之一,在當時的教育界具有很高的聲望和廣泛的人脈,聘請范氏擔任校長,對於未來北師大的發展會大有益處。因此,1923 年 11 月,「籌備北京師範大學委員會」推舉范源廉爲北師大校長,並由教育部正式發表任命。

然而,自從任命發佈後,范氏卻遲遲不肯就任,究其原因主要有幾個因素,首要的制約因素就是經費問題。早在北京高師期間,當時的學校就已經面臨著教育經費缺乏的問題,時任北高師校長的李建勳回憶道:「我自 1921 年 10 月 1 日被任命爲北京高師校長,到 12 月 31 日共計三個月,教育經費分文未發。」爲此,只能通過賒欠而勉強度日,尤其是 1921 年「6、8、9 三個月薪水之餘款只夠敷衍兩個多月。至 12 月中旬手中已空空如也。作爲高師校長如今竟然斷炊,豈不是世界一奇跡乎!」這種情況一直持續到 1922 年 1 月,教育部撥發了兩個月經費,經費困難問題才得到解決,不過拖欠教育經費的事情仍時有發生,因此當時的北高師只能勉強維持。〔註 41〕即便升格爲師範大學,經費困難問題仍很嚴重,並沒有實質性的改善。如陳裕光在北師大開學典禮上所說:「去年只欠三個月,今年欠到六七個月,經濟狀況一年比一年壞。」〔註 42〕而在此之前,范源廉第三次辭去教育總長的重大原因即爲教育經費問題,對此,范氏不能不有所顧慮。

與此同時,高師學生圍繞著校長李建勳的去留問題,正展開著激烈的內鬥。李建勳對於北高師的發展有不少功績,「李校長受任於經費奇艱之際,積欠已至五月。故綜竅名實,務使款無虛靡;一面主張高師升格,修訂組織大

〔註40〕 所謂「高師改大」,係指 20 世紀 20 年代在中國高等教育界掀起的把高等師範學校改組或升格爲大學的運動。當時全國六所高師只有北京高等師範學校升格爲北京師範大學,其餘五所高師則或合併或改組爲綜合性大學。

〔註41〕 李建勳:《北洋軍閥和國民黨統治時期的教育經費》,全國政協文史資料委員會編:《文史資料存稿選編·教育》,中國文史出版社 2002 年版,第 1038～1039 頁。

〔註42〕 《陳裕光先生開學日演說詞》,《北京師大周刊》第 205 期,1923 年 10 月 14 日。

綱，粗具師範大學之規模」。尤其是在 1922 年的學制會議上，以李建勳等人為代表提出了《改全國高等師範學校為師範大學案》，堅決主張師範學校應單獨設立並取得通過，為北師大的建立奠定了基礎，「本校至今蔚然存者，李先生諸教授力爭之功為多」。〔註 43〕然而，在北師大建立之際，卻發生了校長風潮，學生內部也隨之發生了分裂。如時論所言：「北京高等師範學校學生，因對於該校校長李建勳之去留問題，意見未能一致，遂有驅李、擁李、中立三派，先後發生。」在這一鬥爭的背後，又有「校務改進會」和「學校維持會」的組織作為依託。〔註 44〕北高師的校長風潮加劇了學校內部的矛盾，這也阻礙了學校的進一步發展。由於當時的報刊對此有廣泛的關注，尤其是范源廉在第三次擔任教育總長期間已經深受北高師校長問題之苦，面對如此北高師內部如此複雜的局面，范源廉不能不有所顧慮。

不僅如此，當時學校內部對於范源廉出任校長也有不同的聲音，這其中一個重要原因就是范源廉與研究系的關係相對密切。〔註 45〕對於當時學生的顧慮，梁容若曾回憶道：「他最初發表的時候，師大同學們有兩種不同的意見。一種想法是歡迎的，因為學校太窮了，積欠經費吃飯爐火都成問題，結冰了，還用冷水洗臉。他的名氣大，政治因緣複雜，社會關係多，也許可以給學校找來錢。另一種想法是不抱好感的，他已經作為六任教育部長（按：回憶有誤），決不會安於這種窮學校，多半是掛名不辦事，或另託人代表。更可顧慮的是把共和黨研究系的政治活動，帶進純潔的高師，增加學校的混亂和複雜性。」〔註 46〕

〔註 43〕 汪懋祖、陳寶泉：《民國十六年國立北京師範大學畢業同學錄》，北京師範大學檔案館館藏解放前北京師範大學檔案，全宗號 1，卷號 298。

〔註 44〕 《高師學生因校長問題決裂》，《晨報》1922 年 10 月 13 日，第 3 版。

〔註 45〕 關於范源廉與研究系的關係，筆者認為范源廉雖然因與研究系的領袖梁啓超有密切的私人關係，但相對而言，范源廉一直以教育救國為職志，對政治能夠保持一定的距離。在具體事務上，范源廉對於研究系的活動基本沒有什麼參與，因此嚴格說起來范源廉並不能屬於研究系的一員。張朋園先生在《梁啓超與民國政治》一書中對范源廉與梁啓超關係有所評論：「范源廉也是時務學堂的高材生。但范氏在前清仕途上一帆風順，至民國已與任公並駕齊驅，且其性格較之任公更為溫和，宦海浮沉，與世無爭，在政壇上與任公為有限的政友，儘量避免捲入任公一派的利害關係。」（張朋園：《梁啓超與民國政治》，吉林出版集團有限責任公司 2007 年版，第 224 頁。）對於這一論斷，筆者基本表示讚同。當然，由於范源廉與一直與梁啓超保持著非常密切的關係，時人誤以為范氏為研究系的一員也可以理解。

〔註 46〕 梁容若：《記范靜生先生》，《傳記文學》第 1 卷第 6 期，1962 年 11 月 1 日。

　　除此之外，當時北京教育界外部環境的惡化也是范氏遲遲不肯就職的重要原因，其主要原因為彭允彝執掌教育部。1922 年 11 月 29 日，彭允彝擔任教育總長，在其擔任教長之後，剋扣經費，蹂躪人權，尤以「羅文幹案」為頂點，彭氏的所作所為遭到了北京教育界的普遍反對，當時的教育界處於一段相當黑暗的時期。對這一層關聯，時論有所觀察：「據聞范氏對於此席（按：指北師大校長）殊無就意，蓋以當此學潮未了，後患方殷之秋，出而捲入漩渦，未免太不合算，經費又非常窘迫，更難圖發展。且彭允彝之為人，亦為范所不直，斷不願在其下面而辦教育，故師大校長一職，恐當另擇他人也。」〔註47〕彭允彝還欲攫取北京教育界的大權，當時的北高師即是其目標之一，《順天時報》揭露到：「至其對於高師，則明知范源廉不肯於此學潮澎湃之中，遽就校長之職，而故急急請總統以明令發表。范氏既無正式就職之明白表示，而彭遂得乘間抵隙，思藉此時機以位置私人。聞其預定進行之步驟：第一步先推翻高師評議會，如此則高師對內、對外無正式負責之機關（數月以來評議會實代行校長職務）；第二步則以某夾帶中人沈步洲代理校長。彼時范源廉當然不肯或不能就職，則沈可長期代理，而高師遂為彭氏之囊中物矣。」〔註48〕

　　綜合以上因素，范源廉對北師大校長之堅拒態度就不難理解了。不過，隨著時間的推移和各方面推動力量的綜合努力，以及各種有利因素的出現，范氏就職也逐漸向有利的方向發展。首先是高師內部對於敦促范源廉擔任校長可謂不遺餘力，籌備師大委員會、評議會、學生會等組織再三以電報、宣言等形式，熱烈呼籲范源廉擔任校長一職。如《北京高師全體學生歡迎范氏宣言》中所主張的「我們回想本校過去的優榮的歷史，和目前所處的地位，深深地感到范先生適為我們理想的唯一的人選」，〔註49〕大有非范氏不可之勢。高師教職員的熱情懇切，使范源廉不能不有所感動。

　　與此同時，北高師還以全體教職員的名義，致函與范源廉有密切關係的梁啓超、黃炎培、熊希齡、嚴修等人，敦促其盡快任職。〔註50〕值得注意的是，在范氏的師友輩之間，對於其是否應該出任校長的看法並不一致。如嚴

〔註47〕　《范源廉不就師大校長》，《申報》1923 年 3 月 4 日，第 7 版。
〔註48〕　《彭允彝破壞高師陰謀無所施》，《順天時報》1923 年 3 月 9 日，第 2 版。
〔註49〕　《北京高師全體學生歡迎范氏宣言》，《北京師大周刊》第 205 期，1923 年 10 月 14 日。
〔註50〕　《北京高師周刊》第 188 期，1923 年 3 月 11 日。

修對於高師學生的舉措就並不讚同，在其覆信中，嚴修認爲：「范先生辭意既堅，非修所能勸駕。且修之拙見，總願范先生在歐美多留幾年，將來於全國教育影響甚大，願諸公更細思也。」〔註51〕對於此事表達了相當審愼的態度。

相比於嚴修的消極，梁啓超則積極敦促范氏就任校長。1929 年 5 月 1 日，姜松年在致梁思成的信中，曾追述此事：「在北京國立八校爲經費問題奔走呼號的時候，任公出了很多力去維持師大，中國教育賴以維持。就看師大學生一致歡迎范靜生先生長校，而范先生又因經費問題不敢就職於天津時，任公先生廢了多少力量及時間，才促成范先生的就職。……我現在手裏邊存有任公先生寄師大學生會的一封信，或能表見任公先生對於中國教育注意的一部分了。」〔註52〕可見，梁啓超在范氏就職一事上起到了關鍵性的作用。

梁啓超之所以對於范源廉擔任北師大校長如此熱心，與研究系的整體計劃密切相關。尤其是研究系的領袖梁啓超，在五四之後重心由政治向文化轉變，更加重視培植研究系在教育界的勢力，佔據全國幾所主要大學作爲其據點也就成爲其戰略佈局的重要組成部分。如梁啓超曾致信蔣百里，希望自己和蔣氏等人能夠將東南大學、清華大學等占爲研究系的據點。舒新城在致梁啓超的信中，對於研究系的部署有著更直接地表露：「中國公學委城與南陔、東蓀三人辦理，君勱、志摩則分在南開講演，公則往南京講演（最好請百里設法在東南大學設自由講座），如此鼎足而三，舉足可以左右中國文化，五年後吾黨將遍中國，豈再如今日之長此無人也。」〔註53〕北高師素爲北京教育界的重鎭，北高師學生歡迎與梁啓超有比較密切關係的范源廉擔任校長，爲研究系提供了極好的滲透進該校的機會，因此梁啓超的積極態度也就不難理解了。

此時，北京教育界的環境也趨於好轉。1923 年 9 月 4 日，黃郛取代彭允彝擔任教育部長，黃郛頗得教育界的好感，〔註54〕在其就職之後，積極協助北師大師生運作范源廉執掌北師大。姜松年回憶說：「時民國十二年，國立北

〔註51〕《嚴范孫先生複本校教職員函》，《北京高師周刊》第 190 期，1923 年 3 月 25 日。
〔註52〕丁文江、趙豐田編：《梁啓超年譜長編》，上海人民出版社 1983 年版，第 1004 頁。
〔註53〕丁文江、趙豐田編：《梁啓超年譜長編》，上海人民出版社 1983 年版，第 942 頁。按：本段論述曾參考了鄭師渠先生的《梁啓超與新文化運動》，《近代史研究》2005 年第 2 期，謹此致謝。
〔註54〕沈雲龍編著《黃膺白先生年譜長編》，聯經出版事業公司 1976 年版，第 161 頁。

京師範大學正因校長問題，鬧得天翻地覆，無法解決，連輿論界全感到事情的棘手時，膺師那時正長教部，毅然接受學生的請求，電請遠在歐洲的范靜生先生返國長校，學校因以安然復課，平靜如恒。設非膺師處置得法，校事殊難預料。」〔註55〕依筆者看來，姜氏的回憶有誇大黃郛作用的嫌疑，但外部環境的改善，對范氏的任職北師大自然起到了促進作用。

在這些因素的綜合作用下，北師大的「迎范」運動開始出現了轉機。1923年10月9日，在與北師大歡迎代表王文培、王桐齡的談話中，范源廉首先對北師大教職員在困難局面下維持學校表示欽佩，但也表達了自己的憂慮，「只是現在中國政局，變化甚劇，財政困難已極」，因此希望能夠再休息一段時間再去北京。〔註56〕不過此時范氏的態度實際上已經有所鬆動。1923年11月3日，在千呼萬喚之下，范氏終於來到北師大，並發表了自己對擔任北師大校長的看法：「校長一事，我要看實力如何。實際作不到，徒擁虛名，我是不幹。」隨後，范氏表達了對學校現狀的擔憂：「現在教育經費無著，政府無人負責，國人從不過問，以國民負擔之稅款的一部分辦教育，而教育限於這種田地，是很可痛心的！我來校對於教職員，勢不能不先清理積欠，否則我亦難忍生視，所以我不能驟然答應了。」〔註57〕雖然仍有許多顧慮，不過已經標誌著范氏的思想開始發生轉變。

二、權力中心的轉移與對北師大的改造

范源廉在就職之前，其最重要舉措為推動北師大董事會的建立。在范氏進京之後，隨即與熊希齡、梁啓超、李石曾、陳寶泉、鄧萃英、湯爾和等教育界的重要人物和北師大教授陳裕光、查勉仲等人討論如何維持學校，經過長時間的討論，「眾意僉謂應組織董事會，籌議學校內部一切計劃，催請政府發放經費，至不得已時並得自行籌款」。〔註58〕可見，對於組建董事會，校內外人士基本達成了共識。

建立董事會所面臨的最大問題就是如何處理與北高師評議會的關係。當

〔註55〕 姜松年：《追憶膺師》，金問泗等著：《黃膺白先生故舊感憶錄》，文星書店1962年版，第128頁。
〔註56〕 《歡迎范靜生校長教職員代表報告》，《北京師大週刊》第206期，1923年10月21日。
〔註57〕 《范校長蒞本校歡迎會演說詞》《北京師大週刊》第208期，1923年11月4日。
〔註58〕 《北京師範大學迎范近訊》，《申報》1923年12月6日，第6版。

時北京各高校的權力中心在評議會，其中尤以北大最為明顯，正如馬敍倫對北大評議會的論述：「評議會是北大首先創辦的，也就是教授治校的計劃，凡是學校的大事，都得經過評議會，尤其是聘任教授和預算兩項。……教授治校的精神就在這裡。表面看來，校長只有『無為而治』，什麼權力好像都被剝削了；但是，北大在連續幾年風波動盪裏面，能夠不被吞沒，全靠了他，後來北京師範大學等校也仿行了。」〔註59〕

北高師評議會建立於 1922 年 11 月，在李建勳辭職之後，校務一直為評議會主持。〔註60〕評議會的存在，一方面對於維持北高師的正常運轉起到了重要作用，但同時也使得校長的權力非常有限，這對范氏的出長北師大也為一不利因素。對於這種情況，北師大內部有比較清楚的認識，時任評議會主席的陳裕光在學校開學的演說中，主張對於范氏之長校應「徹底的歡迎」：「我們對於范先生，今日人人都願捧他上臺，後來萬不要再拆他的臺；就是我們所做的事，莫讓他在臺上有一分不舒服，馴至有不得不下臺之苦。最好待新校長到任，一切責任事權都交付他，歸他一手做事，不為掣肘……這就是歡迎的真精神與真態度；這就是徹底的態度。」〔註61〕明確主張把全校權力轉交於范源廉。

北師大學生自治會也表達了同樣的要求：「比來范校長業已歸國，無不望其早日就職。惟據其言論，則感經濟困難，諸事棘手，未敢遽試。誠以學校董事會未能成立，苟或展其懷抱，第恐多方掣肘；兼以經費無著，無處籌募；非集若干關心學校之名流通力合作，未易克竟全功。是董事會之成立，直接影響范校長就任，間接即影響學校前途之發展。〔註62〕」

北師大教職員和學生對范氏的支持為北師大董事會的順利成立減少了阻力。1924 年 1 月 3 日，北師大董事會成立，以梁啓超為董事長。隨後，再由董事會推舉范源廉為校長。〔註63〕依據北師大董事會章程，董事會的主要職權如下：「1、推薦校長；2、議定學校教育方針；3、制定學校章程及組織

〔註59〕馬敍倫：《我在六十歲以前》，生活・讀書・新知三聯書店 1983 年版，第 66 頁。
〔註60〕汪懋祖、陳寶泉：《本校沿革大要》，《民國十六年國立北京師範大學畢業同學錄》，北京師範大學檔案館藏解放前北京師範大學檔案，卷宗號 1，卷號 15。
〔註61〕陳裕光先生開學日演說詞》，《北京師大週刊》第 205 期，1923 年 10 月 14 日。
〔註62〕《本校學生自治會為組織董事會事上師大籌備委員會函》，《北京師大週刊》第 209 期，1923 年 11 月 11 日。
〔註63〕《本校董事會成立之經過》，《北京師大週刊》第 214 期，1924 年 1 月 6 日。

大綱；4、審定本校預算及決算；5、審定教授之待遇；6、審定學位之給予；7、保管校產；8、議決其他經校長提出之重要事宜。」〔註64〕通過以上的規定，可以看到董事會實際上是學校的最高權力機關。至此，董事會正式取代評議會的職權與功能。對此，李希章認爲：「改大後成立了校董會，董事有梁啓超、王祖訓等。母校也許因此沾上了點派系色彩，這在舊時代，勢所難免。」〔註65〕可見其對於董事會的建立還是比較認可的。

范源廉等人爲何力主設立董事會，應基於兩重考慮，其一爲籌措經費，以緩解北師大的經費困窘狀況；另一重要原因應爲擺脫北洋政府的控制，實現教育獨立。建立董事會也並非范氏等人的獨創思想，1923 年蔡元培從歐美回國之後，面對北京政局混亂、教育界破產的局面，就主張在北大設立董事會制度。1923 年 6 月 24 日，蔡元培在致北大教職員的信中提到：「目前北京政局，視培辭職出京時，不特毫無改良，而黑暗乃倍蓰之。」因此，蔡氏認爲「對於北大及其他北京國立各校之根本救濟，鄙意宜與北京政府劃斷直接關係，而別組董事會以經營之。〔註66〕

蔡元培在致北京國立各校教職員聯合會議的信中，進一步表達了這一主張。蔡氏認爲，「北京政府破產之勢已成，而政客官僚摧殘教育之計劃且方興未已。國立八校當此危險時代，若不急籌高等教育獨立之良法，勢必同歸於盡」。因此，應該「由八校教授會公推全國最有信用之人物，組織一北京國立八校董事會，負經營八校之全責。凡八校維持現狀及積漸擴張之經費，均由董事會籌定的款」。而各校校長的推選「宜先由各本校教授會公推，再由董事聘請，不復受政府任命，以保獨立之尊嚴，而免受政治之影響」。〔註67〕表達了脫離北京政府、實現教育獨立發展的強烈願望。

不過，蔡氏在北大設立董事會的願望並沒有實現。相反，1924 年教育部頒佈的《國立大學條例》，主張在大學設立董事會制度之後，反對最激烈的就

〔註64〕 《修正國立北京師範大學董事會簡章》，《北京師大周刊》第 214 期，1924 年 1 月 6 日。
〔註65〕 李希章：《北高生活片斷》，《學府叢刊》編輯組：《學府叢刊》，北京師範大學 1985 年版，第 130 頁。
〔註66〕 高平叔、王世儒編：《蔡元培書信集》（上），浙江教育出版社 2000 年版，第 668 頁。
〔註67〕 高平叔、王世儒編：《蔡元培書信集》（上），浙江教育出版社 2000 年版，第 672 頁。

是北京大學，〔註68〕這與北師大董事會的順利建立形成了鮮明的對照。因此，范源廉等人推動北師大董事會的設立，可以說是蔡氏董事會治校理想的一次實踐，其目的在於使北師大能夠保持對於當時混亂政局的相對獨立。

大學董事會制度爲美國大學制度，也體現了范氏等人在北師大推行美國大學制度的嘗試。在北師大董事會建立之前，東南大學首先引入該制度，並取得了不錯的效果。〔註69〕北師大董事會的建立，應該是對東南大學的經驗有所借鑒，但當時的東南大學董事會只具顧問性質，因此，北師大董事會應爲最早建立的國立大學董事會。正如鄧萃英所說：「我校董事會在國立學校中總算第一。在國立大學中有董事會者只有我校與東大，然東大只成一種顧問會，人數太多，不能助校長決斷一切。現在東大有改革董事會之計劃，其將來步驟必模仿我校可知也。」〔註70〕

北師大董事會的建立，是對於學校內部權力結構的重大改造。依據董事會章程，董事會實際上成爲北師大的最高權力機關。在一定程度上，北師大董事會的組建，實際上又是特爲范源廉而設立的，作爲北師大原有權力中心的評議會作出了犧牲，使權力的讓渡得到了相對順利的解決，爲范源廉的任職北師大掃清了一個重大障礙，有利於范氏相對獨立的對於北師大進行系統改造。

隨著這些困難的基本解決，范源廉的出任就成爲了順理成章之事。1924年1月10日，在北師大舉行了隆重的開學典禮。在開學典禮上，范氏在講話中表達了重整學校的雄心：「無論政局如何紛擾，只要我們個人精神不亂；無論經濟如何困難，只要我們大家志氣不餒；那麼，前途便有無窮的希望。」〔註71〕在其擔任校長之後，北師大也出現了一些新氣象。

一所學校的核心是師資，范源廉通過自己的人脈，基於同學、師生、朋友等關係，聘請了不少名教授來學校授課。如在聘請楊樹達擔任國文系主任

〔註68〕關於北大反對《國立大學條例》中設立董事會的經過，可以參看左玉河：《堅守與維護：中國現代大學之「教授治校」原則》，《北京大學教育評論》2008年第6卷第2期。

〔註69〕關於董事會在東南大學的建立和運行情況，可以參看張雪蓉：《美國影響與中國大學變革（1915～1927）——以國立東南大學爲研究中心》，華齡出版社2006年版，第69～83頁。

〔註70〕《學生自治會歡迎董事、校長盛況》，《教育從刊》，第4卷第8集，1923年12月。

〔註71〕《范校長任職典禮志盛》，《教育從刊》，第4卷第8集，1923年12月。

一事上，就與范源廉的廣泛人脈有關。楊樹達爲范源廉在時務學堂時期的同學，這層關係對於楊氏之來到北師大起到了關鍵作用。對於此事，楊樹達在其日記中有所記載：「范靜生新任師範大學校長，國文系主任章厥生（嶔）辭職。靜生希望余繼任，余以力不勝辭。靜生囑余推薦一人。余薦單不庵。范不謂然，乃請余代理。至此，余不便再卻，允之。」〔註72〕師資力量的增強，提高了北師大的教學質量。如梁容若所說：「他每天辦公很勤，請教授很努力，把些掛名不管事的兼任系主任都換了更負責的人。他所請的兼任講座如梁任公、蔣方震、黃郛等都能按時上課，比一些二級名教授還比較負責。」〔註73〕

名師的引進也提高了學生們的學習熱情，姜松年對於黃郛在北師大所擔任課程的受歡迎程度有著生動的回憶：「後膺師（指黃郛）卸去教長職務，范校長特聘膺師來校教授我們班及史地系四年級的『世界政治地理』。因膺師由歐美考察回國不久，對於歐美各國最近政治情形，至爲明瞭，講得切實動聽。每次上課，教室必告滿庭，且有每座擠兩人者，後來者均立倚在窗臺而聽。他班同學，常拋去自己所選的課程而來此聽講。當時和魯迅先生所授的『小說史』同爲最叫座的課程。同學們競競聽講，大有『欲知天下事，便入此室中』的情景。」〔註74〕

除此之外，范源廉修訂了北師大的組織大綱和各種規章制度。在系科設置上，「本科分設教育系、國文系、英文系、歷史系、地理系、數學系、物理系、化學系、生物系，並開設體育專修科及手工、圖畫專修科。〔註75〕其中，教育系本科爲新設立的，之前只有教育專修科和教育研究課，這也體現了范源廉對於教育的一貫重視。

在范氏執掌北師大的時期內，其對學校改造的最主要特徵是對學校實行嚴格管理，當時的報刊有所報導：「北京師範大學自范源廉就任校長後，對於管理學校教授各方面厲行嚴格主義，在范氏之意，以爲學生自五四運動之後，已流行於放縱自恣之途，非嚴加整頓不足以挽頹廢之風，故其就職之初，即

〔註72〕楊樹達：《積微翁回憶錄》，北京大學出版社 2007 年版，第 15 頁。
〔註73〕梁容若：《記范靜生先生》，《傳記文學》第 1 卷第 6 期，1962 年 11 月 1 日。
〔註74〕姜松年：《追憶膺師》，金問泗等著：《黃膺白先生故舊感憶錄》，文星書店 1962年版，第 128 頁。
〔註75〕《1948 年寫的校史》，北京師範大學檔案館館藏解放前北京師範大學案卷，全宗號 1，案卷號 27。

揭櫫嚴格管理、嚴格考試諸大端，茲已著著實行。」在具體措施上，范氏主要採取了五項措施：一、學生完全寄宿校內（研究科學生暫作例外），嚴禁在外寄宿，或夜不歸校……並擬恢復晚間學生自習制，屆時由舍監巡邏監視，並考察夜不歸校者。二、講堂上認真點名，嚴格限制學生缺席，並明訂曠課滿學期三分之一者，無論具何理由，當然令其休學。三、嚴格考試，無論何種功課，不准學生要求免試或教員預限考試範圍，並注重臨時考試及平日分數。四、限制學生兼差。本科學生概不准在外兼差，研究科學生有特別情形者，得屬學校規定範圍內，每周在外兼任事務若干小時。五、每星期三日在風雨操場舉行週會一次，校長、各主任及全體學生皆須到會，並製週會出席證。」〔註76〕

范氏的這些舉措，實際上是對五四之後學風的矯正。五四運動爆發以後，學生成為一支重要的力量，但學生運動的弊端也不斷顯現。在北京高師學校內部，比較明顯的一個例了就是廢止考試的出現，「民國九年三月北京高師實行廢止考試制度成功，連帶引發了其他學校學生的討論和實行」。〔註77〕范源廉對考試的嚴格執行，正是對於這一學風的糾偏。

不過，在范源廉推行嚴格考試的過程中，也招致了一些教員的反對，尤其以魯迅為明顯的例子。1924年，魯迅在北師大兼課講授「中國小說史」和「文學批評」課，對於范源廉在北師大推行嚴格考試制度，魯迅表示了反感，堅持不舉行考試，並以下學期不來學校任教作為抵制手段。在這種情況下，學生與范源廉進行交涉，後來范源廉請錢玄同、馬裕藻等人約魯迅吃飯，「在飯桌上他（按：指范源廉）什麼也不談，請『周先生下學期來給學生上課』」。在范源廉、錢玄同等人的努力下，魯迅同意繼續擔任師大的課程，「什麼『考試』、『學分』，再也沒有人過問了」。〔註78〕由此可見，范源廉在北師大所推行的舉措並非是暢通無阻的。筆者以為，范源廉與魯迅在考試問題上的矛盾，既有私人恩怨，也是兩人教育理念的不同，范源廉在此事上能夠表現的比較寬容，是難能可貴的。

〔註76〕 《北京師範大學最近之設施》，《申報》1924年4月15日，第7版。
〔註77〕 呂芳上：《從學生運動到運動學生》，「中央」研究院近代史研究所1994年版，第60頁。
〔註78〕 羅繩武：《魯迅在北師大》，《學府叢刊》編輯組編：《學府叢刊》第1輯，北京師範大學出版社1985年版，第175頁。

三、辭職原因探析與「教授治校」制度的推行

正當北師大逐漸呈現出嶄新氣象之時，1924 年 9 月，范源廉突然辭職，並由北京返迴天津，這距離其任職的時間不及一年。伴隨著范氏的突然離職，就是北師大教職員持續長達一年的敦請范氏復職運動。翻閱當時的報刊，我們可以發現當時的北師大學生不放過一切機會，通過各種渠道，試圖使范氏迴心轉意。但范源廉此時去意已決，北師大的「挽范」運動最終沒有成功。

范源廉辭職的主因是經費問題。當時的北師大既屬「國立」，其經費就主要依靠北京政府教育部的經費。對於北師大而言，其特殊之處還在於師範大學免除學費，因此更需要政府的經費支持。與之形成鮮明對照的是，「高師改大」之後，政府對於北師大的經費預算仍維持在北高師時期，即便如此也難以保證按時發放。汪懋祖對當時的經費窘境有所論述：「其時經費竭蹶，債臺高築，以十三年度之師大計劃，猶沿用八年度之高師預算，而又經年拖欠。范先生尤復多方籌款，稍償宿欠，修理學舍……。詎料內亂日亟，國是日非，區區學校經費積欠經年，而黷武亂國之資，則日出千百萬不窮。范先生痛憤之餘，拂然而去。」〔註79〕在范氏回覆北師大董事會的信中，也明確指出其辭職的主因為經費問題：「本校既係國立，收入又專恃部款，以前積欠，無望清償；以後接濟，復毫無把握。計自承乏以來，及盡力稱貸，至今負累已重，現值時局愈艱，金融愈緊，學校以外，不能再事通擲，更無疑義。……校係國立，而國家既無餘資應此不急之需；身為校長又無代國家籌款之力，供此必需之費；思維再四，捨告退外計無所出耳。」〔註80〕表達了對教育當局的憤怒和自身的無奈。

然而事實並非如此簡單，我們如果仔細考察，就可以發現范氏之辭職原因實際不止一端，而是與當時北京教育界的環境和北師大的內部狀況有著密切的關係。在 1925 年 9 月 25 日北師大開學儀式上，梁啓超的發言即提供了一個重要的信息。梁氏指出范源廉的辭職有兩大原因，其一為經費問題，使得其重整學校的計劃無法實現，另一重要原因則與當時的北京教育界密切相關。由於「京國立各校，常有一種聯合行動，當校長者，若不聯合一致，幾難立足。范先生前此擔任師大校長，本係抱一種革新目的而來，今結果仍是

〔註79〕 汪懋祖：《本校沿革大要》，《國立北京師範大學民國十四年畢業同學錄》，1925年版。

〔註80〕 《范校長致師大董事會函》，《北京師十周刊》第 290 期，1924 年 10 月 12 日。

政客生涯，以潔白之教育家，受此污穢之傳染，范先生實不願爲」。〔註81〕當時的北京教育界，尤其是北京國立八校，爲了與政府爭取權益，結成了緊密的聯盟，其中比較重要的機構就有八校教職員代表聯席會議、八校校長聯合會等機構。北京國立八校的聯合行動，一方面能夠最大限度的維護自身的利益，但隨之帶來不少弊端，如政黨力量的滲透對學校發展的影響，政治對教育的過度干涉等問題。由此可知，范氏之辭職也與當時北京教育界的狀況也有密切關係。

此外，五四以後的北京教育界漸趨活躍，各種學生運動接踵而起，正如時任北京大學校長的蔣夢麟所言：「在那時候當大學校長眞是傷透腦筋。政府只有偶而發點經費，往往一欠就是一、二年。學生要求更多的行動自由，政府則要求維持秩序，嚴守紀律，出了事時，不論校內校外，校長都得負責。發生遊行、示威或暴動時，大家馬上找到校長，不是要他組織這一邊，就是要他幫助那一邊。每次電話鈴聲一響，他就嚇一跳。他日夜的唯一報酬，就是正兩鬢迅速增加的白髮。」〔註82〕對此，時任北師大校長的范源廉應該深有體會。

在北師大內部，令范源廉深感棘手的一個難題爲學生加入政黨問題，在《申報》記者對北師大一位教授的訪談中，揭示出了這一隱情：「范校長此時已處於進退維谷之境，蓋其所以一去不返，雖曰因經費問題，而學校內部問題亦實有堅其去志者，如教職員間之派別、如學生間意見之不一致等皆是也。而去歲以來，學生入國民黨者約百四五十人（多國文系學生），此輩對范校長類皆深致不滿。然對此教育名流，終不敢貿然反對，惟歷時久遠，有機可乘，校外政客，從而鼓煽，則風潮之起，亦難預卜。故范校長以爲與其焦頭爛額於後，無寧曲突徙薪於前，急流勇退，職是之由。」〔註83〕由此可見，政治力量對教育界的滲透在當時已經是風潮所趨，對此，范氏自己也坦承：「教育不能獨立，常受政治之波動而牽累，致使校長爲應付之衝，己亦不願爲此。」〔註84〕表達了自己的無奈。

事實上，范源廉對於學生參與政治早就持堅決反對的態度。1915 年范源

〔註81〕《師大昨日舉行開學式》，《晨報》1925 年 9 月 26 日，第 7 版。
〔註82〕蔣夢麟：《西潮》，遼寧教育出版社 1997 年版，第 123 頁。
〔註83〕《范源廉倡議教授治校之由來》，《申報》1925 年 9 月 18 日，第 7 版。
〔註84〕《國立師大校長范源廉不願復職的談話》，《申報》1925 年 1 月 27 日，第 11 版。

廉發表《學生與政治》一文，即表明其反對學生干預政治的主張，認為「學生宜專心嚮學而杜絕外騖」，「苟不謹出位之思，而好為越俎之謀，則不惟無濟於事功，而先已自荒其學業，故求學者斷無可以與政之餘暇」。〔註85〕在其第二次擔任教育總長期間，又曾發表訓令，禁止學生入黨，認為「為學生計，為教育學術計，亟應嚴切申禁嗣後各學校生徒一律不得加入政黨，各校教職員等查有在校學生列入黨籍者，應即遵照前後禁令，諭令脫離以資整飭，各該教員職員等以教育學術為天職，尤宜獨立於政爭之外，無論政治現象如何轉移，政治人物如何徵逐，均應守我靜寂，致力於天職之所在，庶幾生徒有所則效」。〔註86〕值得注意的是，北師大一直為學生運動的中心，兩者的矛盾必然會有所激化。

　　綜上所述，范氏之辭職是多重因素綜合作用的結果。在其辭職之後，范源廉對於北師大的最主要貢獻為推動「教授治校」制度的建立。對於如何填補北師大校長真空時期的職權問題，范氏最初主張仍還權於評議會：「校長問題，一時難即解決；校事切要，不可因之停頓。溯當就任校長之始，原係受代於貴會，今自應將校長職權仍暫行奉歸貴會，以圖校務之進行。」〔註87〕隨著北師大校長問題的愈演愈烈，出於對北師大的關心，尤其是考慮到防止校外力量對學校的侵入，范源廉在綜合各方意見的基礎上提出了「教授治校」的建議。

　　在范源廉致北師大的信中，提到他在德國考察教育時，曾瞭解到德國大學的「教授治校」制度：「其制度視全校分系若干，每系主任皆得為校長，任期概為一年，順次更替，周而復始。」對於這一制度的優點，范氏認為主要體現在三個方面：「（一）校長為全校行政之首領，各系主任皆為校長之候補者，其平時計劃校事，自不致為一系所囿，而常常努力謀全校共同之發展。且各系主任既與校長之職責關係密切，全校精神自爾倍加團結。（二）校長任期雖僅一年，然校中重要之事，各系主任皆必與聞。故前任校長既定之政策，後任者必仍力求進行，不致輕易更變。（三）任校長者即為某系主任，因其本為專門學者，常慮久任行政事務，致妨學業之進益，故及任滿一年時，必依

〔註85〕范源廉：《學生與政治》，歐陽哲生等編：《范源廉集》，湖南人民出版社2010年版，第54頁。

〔註86〕范源廉：《教育訓令》，歐陽哲生等編：《范源廉集》，湖南人民出版社2010年版，第113～114頁。

〔註87〕《范校長致師大評議會函》，《北京師大周刊》第236期，1924年10月12日

例解職，從無有接續連任者。即此足使校內研學之精神與時俱進，不至日久生倦。」基於上述理由，范氏認爲北師大如果採用教授治校制度，「則繼任校長之人不待外求，久懸不決之難題可以立解。且非徒爲因應之策，實足爲師大立根本改建之基，謀長治久安之道也」。〔註88〕

其實主張教授治校，校長由系主任輪流擔任的做法，並非由范源廉首先提出。蔡元培就一直表達了對德國大學校長制度的欣賞之意：「德國大學學長、校長均每年一換，由教授會公舉，校長且由神學、醫學、法學、哲學四科之教授輪值，從未生過糾紛，完全是教授治校的成績。北大此後亦當組成健全的教授會，使學校決不因校長一人的去留而起恐慌。」〔註89〕無獨有偶，梁啓超對於校長由校內教授輪流擔任的做法也表示讚同：「大學校長，可以由教授團中選舉。或是互推，或是各教授輪流擔任。輪流擔任是一個很好的制度。」〔註90〕可見，主張採用德國大學的以教授輪流擔任校長的制度，在當時教育界有相當大的認同。鑑於范源廉與蔡、梁二人的密切關係，范氏之主張應受其影響。需要指出的是，蔡元培所主張的在北大實行校長由教授公舉，輪流擔任的制度在北大並沒有實現，該制度與董事會制度一樣，也首先在北師大得到了實際的貫徹。

1925 年 9 月 30 日，經過北師大董事會的討論，決定採用范源廉「教授治校」的建議，推舉時任數理系主任的張貽惠長校，〔註91〕這標誌著持續一年之久的校長問題有了一個初步的解決。值得欣慰的是，北師大在隨後的一段時間也確實相對保持了平穩運行，《晨報》的社論對此給予了肯定：「去年北京師大校長范源廉辭職，倡議主任輪流治校，旋經董事會通過，教育部施行。教授治校，於茲樹立，迄今半載，相安無事。吾人鑑於今日國中情形，認爲教授治校，實爲政教分立惟一之階段，亦即整頓學風無二之法門。深望國立大學中未經實行者，及早仿傚，免因政潮起伏而發生校長之進退，又因校長進退而引起學潮。」〔註92〕明確主張其他國立大學仿傚北師大的「教授治校」制度。

〔註88〕《范源廉倡議師大教授治校》，《申報》1925 年 9 月 11 日，第 9 版。
〔註89〕 蔡元培：《回任北大校長在在全體學生歡迎會上演說詞》，高平叔編：《蔡元培全集》第 3 卷，中華書局 1988 年版，第 341～342 頁。
〔註90〕《與梁任公先生談話記》，《清華周刊》第 271 期，1923 年 3 月 1 日。
〔註91〕《師大校長問題決定》，《晨報》1925 年 9 月 30 日，第 3 版。
〔註92〕《國立大學校長問題》，《晨報》1926 年 1 月 25 日，第 2 版。

當時的國立大學，確實因爲校長問題發生了相當大的問題。作爲近代中國第一所國立大學的北京大學，自從時任北大校長的蔡元培於 1923 年 1 月因抗議彭允彝而辭職後，〔註 93〕北大校務由蔣夢麟代理，校長一職實際處於虛懸的狀態，實權則掌握在評議會手中。雖然學校能夠繼續運行，但因此產生了校內教職員的紛爭，最終演變爲法日派與英美派的鬥爭，〔註 94〕這對於學校的發展是相當不利的。如果說當時的北京大學還能夠比較平穩運行的話，那麼作爲另一國立大學的重鎮的東南大學，則因爲校長問題產生了相當大的風潮。1925 年，北洋政府教育部解除了東大校長郭秉文的職務，圍繞著校長的人選問題，東南大學「二年之內幾易其長，風潮不斷，致使學校兒陷入停頓」，〔註 95〕這對於學校的發展產生了極爲不利的影響。由此可見，北師大所實行的「教授治校」，由教授輪流擔任校長的制度，確實爲一個新的探索，在當時對於各國立大學具有積極的借鑒意義。

范源廉在北師大校長任內實際未及一年，但對北師大的初期發展作出了重要貢獻。值得一提的是，范氏辭去北師大校長一職後，仍擔任北師大董事會董事，並在其隨後擔任中華教育文化基金董事會幹事長期間，給予北師大以資金支持，如贈與北師大科學講座四席，並對於贈與講座的各個系及附屬中小學，每年津貼設備費二千元。〔註 96〕這對於維持北師大的正常運轉起到了相當關鍵的作用。

對於范氏的辭職，許多人都深表惋惜，最具代表性的是梁啓超在北師大開學儀式上所表的失望之情：「本校上年改開大學，不知費幾許躊躇，方產出一董事會，董事會成立之後，又不知經多少挫折，推定范靜生先生爲校長。在我們當時舉定范先生時，滿擬他永遠幹去，將本校基弄好，以成一完善之師範大學。詎知他半途辭職，所以大爲失望。」〔註 97〕

〔註 93〕高平叔撰著：《蔡元培年譜長編》中冊，人民教育出版社 1996 年版，第 609 頁。

〔註 94〕林輝鋒：《馬敘倫與民國教育界》，北京師範大學出版社 2010 年版，第 105 頁

〔註 95〕許小青：《從東南大學到中央大學——以國家、政黨與社會爲視角的考察（1919～1937）》，華中師範大學 2004 年博士論文，第 47 頁。關於東南大學易長風潮，還可以參看林輝鋒：《馬敘倫與民國教育界》，北京師範大學出版社 2010 年版，第 159～167 頁；李娟：《黨化教育、大學自治與人事糾葛——1925 年東南大學易長風潮研究》，華東師範大學 2009 年碩士論文。

〔註 96〕《教育文化基金會贈師大四講座》，《晨報》1926 年 7 月 1 日，第 6 版。

〔註 97〕《師大昨日舉行開學式》，《晨報》1925 年 9 月 26 日，第 7 版。

　　事實上，即便是范氏所倡導的「教授治校」原則，也因學生會的反對等原因並沒有能夠長久推行下去。〔註98〕可以說，范氏的離職，對於北師大的發展和其本人都是一個重大的損失和遺憾。通過對范源廉及其在北師大的個案考察，我們可以看到在當時的北京教育界政潮、學潮交織的歷史背景之下，范氏欲在北師大建立相對理想的環境是不可能的，這也體現出在北洋政府時期的政治亂局之下想要保持教育獨立、實現教育發展，實則舉步維艱。

小　結

　　作爲支持發展師範教育的代表人物，范源廉對於師範教育的發展傾注了相當大的心力。無論是早年留日時期對速成師範的推動，還是民國建立以後所頒佈的一系列與師範教育相關的法令，以及設置高等師範區的計劃，都體現了其對於師範教育的一貫重視。值得注意的是，范源廉與北京師範大學的歷史一直有著不解之緣。從籌辦京師優級師範學堂開始，到規劃高等師範區爲北京高等師範學校的建立提供依據，直至親自擔任由北高師升格而成的北京師範大學校長，都可以體現出兩者之間的緊密關係。

　　范源廉對師範教育的注重，應是幾方面因素共同作用的結果。首先，與范源廉早年留學日本，借鑒日本的師範教育制度有著密切的關係，日本通過發展師範教育而使教育得以迅速發展的經驗，堅定了范氏發展中國師範教育的信念。當時的日本，在師範教育上主要採取法國的兩級制，即分別設立師範學校、高等師範學校培養小學、中學教師，由於當時中國教育發展模式是以日本爲樣板，因此也選擇了師範教育的兩級制。〔註99〕另一方面，民初范源廉注重發展高等師範教育，與當時國立大學過少，無法承擔培養中學師資的狀況有緊密聯繫。作爲相對落後國家，發展師範教育是有一定必要性的。可以說，近代中國的師範教育，尤其是高等師範教育能夠歷經重重困難而持續發展，與以范源廉爲代表的教育界人士的努力有著密不可分的關係。事實也證明，近代中國師範教育的發展，特別是高等師範教育的發展，在當時的歷史條件之下是符合中國國情的，對推動中國教育的發展起到了積極作用，這是應予以充分肯定的。

〔註98〕《師大改選校長》，《晨報》1927年2月18日，第6版。
〔註99〕劉捷、謝維和：《柵欄內外：中國高等師範教育百年省思》，北京師範大學出版社2002年版，第71頁。

第四章　教育獨立的努力與挫折

　　北洋政府時期，由於國家處於四分五裂的狀態，中央政令無法貫徹到地方，嚴重影響了教育行政的統一。軍閥混戰的持續，則使教育經費毫無保障，這也成為困擾教育發展的重大阻礙。因此如何在混亂的政局之下維持教育的統一和獨立，就成為教育界所面臨的難題。本章即從教育行政和教育經費兩方面論述范源廉為實現教育獨立所採取的一系列措施，以及其如何應對各方責難與各種困難。

第一節　推動設立省教育廳

一、近代省級教育行政的沿革 〔註1〕

　　省級教育機構是連接中央與地方的重要教育樞紐，在教育發展中居於承上啟下的地位。近代省級教育行政機構經歷了一個演變過程，在科舉制度廢除以前，各省教育事宜主要由學政主持。近代意義上省級教育行政機構建立於晚清新政時期，尤其是隨著科舉制度的廢除，學政已經不能適應新的教育需要，1906 年，學部設立提學使司，在權限上規定，「各省改設提學使司，提學使一員，統轄全省學務，歸督撫節制」；在與各省督撫的關係上，「提學使照各直省藩臬兩司例，為督撫之屬官，歸其節制考核」；在機構設置上，主要

〔註1〕關於近代省級教育行政沿革問題的研究，學界已經有所涉及。主要論文有劉福森：《省級教育行政機構的近代變革》，《重慶社會科學》2007 年第 3 期；李物人：《清末民初省級教育行政機構變革》，湖南師範大學 2010 年碩士論文；劉建：《中國近代教育行政體制研究》，南京師範大學 2008 年博士論文等。

分爲總務、普通、專門、實業、會計、圖書六課。〔註2〕

民國建立之後，提學使司被廢除，改設教育司以管理全省教育事務。1913年實行軍民分治以後，「教育司隸民政長行政公署，各省制度不甚齊一，中央法令亦未詳確規定，大約各省教育司均分三科或四科辦事」。1914年6月，各省教育司取消，「僅於巡按使公署政務廳下設一教育科，處理各省教育事務」。〔註3〕可見，民國初年的省級教育行政機構一直處於混亂的狀態，蔣維喬對於這一時期的省級教育行政機關有所回顧：「至於省教育行政機關，各省頗見分歧，或有於都督府設教育司者，或則設教育科，隸於民政司。三年六月，各省設巡按使，設教育科，隸於巡按使屬政務廳。其後巡按使稱省長，而教育科制仍舊。位卑職小，只能辦循例公文而於本省教育之應興應革，不敢有所主持，致行政效率大減。」〔註4〕

更重要的問題在於，各省教育行政機構不具有獨立的地位，並且地位低下。當時省級教育行政機構的狀況，正如蔣維喬在《湘省教育視察記》所觀察到的：「省行政公署，自裁撤教育司設教育科後，只科長一人，科員三人。辦照例公文，恒虞不給，決無餘力規畫全省教育，且位卑言輕，即欲規畫，亦未由措手。此則各省皆然，不獨湖南也。」〔註5〕這也反映了當時省級教育行政的一般狀況。因此，提高各省教育行政機關的地位和權限，就成爲當務之急。

各省設立獨立的教育行政機關，已經爲不少教育界人士所提出。1914年，直隸教育會會長張佐漢聯合京師、山東、奉天、山西、黑龍江、陝西、湖北等地教育會，呈文袁世凱，認爲當時的地方官制並不利於教育發展，由於「巡按使爲全省行政官，於教育行政只能提挈大綱，至於考核稽察之權，不得不分諸屬吏，而教育科長分位不崇，即使勉力盡職，其實權亦不能稽核地方官吏」。因此要求「各省設置教育獨立之官廳，庶足以專責成而收實效」。〔註6〕推動設立省教育廳的另一重要力量是全國教育會聯合會。1915和1916

〔註2〕 《學部奏陳各省學務官制摺》，朱有瓛等編：《中國近代教育史資料彙編・教育行政及教育團體》，上海教育出版社2007年版，第44～46頁。

〔註3〕 朱經農：《三十五年來中國之教育行政》，莊俞等編：《最近三十五年之中國教育》，商務印書館1931年版，第260頁。

〔註4〕 蔣維喬：《民初以後之教育行政》，朱有瓛等編：《中國近代教育史資料彙編・教育行政及教育團體》，上海教育出版社2007年版，第169頁。

〔註5〕 《教育雜誌・特別記事》第8卷第1號。

〔註6〕 《直隸等省教育會聯合呈請設置地方教育獨立官廳》，朱有瓛等編：《中國近

年，第二屆全國教育會聯合會大會議決《請速設各省區教育廳案》，主要從事務性質、責任專屬、中國歷史傳統和世界各國經驗四個方面闡述了設立教育廳的必要性。在教育廳的職權上，「則參酌前清提學使舊制定之。上受巡按使之監督，而直接管轄、督察各學校及各縣知事之教育行政」。關於經費問題，「應會商財政廳，詳由巡按使及主管部核定辦理等因，呈請前大總統察核在案」。〔註7〕全國教育會聯合會的議案，進一步推動了教育廳的建立。

　　設立教育廳也為教育部官員所提倡。1914 年 12 月，時任教育總長的湯化龍上書袁世凱，提議「請以各省政務廳中之教育科及視學官等組織教育廳，使各省有督促之人，以任提倡之專職」。關於政府所疑慮的經費問題，湯氏認為「其實現在政務廳中本有管理之人，移彼就此，所增之費無多，而獲效甚大」。〔註8〕不過雖然經過湯化龍的反覆陳述，「但不為袁通過，未曾辦到」。〔註9〕1915 年，張一麐繼任教育總長後，主持制定了各省設立教育廳的計劃，鑒於經費問題為重大難題，「擬先縮小其規模，而採逐漸擴充之辦法」。在具體實施上，把各省教育廳的經費分為兩類：一為臨時費，「各省教育廳設立之初，一切籌備之臨時經費，由各省擔任，至多不得逾三千元」；另一類為經常費，「比較各省事務之繁簡分為三等，由教育部承擔。〔註10〕但教育部提出議案後，國會議員以省級官制尚未制定，單獨提出教育廳不合適而予以否決。

　　雖然各方面不斷呼籲各省設立教育廳，但終因各種原因而未能實現。直至范源廉擔任教育總長期間，才真正使教育廳的設想付諸實踐。范源廉之所以堅決主張設立教育廳，《晨鐘報》有所揭示：「教育總長范源濂以我國教育不特難以發達，且有日趨於退化之勢，其最大原因在教育行政無統一之機

　　　　代教育史資料彙編·教育行政機構及團體》，上海教育出版社 2007 年版，第131 頁。

〔註7〕　《第一、二屆全國教育會聯合會大會議決案之一：請速設各省區教育廳案》，朱有瓛等編：《中國近代教育史資料彙編·教育行政機構及團體》，上海教育出版社 2007 年版，第 132～134 頁。

〔註8〕　《教育總長湯化龍請各省組織教育廳》，朱有瓛等編：《中國近代教育史資料彙編·教育行政機構及團體》，上海教育出版社 2007 年版，第 131 頁。

〔註9〕　陳青之：《中國教育史》，商務印書館 1936 年版，第 666 頁。

〔註10〕　《教育總長湯化龍請各省組織教育廳》，朱有瓛等編：《中國近代教育史資料彙編·教育行政機構及團體》，上海教育出版社 2007 年版，第 131～132 頁。

關，雖有種種計劃，亦難於推行。近各省行政公署所設之教育科，規模既小，而用非其人，欲發達如此幼稚時代之中國教育，不知當待諸何時？所以現在教育廳之設立為當務之急，范總長之表示非達此目的不可。」〔註11〕

　　1916 年 10 月，范源廉在演說中，認為「各地方無教育行政機關，則教育部實同虛設，無教育之可言」。〔註12〕可以說，范源廉對設立教育廳的堅定態度是省教育廳能夠最終建立的關鍵因素。1917 年 9 月 6 日，北洋政府發佈《教育廳暫行條例》，標誌著省教育廳的正式設立。依據《教育廳暫行條例》，規定了教育廳的權限，「各省教育廳直隸於教育部，設廳長一人，由大總統簡任，秉承省長，執行全省教育行政事務，監督所屬職員辦理地方教育之各縣知事」。關於教育廳長的職權，教育部規定：「所有各省教育行政事項，應自各該廳到任之日起，一律劃歸教育廳主管，惟關於行政事項，應由各該廳長視其行政之大小，分別呈明省署及本部核准，或即送行處理，呈報備案。」〔註13〕

　　隨後，教育部又頒佈《教育廳署組織大綱》，規定教育廳分三科，第一科主要負責掌管印信、收發文件、辦理機關文牘、整理案卷、綜覈會計庶務、編製統計報告及不屬於他科之各事項；第二科主管普通教育及社會教育；第三科主管專門教育及外國留學事項。〔註 14〕從組織大綱可以看到，教育廳的設置比較簡單，人員也很少，體現了教育部精簡辦教育的構想。與以往的省級教育機構相比，教育廳的最主要特色為直轄於教育部，從附屬的地位提升為獨立的地位。

二、人事與經費難局及其解決

　　由於教育廳直轄於教育部，因此各省教育廳長主要由教育部任命，因之教育廳長的人選問題就成為焦點問題之一。1917 年，教育部任命了第一批教育廳長，各省初定教育廳省長人選及基本情況見下表：

〔註11〕　《范總長議設教育廳之決心》，《晨鐘報》1916 年 9 月 14 日，第 2 版。
〔註12〕　《教育范總長之演說》，《時事新報》1916 年 10 月 30 日，第 1 張第 3 版。
〔註13〕　《教育部規定教育廳長職權》，朱有瓛等編：《中國近代教育史資料彙編·教育行政及教育團體》，上海教育出版社 2007 年版，第 135～136 頁。
〔註14〕　《教育部核准教育廳署組織大綱》，朱有瓛等編：《中國近代教育史資料彙編·教育行政及教育團體》，上海教育出版社 2007 年版，第 135 頁。

省 別	姓 名	籍 貫	簡 要 履 歷
直隸	黃炎培	江蘇	早年就讀於南洋公學，1905 年加入同盟會，時任江蘇教育會副會長
奉天	許壽裳	浙江	1902 年浙江官派留學於日本弘文學院，時任教育部參事
吉林	錢家治	浙江	早年留學日本，畢業於東京高等師範學校，時任教育部視學
黑龍江	劉潛	直隸	早年留學日本，時任學務局副局長
山東	胡家祺	直隸	1903 年畢業於日本弘文書院速成師範科，時任教育部秘書
河南	覃壽堃	湖北	1904 年進士，時任教育部參事
山西	李步青	湖北	1902 年留學於日本弘文書院速成師範科，時任教育部視學
江蘇	陳潤霖	湖南	1902 年留學於日本弘文書院，時任湖南教育會會長
安徽	盧殿虎	江蘇	早年就讀於江南高等學堂，1905 年加入同盟會，時任江蘇教育科科長
江西	伍崇學	江蘇	早年留學於日本弘文書院，時任教育部普通司司長
福建	蔣鳳梧	江蘇	早年留學於日本弘文書院，時任眾議院議員
浙江	劉以鍾	福建	早年留學於日本弘文書院和日本東京高等師範學校，時任教育部視學
湖北	熊崇煦	湖南	早年留學於日本早稻田大學師範部，時任湖南教育科科長
湖南	沈恩孚	江蘇	1891 年肄業於上海龍門書院，1904 年赴日考察，時任江蘇教育會駐會書記
陝西	吳鼎昌	浙江	1903 年留學於日本成城學校、日本高等商業學校，時任國務院參事
甘肅	馬鄰翼	湖南	1904 年留學於日本弘文書院速成師範科，時任甘涼道道尹
四川	吳景鴻	湖南	1904 年留學於日本明治大學，時任參議院議員
廣東	符鼎升	江西	早年留學於日本高等師範學校數理化科，前眾議院議員
廣西	吳鼎新	廣東	1903 年考入京師大學堂師範館博物科，時任廣東教育科科長
雲南	陳廷策	貴州	前雲南政務廳長，時任雲南督軍署參議
貴州	席聘莘	雲南	前雲南巡按使署參議

資料來源：陳學恂、田正平編：《中國近代教育史資料彙編‧教育行政機構及教育團體》，上海教育出版社 2007 年版；《各省教育廳長之略歷》，《時事新報》1917 年 9 月 11 日，第 2 張第 2 版。

通過以上表格，可以看到教育部所任命的教育廳長人選有如下幾個特點：

第一，教育部所任命的教育廳長大部分都有留學日本的經歷，從中可以體現出留日派在當時的教育界仍佔據著主導的地位。

第二個特點是相當一部分人選爲教育部的官員，這也體現了范源廉在任命上選擇自己比較熟悉的人選，以更有利於教育政令的貫徹。對此，有輿論表達了質疑，如《時事新報》署名「宇公」的作者所言：「政局沉靜之中，忽有教育、實業兩廳暫行條例之公佈，兩大批廳長之發表。夫教育、實業，立國之基，當局者於此注意，吾人因歡迎之不暇。然以今日軍民兩政之混淆以及財力之支絀，是否設一機關、簡一廳長即可達教養兼施之目的，此中不能無疑。若就記者之見，則雖贊成此舉而時期上固認爲有討論之餘地者也。兩部簡選廳長，司長一席，幾爲之空，不滿者指爲推陳出新之作用。緣有新簡川省某廳長，本係部中司長，發表後往質總長謂：『四川如何去待？』總長謂：『可少代三二日。』云然司長一席已爲他人佔去，宜乎人之退有後言矣。此次所間人員，聞事前多爲接洽，故發表後，不願去者有之，省長官有間言者有之，地方人士致不滿者亦有之。」〔註 15〕不過也有人爲范源廉的做法進行了辯護，署名「余寄」的作者即認爲：「有謂政府設立此項機關，純爲位置私人者，此其言未免過於臆測，自可斷言。吾今固非特爲政府辯護，吾素知今教育范總長之人格，當萬不至於如此。其所以必欲設此機關者，不外鑒於世界大勢，深知非於教育是力，萬不足以圖存。質言之，即政府深知教育之萬能而岌岌焉，乃設立此項機關以謀進行者也，信是言也。」〔註 16〕

教育廳長人選的第三個顯著特點是各省廳長的任命採取了迴避本籍的制度。官員避籍制度是古代任官所採取的制度，明清時期，避籍制度得到了嚴格的執行，尤以清代爲完善。迴避制度的主要目的是防止地方文武大吏利用鄉土關係，形成個人勢力。〔註 17〕然而，自辛亥革命爆發以後，各省主要官員基本爲各省人所佔據，避籍制度基本被廢除。如民初各省教育司長的籍貫基本都爲本省人，〔註 18〕這也可以看出避籍制度在民初已經基本名存實亡。

〔註 15〕 宇公：《教育、實業設官後之見聞》，《時事新報》1917 年 9 月 16 日，第 3 張第 1 版。

〔註 16〕 余寄：《敬告教育廳長》，《教育週報》1917 年第 179 期。

〔註 17〕 關於清代官員迴避制度的情況，可以參看魏秀梅：《清代之迴避制度》，「中央」研究院近代史研究所 1992 年版。

〔註 18〕 關於這一情況，可以參看：《各省新育司長姓名及任職時間》，朱有瓛等編：《中

范源廉在教育廳長的人選上採取迴避本籍制度，首先是對傳統官員任命制度的借鑒。當《申報》記者詢問籍貫爲江蘇的沈恩孚「有人謂中央欲改任君以蘇教育廳，此亦鄉土義務，何以不就」的疑問時，沈氏即以避籍問題否認了這種可能性：「部中不任本省人之苦衷，兩年前動議設廳時，余已有所耳聞。特以余辭職後，替人發表太遲，致局外有此無謂之揣測，亦不足怪。」〔註19〕可見，范源廉推行迴避本籍制度的初衷，就是希望借鑒傳統的做法，以防止本省人長本省教育發生弊端，從而能夠對各省教育進行更有效地管理。

　　然而省教育廳長迴避本籍的制度並沒有實行太久，在教育廳運作的過程中，教育廳長迴避制度的弊端也有所顯露。1919 年，全國教育會聯合會向教育部提案，主張在教育廳長「簡任時，當以學識經驗是否相當爲前提，不必限定他省人」，〔註20〕對於范源廉當時的規定表示不同意見。1922 年 6 月 27 日，浙江人馬敘倫被任命爲浙江省教育廳長，標誌著教育廳長迴避本籍制度開始被打破，從此各省教育廳長逐漸開始任用本省人。對此，章士釗表達了不滿：「各省教育，民國六年始設專廳，當時部長范靜生截然定議，所有廳長均須迴避本籍。向後五年，均是曹隨，衡才酌劑，成效彌著。十一年，高淩霨代部，以馬敘倫出任浙廳，其例乃破。堤防一潰，巨浸稽天、邇年指事夤緣，藉端迎拒，教廳一職，非本省人士咸在屏斥之列。……今整頓教育，圖矯時弊，將來愚不敢知，今時則非廳長換籍不可，敢斷言也。」〔註21〕

　　1925 年章士釗擔任教育總長後，又準備重新實行教育廳長迴避本籍制度，其原因在於「本省人教本省，親黨故舊既多，用人行政，多不免爲情面束縛，甚至有以舊府屬縣屬學術團體名義，向廳要求指派差使，稍有不遂，即興風作浪」。不料，章氏之想法剛一提出，就遭到了各地的反對。正如時論所分析的，「今日全國各省教育廳長殆無一而非本省人，贛人且進而請願以本省人長本省司法之舉」。究其原因，主要在於「在現政府之於各省，已有既不能令又不受命之誚，欲以現政府之力將各省教廳長一一更易，章氏本人亦殊

　　　　國近代教育史資料彙編·教育行政及教育團體》，上海教育出版社 2007 年版，
　　　　第 125～127 頁。
〔註19〕　《沈信卿對於教育廳之談話》，《申報》1917 年 11 月 27 日，第 10 版。
〔註20〕　《第五屆全國教育會聯合會大會議決案》，邰爽秋等編：《歷屆教育會議議決案彙編》，教育編譯館 1936 年版。
〔註21〕　章士釗：《兩事——答吳契寧》，《章士釗全集》第 5 卷，文匯出版社 2000 年版，第 30 頁。

無把握，結果殆亦不過實力薄弱之省份，被棄更易一二而已」。〔註22〕最終章士釗重新實行教育廳長迴避制度的想法沒有實現。1926 年，全國教育會聯合會第十一屆大會更明確否認教育廳長迴避本籍的規定，要求政府將教育廳長迴避制度撤銷，並「函請各省區行政長官，及各省議會，詳示教育廳長，不應迴避本籍之理由，一致主張」。〔註23〕在各方面的反對下，由范源廉所規定的教育廳長迴避制度基本被廢除。

由於教育廳長係中央政府任命，地方長官對於教育廳長人選並沒有干預的權力，但教育廳長畢竟需要與各省發生關係，因此，教育廳長人選問題成爲關鍵問題。最初教育部對於各省教育廳長的人選，基本沒有徵詢各省的意見，而是非常迅速地予以發佈。對於教育部爲何如此，時論分析到：「關於教育、實業兩廳之設置，政府於條例公佈之後，即以迅雷不及掩耳手段將兩廳長發表，其原因蓋因各省督軍、省長每遇一缺，必紛紛薦人，故不得其薦而發表。」即便如此，各省的回應仍比較激烈，反對之聲不絕，其中的主要原因在於「因各省保薦人材已在命令發表以後，所薦各員，無一錄用，遂致不滿之意」。〔註 24〕因此在新任命的教育廳長中，不少人不願赴任：「新任直隸教育廳長黃炎培、山西教育廳長李步青、江西教育廳長伍崇學、湖南教育廳長沈恩孚，均不願赴任，聞於日昨具呈教育部懇請另行簡員充任，范總長擬派部員往勸各該員等勉爲赴任云。」〔註 25〕即使是願意赴任的教育廳長，大多數也沒有立即上任，而是處於觀望的態度，時論有所觀察：「蓋以此兩種機關（按：指教育廳和實業廳）皆爲新創者，而官制條文，又僅能定其大概，各廳長爲求辦事之一致，欲於赴任之前，互相接洽，以期後來辦理，不至歧異。聞各省教育廳長已在教育部擇定房屋，以爲會議之所，並約定每日下午三時到所協定一切。」〔註 26〕

在這種情況下，總統馮國璋與總理段祺瑞進行磋商，並「速由國務院分電直、奉、晉、浙等九省督軍、省長疏通，俟得覆電認可後，再令各廳長赴任履新」。〔註27〕經過一系列的協商，政府對教育廳長的人選進行了調整，如

〔註22〕《教章主張教廳長迴避本籍之反響》，《申報》1925 年 5 月 4 日，第 11 版。

〔註23〕《第十一屆全國教育會聯合會大會議決案》，邰爽秋等編：《歷屆教育會議議決案彙編》，教育編譯館 1936 年版，第 20 頁。

〔註24〕《設立教、實兩廳發表後波摺》，《時事新報》1917 年 9 月 16 日，第 3 張第 2 版。

〔註25〕《教育廳長辭職》，《晨鐘報》1917 年 9 月 13 日，第 6 版。

〔註26〕《教育、實業兩部消息》，《時事新報》1917 年 9 月 13 日，第 2 張第 2 版。

〔註27〕《密商教、實廳長赴任辦法》，《順天時報》1917 年 9 月 14 日，第 2 版。

以王章祐接替黃炎培擔任直隸教育廳長，虞銘新接替李步青擔任山西教育廳長，許壽裳接替伍崇學擔任江西教育廳長，李金藻接替沈恩孚擔任湖南教育廳長，至此，關於廳長的人選問題才有了一個初步的解決。

教育廳在推行過程中，除了人事問題外，另一重大障礙爲經費問題，時論對此有所報導：「又聞此事之難點，除人物問題外，尚有經費問題。原定兩廳經費，大約分爲三級，每廳年皆不過一萬數千元，特非從部照發，係將地方廳解中央之款中扣留，然如湖南等省，無款可解，早有幾年以內不解款中央之表示。今所任命之廳長，又非督軍，省長所保之人，當然以冷淡遇之。」〔註28〕面對教育廳經費問題，范源廉曾考慮變通的辦法：「擬將部中所派各省之視學員常川駐紮於視學區內，並每區由部派一二部員前往幫理一切事宜。所有區內之學務，宜革宜興，均責成該視學員妥爲籌劃辦理。如此辦法，經費既可節省，各省之學務，亦得將以整頓，而視學員且可實行其職務，不至同於虛設。」〔註29〕不過，由於種種原因，這種想法並未付諸實踐。

在教育廳長發佈之後，北洋政府致電各省，對經費問題作了說明，「擬各省教育廳，由部年撥二萬元」。省公署的教育科則劃歸教育廳管理，以前各省教育科的經費，也「並歸該廳使用，以資辦公」。〔註30〕這也從中央政府層面規定了教育經費問題，對於解決教育廳的經費問題有重要意義。10月17日，在范源廉等人的努力下，教育部又劃分了各省教育廳的經費，將各省教育廳的組織與經費，「依各省教育行政之繁簡，分爲大、中、小三項：直隸、奉天、江蘇、四川、浙江、廣西、山東、湖北、河南九省爲大省……合計每年四萬元；江西、湖南、陝西、山西、吉林、福建、安徽、雲南爲中省……合計每年三萬五千元；黑龍江、甘肅、貴州、廣西、新疆五省爲小省……合計每年三萬元」。〔註31〕隨著教育經費的逐漸發放，教育廳的經費問題也得到了初步的解決。

三、中央與地方的博弈

在教育廳推行的過程中，所體現的最主要特點就是中央與各地方勢力所進行的鬥爭，這與當時的政局有著密切的關係。對此，輿論界早有預料，在

〔註28〕 《設立教、實兩廳發表後波摺》，《時事新報》1917 年 9 月 16 日，第 2 版。
〔註29〕 《范總長對於設立教育廳變通辦法》，《晨鐘報》1917 年 1 月 30 日，第 2 版。
〔註30〕 《教、實兩廳之經費問題》，《時事新報》1917 年 9 月 23 日，第 1 張第 3 版。
〔註31〕 《各省教育廳之組織及經費》，《晨鐘報》1917 年 10 月 18 日，第 3 版。

教育廳設置之後，張東蓀對於教育與實業兩廳的設立表達了一定的期待：「抑有進者，地方之權已碩大無朋，苟能使教育、實業咸直接受指揮於中央，不爲武夫所左右，則此種機關之添置因爲吾人所贊成。」不過，張氏又表達了自己的擔憂：「若名爲獨立之廳而其實仍不啻前之所謂教育科與實業科者，則必致意味盡失，毫無足取。此又當局所應注意避之者。」〔註32〕實際上，事件的進程基本坐實了張氏的猜測。

如所周知，袁世凱死後，中國陷入了軍閥混戰的局面，中央權力所能控制的不過幾個省，這次教育廳制度的推行，實際是中央權力對地方權力的滲透，在這個歷史背景之下，教育廳的出臺，無疑會受到地方尤其是地方軍閥的反對。事實上，教育廳與實業廳的設立，不出所料遇到了相當多的地方督軍的反對，如直隸、奉天督軍來電表示反對，「大抵以此項官制未經徵集各省之同意，未免有所窒礙難行」。隨後，「同屬又有七省督軍聯合電致中央，瀝陳以際財政困難之時，實無設立兩廳之必要」。〔註33〕由此可見，如何處理與地方勢力集團的關係，就成爲教育廳能否眞正有效運作的核心問題。

如果仔細考察，可以發現各省反對教育廳的原因各不相同。如山西省是對廳長人選問題不滿，並由山西省議會致電中央政府，「請令李步青自行解職，並另簡賢能以重教育」；山東督軍則以經費問題爲由致電中央，「略謂所有教、實兩科，原有經費礙難全數劃撥，請俟廳長到任以後，另行籌議辦法雲」；〔註34〕安徽督軍倪嗣冲反對的理由則是其私利得不到滿足，對此《晨鐘報》有所報導：「倪嗣冲秘書裴曾福前曾被保省長，又保爲淮泗道尹，均未實現。恰值現任教育廳長盧殿虎不容於皖，教育會方面而極力排除，並代表史伯原等赴蚌署面商。倪亦不以盧爲然，昨聞電陳政府，力保裴曾福堪勝安徽教育廳長之任。」〔註35〕

在各省的反對聲中，尤其以貴州督軍劉顯世的反對意見最爲系統，影響也較大。對此，范源廉公開致電劉顯世，對於其反對的理由一一進行了駁斥。下文即以劉顯世和范源廉的往來電文爲中心，以展示雙方的分歧所在。

在劉顯世的電文中，明確反對設立教育廳。劉氏首先認爲：新設立的教育

〔註32〕 東蓀：《箴教育與農商當局》，《時事新報》1917年9月10日，第1張第2版。
〔註33〕 《各省反對教育、實業兩廳》，《晨鐘報》1917年9月13日，第2版。
〔註34〕 《教育廳、實業廳長發表後之近聞》，《時事新報》1917年9月20日，第2張第2版。
〔註35〕 《皖省官廳近事彙誌》，《晨鐘報》1917年10月1日，第3版。

廳和實業廳與現行的地方官制不同,「查現行外官制分省、道、縣三級,教育、實業內務事項統隸於省、道而分隸於主管各部。省爲地方最大行政區劃,此制純係以地方分制其綱爲衡」。而「新設教、實兩廳直隸京部,省長僅負旁系監督之責,則純係以部務分綱,其綱爲從,……兩制根本上主義絕對不同」。所以必須先確定省、道官制,教育廳和實業廳才可以實行。如果「部務分綱」和「地方分綱」兩種制度並存,「教、實兩廳之於省長,若合若離,省、道兩級之於地方似存似廢,非驢非馬。既破地方統一之綱,復失專官分職之本義。推其流弊,必至省長之監督徒存空名,兩廳之施政斷難呼應」。因此,劉氏認爲,在「在省、道官制未確定以前,教、實兩廳應肯從緩成立。俾免牽掣而利進行」。

對於教育、實業兩廳直轄於教育部和實業部,劉顯世也表達了不同看法,劉氏認爲「財政、司法非採中央集權主義難以立國,教育、實業非採地方分治主義不克有功」。教育、實業兩廳不隸屬於各省而直隸於中央,「就京部言,遠隔國門,必致顧此失彼,鞭長莫及;就教、實兩廳言,既無臨民之責成,僅有局部執掌,兩廳對峙,各擴其權,對於地方士紳情意孚否,號令行否,且無深論。即籌款一端,在事前既不能酌盈劑虛,統籌兼顧,欲臨事免其齟齬扞格,又何可能」。

劉顯世認爲,當時的中國情況,「地方級數懸之,上終不能不再有一級存在。則以部務分綱之外,官制即不可行。若勉強行之,徒見全局分裂散漫而已」。如果想要根本解決這種問題,「似應將省制一級廢去,然後縮小政區,分地方爲道、縣二級,一面以軍事、外交、財政、司法諸事,集權中央;一面圖地方自治之發達,並崇地方官之秩,增治事官之額,而後上得政府以提其綱,下有自治以培其本,中復有道、縣承啓其間,各種行政事務始能相互發達」。在電文的最後,劉顯世認爲:「綜上觀之,省制可廢,道制萬不可廢,財政、司法應集權、教育、實業萬萬不可集權。惟廢省之舉,且夕難期,一時既不能廢省存道,與其設立教、實兩廳直隸京部,反不如仿民國二三年間各設分司,仍直隸於省長,既不破地方之統一,復得收專司之實效較爲兩全。」〔註36〕

面對劉氏之咄咄逼人,范源廉也回以長電,系統地進行了反駁,范源廉認爲劉顯世反對設立教育、實業兩廳主要是兩個理由:「一即現行外官制係以地方分綱,教、實兩廳不宜直隸京部,致使行政行政系統縱橫錯雜、窒礙難行;一即教育、實業宜採地方分治主義,不宜集權於中央,致使課吏、籌款

〔註36〕　《劉顯世對於教育實業兩廳之意見》,《晨鐘報》1917 年 9 月 25 日,第 3 版。

不能調和酌劑。」對於第一點,范源廉以爲「教、實兩廳雖直隸於京部,而執行職務仍須秉承省長,無異爲省長佐治之官。易詞言之,一面受成於中央而國家政策可貫注於地方,一面秉承於省長而地方監督之權仍在疆吏,是於分理專任之中仍不失整齊劃一之意,此於第一種理由似可無慮者也」。

對於劉顯世所提出的第二個理由,范源廉認爲「中央集權與地方分治之界域乃在官治與自治之區分」,雖然在歐美自治已經較爲發達的國家,「其教育、實業之一部或全部屬於地方事業範圍以內者,殊爲不少」。但是中國在地方自治制度尚未建立起來的情況下,「一切政務俱待官治」,與歐美國家的情況不同。范氏並以此前的省行政公署與其下屬教育科的關係爲例,指出教育廳與教育科的性質基本一致,二者「同爲官治之機關,不過權限稍有不同」。教育廳與省政府的關係「自有一定分際,決無各自爲政之嫌」,因此對此也無需擔心。

對於劉顯世在電文中所聲稱的「設立教、實兩廳直隸京部反不如仿民國二三年間設分各司,仍直隸於省長較爲兩全」的建議,范氏認爲如果按照劉顯世的建議,各省教育行政機構仍處於附屬地位,實際上與不改革沒有區別。在電文中,范源廉強調了設立教育廳的意義:「蓋教育爲一種特殊事業與他項政務不同,其考核宜衷諸教育原理,其整飭各學校推廣地方尤宜悉心體察實際情形加以妥切之,籌畫乃可確收成效。論者謂前清末葉,政治窳敗,猶復極力興學,省設提學專司督理教育,而民國成立以來,地方學務乃少起色,其最重要原因未嘗不以無獨立教育官廳致成今日之現象證之。部視學之報告不爲無見,民國四五年間全國教育聯合會一再呈請本部,要求設立各省教育廳,其理由亦以今制不能振興教育爲言。可見設廳一節,實爲全國辦教育者之公言,並非中央單獨之私見。」〔註37〕

范氏的回電,系統地表達了教育部欲通過設立教育廳實現教育獨立,進而挽救當時衰頹的教育境況的努力。對此,社會輿論也表達了對范源廉的支持,《時事新報》的社論即認爲:「黔督劉顯世通電反對教、實兩廳之設立,其中措辭有設立教、實兩廳直隸京部,不若仿民國二三年各設分司,仍直隸於省長較爲兩全等語。純從制度上貢其意見,與他省冒昧反對者不同。吾觀教育部覆電有云,教、實兩廳執行職務仍須秉承省長,無異爲省長佐治之官,然則廳與司無甚區別,不過名義之不同耳,何必在省制未定之前爲此改弦易

<hr>

〔註37〕《設立教育廳之理由》,《昌信報》1917年9月29日,第3版。

轍之舉哉？要之，教、實兩廳之設立，本爲主管部門所堅持，今既制定條例，未便率爾取消。他日改定省制，盡可採納疆吏之意見，妥爲規定。今日爲大局計，各省似不應再事反對耳。」〔註38〕范源廉的回電和輿論的支持，暫時平息了地方勢力的反對之聲。但從中可以體現出中央與地方在權力方面的爭奪，地方的強烈反應正是北洋政府時期中央對地方控制力削弱的一個表現。

四、教育廳設立的意義與時代局限

　　民初教育廳的設立，體現了教育部欲統一教育權，進而實現教育獨立發展的努力。統一的教育行政機構，對於教育政策在全國的推行、促進教育發展具有重要作用。范源廉能夠在重重困難之下毅然推行教育廳制度，體現了其知難而進的可貴精神，對此應給予充分肯定。

　　然而，在四分五裂的時局下，教育廳的推行經歷著重重阻礙，首先表現爲當時有相當多的省份並沒有設立教育廳。如貴州教育廳即一直未能成立，正如錢瑗在《貴州近代教育史略》一文中所言：「所異者民國六年，徐世昌時代，各省已恢復教育行政獨立機關，成立教育廳，直隸於教育部，而貴州仍寂然。」〔註39〕直至 1927 年，貴州教育廳才正式設立。又如湖南，1917 年 9 月、11 月，北京政府曾兩次向湖南簡放教育廳長，「終因當時湖南處於護法戰爭前沿陣地，政局動蕩不已，所放廳長均未到職就任，作爲獨立教育機構的教育廳在湖南仍未建立」。〔註40〕

　　即便是設立教育廳的省份，又面臨著與省的關係問題。在此之前，雖然教育部已經劃定了教育廳的權限，但在具體實踐中，各省教育廳畢竟要與各省發生關係，在實際運作的過程中，不少省採取了陽奉陰違的手段，其教育科並未廢除，反而架空了教育廳的權力，仍維持舊的省級教育行政體制的運作。正如論者所言：「然實際上多數省分，其教育行政大權，操於省公署第三科，終使中央設立教育廳之原義盡失，且於教育事業之推展，無疑有莫大之阻礙。」〔註41〕不僅如此，圍繞著各省教育廳長人選問題，發生了一系列的

〔註38〕冷觀：《評設立教、實兩廳事》，《時事新報》1917 年 10 月 5 日，第 2 張第 1 版。
〔註39〕錢瑗：《貴州近代教育史略》，《貴州教育》1941 年第 2～3 期。
〔註40〕周秋光、莫志斌主編：《湖南教育史》第 2 卷，嶽麓書社 2002 年版，第 270 頁。
〔註41〕雷國鼎：《中國近代教育行政制度史》，教育文物出版社 1983 年版，第 199 頁。

風潮，如 1920 年在范源廉第三次擔任教育總長時期，安徽省圍繞教育廳長人選問題，發生了相當大的風潮，也給范氏帶來了相當大的困擾。〔註42〕由此可見，范源廉等人設立教育廳的初衷並沒有實現，反而在一定程度上加劇了各省教育的混亂。

教育廳設立之所以未能達到范氏等人最初設想的效果，追根溯源，實與當時的政局有著密切的聯繫，在當時中央權力式微，地方勢力坐大，中央權力已經無力控制地方的歷史條件下，想要統一教育權，實現教育的獨立發展，基本為難以實現的目標。

第二節 面對教育經費難局與調解學潮

一、籌措教育經費的舉措與挫折

北洋政府時期，教育經費問題一直為制約教育發展的重大障礙。當時中央政府的財政收入主要分為兩項，一項由中央政府直接徵收，一項為各省國庫收入。然而在實際上，「關稅用為外債擔保，關餘作為內債整理費，鹽稅作為借債基金，鹽餘經陸續抵押所餘有限，印花稅濫售賤押，煙酒稅多被各省截留」，因此北洋政府的財政收入實際上非常有限。雪上加霜的是，1917 年以後，由於軍閥混戰，軍費開支浩大，教育經費多被挪用，因此「教育費則日處窮境」。〔註43〕可見，軍閥混戰是教育經費短缺的主要原因。

不僅如此，五四運動以後，教育界與北洋政府開始處於對立的狀態，在北洋政府看來，教育界已經成為異己的力量，「從前以教育為內政之一而竭力進行者，自此而後，則唯恐其或有起色，以與政府為難」。〔註44〕政府的敷衍更加劇了教育經費的困難程度。因此當時的教育部，處於相當窘迫的境地，沃丘仲子對此有著精闢的論述：「教部為第一窮部，富有勢力者，類唾棄不顧。每月廿五支發薪費，內、陸、海三部例領現金，以有軍警關係也。他部署則搭發紙幣，惟教育部不但無一毫現金，且積欠亦難望補發，蓋以學生為人輕視也。自五四運動軒然大波，學生頭角嶄然大露，教育總長始少少為政府所

〔註42〕相關論述可參看周寧：《地緣與學緣：1920 年代的安徽教育界（1920～1926）》第一章第二節：「迎拒教育廳長風潮」，復旦大學 2007 年博士論文。
〔註43〕本段論述主要參考盧紹稷：《中國現代教育》，商務印書館 1934 年版，第 150 頁。
〔註44〕舒新城：《近代中國教育思想史》，中華書局 1932 年版，第 258 頁。

重。然內須對付學生，外須敷衍政府，大有左右做人難之概。……長教育者，不特無權利可爭，欲求爲舊日之清閒自在，亦不可得。」〔註45〕

在范源廉任職之前，由傅嶽棻執掌教育部部，傅氏「處處奉安福之指揮，事事以破壞教育爲目的，是以一年以來，教育基礎，幾至根本動搖。雖教育界極力維持，而破壞者百計千方，遂至聲嘶力竭，有終於不能維持之勢」。〔註46〕爲此，教育界掀起了驅傅運動，這又進一步加劇了北京教育界的危機。可見，范源廉任職前北京教育界的環境是相當惡劣的。

1920 年直皖戰爭結束後，徐世昌擔任總統，由靳雲鵬組閣，靳氏隨即聘請范源廉擔任教育總長。但范源廉遲遲不肯就任，在各方面的催促下，范氏才赴京任職，可以看出范氏對當時教育界的嚴峻狀況有著清醒的認識。在就職之前，范源廉特意先到國務院闡述自己的苦衷，並事先聲明「教育基金雖經明令指定專款，然所入甚微，以之維持京師地方教育經費尚且不敷，國立各校開銷甚巨，無米爲炊，殊難爲濟。且近日學潮洶湧，已如洪水泛濫，非於國家問題籌有徹底辦法勢難遏止」。如果這些問題無法得到解決，則「個人雖勉允就職，對於此項責任決不負擔」。〔註47〕在其就職演說上，范源廉重申教育經費問題的重要性：「欲謀我國進步，首在種因教育。至經費困難，未到任前，先向元首總揆聲明，允代設法。今後教育新設施，能否實行，視經費有無著落爲斷，予之去留，亦將於此卜之。」〔註48〕可見范氏本人已經認識到經費問題將成爲其此任成功與否的關鍵因素。

在其上任之後，范源廉想盡了各種辦法以籌措教育經費，其所擬定的措施也不時見諸報端。如《晨報》報導說：「教育總長范源廉，現擬具一種議案，預備提出國務會議請求公決。該議案之內容，略以各國皆有教育基金之預備，擬援照各國辦法，請政府指定國有之荒地、森林、礦產等項目，由各學校自行經營。除照納國賦外，所有盈餘，一律撥存銀行作爲學校永久之基金，以免教育經費再有種種之困難。」〔註49〕《順天時報》也有所報導：「教育部范源濂總長連日擬具教育經費支配辦法，分誌如下：（一）借款分償積欠之教育經費；（二）沒收禍首林、礦爲永久基金；（三）所得稅七成以五成爲國家教

〔註45〕沃丘仲子：《民國官僚腐敗史》，榮孟源編：《近代稗海》第 8 輯，四川人民出版社 1987 年版，第 24 頁。
〔註46〕《北京教育界之歡迎會》，《申報》1920 年 9 月 1 日，第 6 版。
〔註47〕《勉強完成之靳閣近訊》，《順天時報》1920 年 8 月 17 日，第 2 版。
〔註48〕《申報》1920 年 8 月 20 日，第 3 版。
〔註49〕《范源廉擬林礦作教育基金》，《晨報》1920 年 11 月 18 日，第 2 版。

育經費，以二成補助地方教育之用；（四）咨商財政、農商兩部請將國有荒地及林礦劃撥各學校爲學業基金。」〔註50〕

除此之外，范源廉還準備設立官產處，「對於全國學校，凡有基本不動產者，皆爲之指定其所有權，以免他人侵蝕」。〔註51〕范源廉籌措教育經費的手段，可能受到其此前考察美國教育的啓發，這一點從其1919年所發表的《調查美國教育報告》中即可得到體現。在關於美國大學經費的來源上，范氏提到了美國以土地充作教育經費的經驗：「大學財產除得自捐助者外，更有土地一項爲其財產之大宗。此種土地率皆舊爲荒地，由公家撥與學校作爲基本財產者。蓋美國荒地甚多，一經撥歸學校所有，則主持校事者乃設種種方法利用之。開墾經劃以興地利，俟地價增高，則學校之收入自豐矣：既立學校之基礎，又變荒廢爲膏腴，誠一舉而兩得也。說者每謂中國無款興學，殊不知中國荒地到處都有，果能利用之，何患學款之無著乎？」〔註52〕但美國的情況並不能與中國當時的實際相符合，因此其設想最終落空了。

在各種手段都無法奏效的情況下，爲渡過財政難關，范源廉只好選擇向銀行借款一途，以解決燃眉之急。經其多方奔走，教育部最終與天津中國銀行達成協議，借款一百萬元，以道勝銀行的教育基金餘利作擔保，但是財政部對教育部的教育借款毫不支持，由於借款需要財政總長簽字，爲此事范源廉可謂費盡了心力。對於范源廉索取教育經費的艱辛，當時的報刊曾有比較生動地描述：「范總長乃於是日早八點即往東總布胡同周自齊住宅請周簽字，周推以不在家，直候至正午尚未回來，乃往財政部，周又不在部。范總長不得已乃專派聽差一名在財政部專候，並囑聽差周總長一到，即飛電告知，不料聽差候至下午六點半，周尚無蹤無影。范總長在教育部只得眼巴巴望著電話鈴響，然始終亦未見聽差報告，不得已始歸宅，因此簽字之期又誤一日。次日范總長又多方尋覓，始得把周自齊找著簽字云。」〔註53〕

實際上，試圖解決教育經費問題並非范源廉一個人的主張，全國教育會聯合會對於解決教育經費問題也提出了相似的主張，1920年10月，全國教育會聯合會在第六屆年會上向教育部提出了《教育經費獨立案》，在該議案中，

〔註50〕 《教育經費之支配》，《順天時報》1920年12月22日，第3版。
〔註51〕 《教部籌設學校官產處》，《晨報》1921年1月31日，第3版。
〔註52〕 范源廉：《調查美國教育報告》，歐陽哲生等編：《范源廉集》，湖南人民出版社2010年版，第154頁。
〔註53〕 《教育借款業已簽字》，《晨報》1920年12月21日，第3版。

指出中國教育不能發展的主要制約因素是教育經費不能獨立，對於如何解決教育經費問題，該議案主要提出如下幾點措施：「1. 教育經費，應占全省區行政費，百分之四十以上；2. 實行裁減軍費，將所餘之款，專充教育經費；3. 劃清教育經費使之獨立，他項政費不得侵用。」不僅如此，該議案還提出設立教育基金的主張，在具體實施上，主要有如下幾項辦法：1. 籌撥專款作學校基金，並劃撥官產作學校產業；2. 商請退回庚子賠款，專充教育基金；教育基金應組織省區教育基金委員會保管之。〔註54〕可以說，解決教育經費問題，實現教育的獨立發展已經成為當時教育界的共同訴求。

在范源廉擔任教育總長期間，范氏對於籌措教育經費寄予最大希望的措施為徵收所得稅以充作教育經費。經過的范源廉不懈努力，1920 年 12 月，內閣會議通過《所得稅撥充教育經費酌定分成辦法》，規定所得稅總數扣除應徵獎勵費外，七成撥作教育經費，三成撥作實業經費。在撥充教育經費的七成稅收中，五成專門辦理國家教育，二成專門補助地方教育。〔註 55〕對於籌措教育經費的動機和意義，范源廉在一次談話中曾有說明：「今教育經費京內外皆感困難，幾若無源之水，涸可立待，故余有仿照各國成法，籌備教育基金之議。倘此事能辦成，則教育界可不受地方之牽掣，獨立生存。」〔註 56〕

為使這一舉措得到社會各界的理解和支持，范源廉曾致信胡適，試圖通過胡適在知識界及社會上的影響力，以爭取更多的支持。在信中，范氏認為教育事業為國家之根本，「且所以養成國民各項知識技能，於工商界關係尤切」。但教育經費的缺乏嚴重制約教育的發展，「設不及時圖根本之救濟，前途誠有不堪設想者」。所得稅辦法的頒佈，「俾教育方面得延一線之生命，故今日之新稅之能實行與否，即教育生命之生死存亡所關」。但所得稅推行以後，「各界尚不免有意存觀望者」，因此，范源廉期望胡適能夠對於所得稅盡力提倡，「遇有對於新稅懷疑諸君，並望竭忱為解勸，俾該稅得以推行無阻，全國教育，實深利賴」。〔註 57〕

限於史料，胡適對於所得稅的態度我們不得而知，但出乎范源廉意料的是，

〔註 54〕《第十屆全國教育會聯合會議決案》，邰爽秋等合選：《歷屆教育會議議決案彙編》，上海教育編譯館 1935 年版，第 27 頁。

〔註 55〕《教育公報》1921 年第 8 卷第 1 期。

〔註 56〕范源廉：《教育改進譚》，歐陽哲生等編：《范源廉集》，湖南人民出版社 2010 年版，第 196 頁。

〔註 57〕《范源廉致胡適》，中國社會科學院近代史研究所中華民國史組編：《胡適來往書信選》上冊，中華書局 1979 年版，第 135～136 頁。

所得稅推行以來，招致了社會各界的強烈反對。首先是各省商會的反對，如漢口總商會和浙江總商會分別致電中央，請緩徵所得稅，以「體恤商艱」。全國總商會也通電中央，請求緩徵。〔註58〕全國各團體也發電表示反對，如甘肅省議會致電北京，「懇請收回成命」。該電文認為：「查吾國近年以來，稅務繁多，大者如印花稅公債，小者地方各項印花稅，人民之負擔日重，國家之元氣愈傷。現在情形，實以民窮財盡，倘再抽收所得稅，則民力不支，恐有鋌而走險之虞。」〔註59〕在各方面的強烈反對下，所得稅最終未能推行下去：「近因各省省長及商會等，紛電反對。聞最近對於此事，業經討論，結果暫從緩辦，擬展限半年後再為實行，且俟新國會召集，交付通過後實行，方合手續。」〔註60〕

對於徵收所得稅，北京教育界也表示了相當大的懷疑，其關注的焦點在於「所得稅之征收保管支用及監督方法」，並由蔣夢麟等人上書教育部，表達了對於徵收所得稅的疑慮。在呈文中，蔣夢麟等人認為徵收所得稅充作教育經費雖然體現了政府對於教育的關切，但其之所以為各界反對，「徒以國步艱難，庫款如洗，而武人之專橫，政客之攘奪，不改舊觀。似此不顧大局，不恤民艱，盡國民之膏脂，恐亦不足以資揮霍」。因此，蔣夢麟等人主張教育部應在國務會議上提出對於所得稅的徵收、保管、支用及監督的方法，並應採取公開的舉措，「俾工商、學界咸得與聞其事，庶幾涓滴細流，款不虛糜」。〔註61〕

在各方面的反對之下，范源廉極力主張的徵收所得稅以為教育經費的設想終成泡影。對於所得稅未能成功徵收，范源廉表達了自己的不解：「是余非不注意於基金，如所主張之所得稅即此一端，而竟遭彼等之反對，殊令人不可索解。」〔註62〕與范氏本人的不理解相對照的是，當時的輿論有比較清醒的觀察：「『振興教育』、『提倡實業』，已成為要錢的常談，不能再認是好題目了，但北政府解釋所得稅，仍把他抬出來，蓋教育、實業，範圍不廣，不妨籠統觀之，為取巧計，尚以此說為便。」更重要的原因則是，「北京政府連賭博的信用也沒有，現在要實行一種稅則了，又藉口於教育、實業，哪個來受欺呢？」〔註63〕

〔註58〕《所得稅之反對聲》，《晨報》1920年11月10日，第6版。
〔註59〕《甘省會反對所得稅》，《晨報》1920年11月19日，第6版。
〔註60〕《所得稅將緩半年實行》，《民國日報》1920年11月15日，第3版。
〔註61〕《教育界請嚴定所得稅徵收辦法》，《晨報》1920年3月27日，第3版。
〔註62〕《范源廉之憤慨語》，《申報》1921年4月30日，第6版。
〔註63〕《解釋所得稅》，《民國日報》1920年12月3日，第11版。

1921 年 9 月，蔡元培對於所得稅問題也表達了相似的觀點：「政府要辦所得稅，以十分之七做教育經費，引起全國人的反對——即辦教育的人亦反對。這實在並非根本反對所得稅，是反對由這種政府來辦。」〔註64〕當時的北洋政府實際上已經毫無信用可言，因此遭到抵制是必然的。由此可見，范源廉對當時的嚴峻形勢估計不足，其對於當時的北洋政府過於信任，其實是一種誤判。

二、應對北京教育界索薪運動〔註65〕與憤然辭職

北洋政府的教育經費制度，係中央政府根據國家稅和地方稅的劃分來確定各級教育經費的負擔。一般來說，大學經費由中央承擔，中小學教育經費由省市縣來承擔。當時的北洋政府僅有中央政府之名，無中央政府之實，「因此教育部威力所及，僅止京都公立各校」。〔註66〕當時的北京國立八校——北大、北高師、北京女高師、北京法政專校、北京醫專、北京農專、北京工業學校、北京美術學校——既屬國立，其經費主要由教育部劃撥。由於教育經費時常拖欠，北京各校教職員和學生經常以罷課作為索薪的手段，如蔣夢麟所言：「北大以及其他七個國立大專學校的教員，一直不能領到薪水。他們常常兩三個月才能領到半個月的薪俸。他們一罷課，通常可以從教育部擠出半個月至一個月的薪水。」〔註67〕因此，如何籌措北京國立八校的教育經費，就成為這一時期的中心問題，這一難題的主要承擔者就是教育部長。在范源廉三任教長不久，即發生了規模浩大的教職員索薪運動。

〔註64〕 蔡元培：《在北大歡迎蔡校長考察歐美教育回國大會上演說詞》，高平叔編：《蔡元培教育論著選》，人民教育出版社 1991 年版，第 357 頁。

〔註65〕 對於這場索薪運動，學術界已經有不少成果，相關研究主要有向仁富：《北洋政府時期北京國立八高校教師索薪運動》，四川師範大學 2001 年碩士論文；李世宇：《北京教育界索薪運動研究（1921～1927）》，華中師範大學 2007 年碩士論文；許文果：《1912～1920 年北京教育界索薪運動論析》，《北京社會科學》2007 年第 2 期；姜朝暉：《從索薪運動看中國早期知識分子的分化》，《歷史教學》2011 年第 6 期；任偉：《異心協力：索薪運動中之民國教員群像》，《史林》2012 年第 3 期等。這些研究已經對這次索薪運動的起因、經過、影響等方面有了較為細緻的分析，為論文寫作提供了相當多的借鑒。但之前的研究仍有可以深入之處，筆者將詳人所略，主要考察一些不為人所關注的面相。另外，筆者更注重以范源廉為視角考察這次索薪運動，這也是應予以說明的。

〔註66〕 呂芳上：《從學生運動到運動學生（民國八年至十八年）》，「中央」研究院近代史研究所 1994 年版，第 189 頁。

〔註67〕 蔣夢麟：《西潮》，遼寧教育出版社 1997 年版，第 123 頁。

　　1921 年 3 月 12 日，北京高等工業專門學校召開教職員聯席會議，以政府拖欠工資已達三個半月爲由，議決 14 日開始罷課，並致信其他七校，希望採取一致行動。當日下午，北京大學在第二院開會，討論罷課問題。在會議上，各位教職員積極獻言獻策，陳世璋「力數政府對於教育絕無維持之誠意，提議要求政府一方面指定的款，一方面將積欠薪水補發，並以罷工爲後盾」。隨後，胡適也表達了自己的主張，他認爲政府之所以拖欠學校薪俸的根本原因在於「政府各部各以本部之收入爲其私產」。胡適指出，在教育部所屬各校經費短缺的情況下，「交通部反自新設交通大學。同屬國家機關，而畸重畸輕若是」、因此，胡適主張索薪運動的重點在於向政府要求兩點：「（一）以後各部收入不得作爲各部私產；（二）指定交通部直轄各鐵路收入項下，每月撥付國立六校經費。」〔註 68〕胡適的提議得到了北大教職員的讚同，並推舉馬敘倫、李大釗等 11 人組織委員會。需要指出的是，北京國立八校的聯合行動爲該次索薪運動的一大特點。3 月 15 日，國立八校教職員聯席會議成立，北京大學的馬敘倫被推舉爲主席，這也體現了索薪運動的新特點。

　　社會輿論對於北京教育界的索薪運動也表達了支持，如《晨報》社論對於政府無錢支付教育經費的問題，表達了質疑：「因爲政府絕非沒有錢，絕非不能維持教育經費，《四庫全書》、航空局及其他各處所支出不可告人的費用，政府都能解囊支給。甚至交通部於此各校閉門之際，也自設大學，是政府明白表示於我們，不是不能維持教育，乃是不肯去維持教育，我們對於這種關於民族空（按：原文如此）衰的大問題，怎麼能肯任政府糊塗下去呢？國有鐵路每年收入有一萬一千元之巨，本京教育經費不過二十萬元，不及鐵路收入五百分之一。撥指爲教育經費，於鐵路行政上絕不發生甚麼問題，政府若不肯撥充，簡直有心破壞教育。」〔註 69〕

　　這一次索薪運動的鮮明特點是提出設立教育基金的要求，這一主張首先爲馬敘倫所提出。早在 1920 年 8 月 30 日，在北京教育界爲范源廉舉行的歡迎會上，馬敘倫即認爲能長遠維持教育界的主要辦法是籌辦教育基金，教育基金如能籌措成功，則「不但北京教育界之幸，亦即全國教育界之幸」。〔註 70〕1921 年 4 月 18 日，馬敘倫在教職員聯席會議第三次會議上再次提出，「教育基金，關係頗大，可以充此者不止所得稅一項，鹽餘、關餘及交通郵電等項收入，

〔註 68〕　《教育經費獨立運動之三大運動》，《晨報》1921 年 3 月 13 日，第 2 版。
〔註 69〕　穎水：《各界宜急起去維持教育》，《晨報》1921 年 3 月 19 日，第 2 版。
〔註 70〕　《北京教育界之歡迎會》，《申報》1920 年 9 月 1 日，第 6 版。

均可挪一部分作爲教育基金，本會議應組織一教育基金討論會或籌備會」。
〔註71〕此項建議得到了聯席會議代表的贊成，隨後，教職員聯席會議組織教育基金委員會，「諸如所得稅、鐵路收入、關餘、鹽餘、印花稅等國家收入，均擬撥定若干款項，作爲教育基金」。其組織機構設主席一人，由八校教職員聯席會議主席擔任，委員 16 人，8 人由各校代表各自推舉，8 人由各校自行確定。〔註72〕

對於設立教育基金問題，不僅教職員方面表示讚同，北京學生聯合會也上書北洋政府，表達了相同的要求。關於教育經費缺乏的原因，學生會認爲「受病之源，皆因教育項下未有基金，所有開支，均仰財政部撥給。中央財政裕如，則學款照數發給，中央財政拮据，則學款來源斷絕，或至金融漲落，月算盈虧，學校一一受其影響，以至學款截東補西，永不敷用」。學生會認爲雖然政府沒有充足經費可以支配，但交通、鐵路、郵政各項開支均有餘裕，因此建議「由中央指定數目，充作的款，按月交付，不另提用，庶幾來源有著，不受匱乏」。〔註73〕

對於教育界的教育基金要求，當時的社會輿論也表示了支持，如署名「廷謙」的作者即就教育基金問題表達了對政府的批評：「況且爭教育基金，也不是中國的創例，現在的政府，也並不是不能來設法籌措——這句話許有人來說我不明白政府的苦衷，但新大學才開辦呵——爲什麼總是遷延推諉呢？……教育基金，並不是籌得了幾個月的開支，就算是了；睜開眼去看看世界的各國。所以我要問幾個月以後，莫非再來罷工嗎？……現在我要總結的來說幾句話：政府並不是無力來維持，因爲國民早把費用交給他了；教育基金的籌得，並不是不可能的，只因爲政府沒有誠意。所交給他的費用，任其去豢養土匪式的兵，來貽誤青年，是我們的初衷嗎？既非不可能，卻無誠意來維持，反任意來摧殘，是否我們託他來執政的初衷？我想都不會是的，卻爲什麼主人翁的國民還緘默著不管呢？不過我很希望政府並不是如我所說的，還盼他忠實的來作。罷課的教職員們，卻應該猛進些，不要延宕了。因爲一般學生所感的痛苦是很大的，但是後面不放鬆了辮子緊著吹，前面總

〔註71〕《北京國立學校「教育經費獨立運動」紀》，舒新城主編：《近代中國教育史料》第 3 冊，上海中華書局 1928 年版，第 148 頁。
〔註72〕《昨日教職員代表之聯席會議》，《晨報》1921 年 3 月 19 日，第 2 版。
〔註73〕《學生會正式要求教育基金》，《晨報》1921 年 3 月 25 日，第 3 版。

是走的不力的。」〔註74〕

邵飄萍在爲《京報》所撰寫的社論中，則表達了對八校教職員教育基金要求的慎重態度。邵氏首先認爲應該明確這次罷工的宗旨，以方便輿論界進行監督，尤其重要的是對於教職員提出的教育基金問題，應有明確的性質和範圍，否則大而無當；其次，邵氏主張應當以教育總長范源廉作爲溝通政府與教育界的中樞，其原因在於「蓋教職員直接與府院交涉，一切皆有隔膜稽延之病，若以教育總長爲中樞，教職員問諸教育總長，教育總長則與內閣總管直接交涉，庶幾政府財政狀況，究竟如何，教職員之主張，事實上究竟可以辦到如何之程度，皆可開載布公」。因此，「教育總長對此問題無可推諉」。〔註75〕表達了對范源廉的期待。

教育經費問題遲遲無法得到解決，又面臨著各方面的壓力，使范源廉倍感壓力。在3月29日的內閣會議上，范源廉再次提請內閣設法撥付教育經費，「否則，決意去職，以謝國人，措辭異常沉痛」。范源廉的舉動確實起到了一定的效果，經過內閣成員的討論，「決定由財部三月份起，每月籌撥二十五萬元，交教部轉發各校，不再拖欠。其從前積欠之六十萬元，分作數期陸續付還，一切詳細辦洽，俟教部與各校教職員商洽妥協後，再與財部會訂簡章，呈請指令批准，作爲定案。一面即由教部勒令罷課各校，剋日恢復原狀，免致曠時失學」。至於此次所需二十五萬元，「暫由交通部鹽務署按月分任籌撥，將來教育基金指一切專款，再行另議辦理」。〔註76〕

對於政府的辦法，北京各高校並不滿意，3月30日下午，北京國立專門以上各校教職員會代表聯合會議在北京美術學校開會，表示對於政府的答覆無法滿意，「遂全體一致決定向教育部，申明不能滿意，並限期於四月七日以前答覆」。隨後，北京各高校教職員又致信范源廉，表達了進一步的要求。尤其是關於教育基金問題，要求范源廉繼續想辦法，在致范源濂的信中，主要表達了如下意見：「僉以所謂的款，究竟籌定與否，及指撥何項的款，全無明白之表示。至於清還積欠辦法一節，且較大部前次允許而來能履行之辦法，更不足昭信於同人。似與本會議原呈所請切實籌定教育基金，並准於基金未籌足以前，先撥鐵路、郵電等項的款，充北京國立專門以上各校經費之旨，

〔註74〕廷謙：《因教育基金的運動爲國民及當局者進一言》，《晨報》1921年3月29日，第2版。
〔註75〕飄萍：《教職員罷業問題質疑》，《京報》1921年3月24日，第2版。
〔註76〕《政府對於教職員俊求之表示》，《晨報》1921年3月31日，第2版。

未能適合。」最後，要求范源廉於 4 月 7 日以前予以答覆，「倘屆時政府仍無切實辦法，以塞同人之望，則是政府絕無維持教育之誠意。同會亦無以善後也」。〔註77〕

對於教職員的逼迫，范源廉已無力應對，4 月 7 日，范源廉呈文徐世昌，請求辭職。在呈文中，范源廉認為「財政之匱乏，已至山窮水盡之時，學界之恐慌，又非空言要約可解，而莘莘學子光陰坐廢，更為凋傷國本，戾拂眾情」。對於首都教育界已到不可收拾的局面，范源廉表達了歉疚之意。〔註78〕在遞交辭呈後，范源廉於 4 月 9 日離京赴津，表達了堅決不回任的態度。4 月 40 日，范氏在對新聞界的談話中，對於這場索薪風潮表示了堅決反對：「教育為立國之本，彼等皆身任高等教育之責，有錢則上課，無錢則罷課，試問此等教育精神，灌輸青年心理中，中華民國之基礎，將建立於何處？言念及此，殊為寒心，此等教育，若再辦下去，詎非罪惡？」〔註79〕此次范源廉的辭職，標誌著其擔任中央政府教育行政官員生涯的終結。

三、索薪運動中的派系衝突：教育部與交通部之糾紛

與以往的索薪運動相比，教育界的索薪對象不僅是針對北洋政府，還將矛頭指向了素稱富裕的交通部及其背後的交通系，這也成為這次索薪運動的突出特點。如前文所述，最早提出這一問題的是胡適，胡氏就此事曾專門致信范源廉，解釋了索薪運動的原因：「此次教職員罷工之舉，並非對先生有所不滿意。實因政府太無辦法，故有此舉。現在中國政府有一個怪現狀，就是各部的收入都成了各部的私產。當此國立各大校窘迫萬狀之時，而交通部方大興教育事業。……政府既有餘財興辦這些新的教育事業，何以對於國立各大校之區區每月十七八萬元，獨置之不聞不問呢？此次教職員要求政府於國有各收入項下撥付各校欠薪及以後國立各大校的經費，並非單為我們討賬，乃是正式提一個大問題：「政府各機關的收入是否應為各機關的私有？抑應為國家的公共收入？」在信的最後，胡適表達了對范源廉的期望：「我們愛敬先生的人，都希望先生勉力提出這個議案。若不通過，然後去位。若先生與此時先去，定使無數人大失望：並非因我們拿不到錢而失望，乃是因先生不能

〔註77〕《政府對於教職員俊求之表示》，《晨報》1921 年 3 月 31 日，第 2 版。
〔註78〕《范源廉一再辭職》，《晨報》1921 年 4 月 8 日，第 2 版。
〔註79〕《范源廉之憤慨語》，《申報》1921 年 4 月 30 日，第 6 版。

副我們的期望而失望。」〔註80〕

在胡適的建議下，教育界索薪的矛頭從教育部轉向交通部，各高校教職員開始與交通部進行交涉，希望交通部能夠對國立北京各高校給予援助。不過，對於北京各校教職員索薪的要求，交通部卻以各種理由搪塞，「該部得此消息，特於前夕九時諭令各司司長各科科長，迅將路、電、郵、航各項每月經常收入，特別收入，及所有支出，詳細列表，趕於明日備齊，以便提出國務會議，預備搪塞教育界之要求。先該部員已於昨、今兩日從事編造表冊，甚形忙碌云」。〔註81〕

交通部的敷衍，不僅引起教育界的不滿，輿論界也紛紛把矛頭指向了交通部和交通系。對於交通系所聲稱的無錢可出的聲明，《順天時報》認為交通部收入比較多，支出也隨之增加，因此無法幫助解決教育經費問題，也可以原諒。但通過北京國立高校索薪一事可以體現出政府在經費分配上極為不公平，究其原因是「軍權過強，軍費過大，有收入之部所提出於一部分會計者，不過一部分之少數而已」。追根溯源，在於「軍人、政客等不思以國家為全體，使其發達進步，只欲擴張個人或黨派之權勢，遂致出現此弊害也」。因此「交通部之辨明，匪特不能掩其私心，且無異將政府施政方針之不當，暴露於人民之前也」。〔註82〕

在范源廉與八校教職員的溝通下，經過內閣會議討論，最終決定由政府每月籌撥經費25萬元交付教育部。當月議決的款項，「暫且由交通部、鹽務按月分任籌撥」，〔註83〕交通部最初也答應了這一要求。各界原本以為教育問題得到初步解決，不料事情卻突然發生了逆轉，原本答應幫助的葉恭綽在國務會議上又改變了原意。究其原因，據范源廉透露，其原因「乃以教職員所辦《半周刊》第二號中，攻擊交通方面之論說」。〔註84〕對於交通部的反覆行為和見死不救，輿論界對交通部進行了尖銳地批評：「交通部既為國家機關之一，部中收入，亦屬國家。八校經費，如此困窮，當然可以挹注。……況交通部以其收入補助八校經常費用，亦不過數十分之一，若無力補助，則

〔註80〕 胡適：《致范源濂》，耿雲志、歐陽哲生整理：《胡適全集》第 23 卷，安徽教育出版社 2003 年版，第 306～307 頁。
〔註81〕 《交通部對於教育界之要求》，《晨報》1921 年 3 月 21 日，第 2 版。
〔註82〕 《交通部之辨明》，《順天時報》1921 年 3 月 24 日，第 2 版。
〔註83〕 《政府對教職員俊求之表示》，《晨報》1921 年 3 月 31 日，第 2 版。
〔註84〕 《交通當局對教職員之要求》，《晨報》1921 年 4 月 10 日，第 2 版。

交通大學，何獨有力開辦。故交通部之補助八校費用，非不能也，是不爲也。」
〔註85〕

　　更不合時宜的是在國立八校索薪運動進行的同時，交通部卻在此時組建
交通大學，這對於當時的教育界形成了非常大的刺激。此事的原委如下：1920
年 8 月，葉恭綽出任北洋政府交通總長。12 月，葉氏以「交通要政，亟需
專材」爲由，提出改組交通部部屬學校的建議，呈請內閣討論。經過國務會
議議決之後，著手改組，並改名交通大學，並由葉恭綽兼任交通大學校長。
〔註86〕1921 年 1 月，交通大學籌備處成立，並於 2 月制定了《交通大學大
綱》，對於交通大學的經費、學制、董事會、校長等進行了規定，交通大學
的重要特徵是規定學校實行董事會制度，依據大綱規定，交通大學「董事會
董事以二十一人爲限。每三年改選三分之一，第一、第二次用抽籤法定之。
改選董事，由留任之董事行之。第一次之推舉，由臨時董事會行之」。董事
會之權責主要有四項：（甲）規定教育方針，（乙）核定學科與規章，（丙）
籌畫經費，（丁）監督財政，（戊）推舉校長。〔註87〕至此，交通大學的籌
備工作基本完成。

　　對於葉恭綽出任交通大學校長，輿論表達了不滿。《晨報》認爲交通系謀
取其私利的行爲，實際上已經不止一日，只是交通系能夠巧妙僞裝，才維持
了其提倡文化的形象。直到葉恭綽被選爲交通大學校長，「學界始稍有覺悟，
知其目的不必在提倡文化」。交通大學最需要注意之處，「厥惟此次董事會之
選舉，及所佈之董事會條例」，根據董事會條例，交通大學「董事爲葉恭綽、
梁士詒系者，以後即無論改舉若干次，其董事皆爲葉恭綽、梁士詒系。而徵
諸其第一次選舉董事之事實，則董事十七人中，除張謇、嚴修，現在非交通
系外，余皆梁、葉黨羽」。因此，作者認爲「所謂交通大學者，實以國家之款
項，而營葉、梁之私業耳。雖教育界及學界開明之士，未必遂爲所蒙，然有
此借酒發風之教育事業，實文化前途一障礙也」。〔註88〕

　　對於交通大學獨立於教育部，輿論也表示了質疑。《晨報》的社論認爲，

〔註85〕《各界教育聯合會對教育問題之呼籲》，《晨報》1921 年 4 月 18 日，第 3 版。
〔註86〕關於交通大學的成立情況，可以參看《交通大學校史》編寫組：《交通大學校
　　　　史（1896～1949）》，上海教育出版社 1986 年版，第 121～125 頁。
〔註87〕《交通大學大綱》，《交通大學校史》撰寫組：《交通大學校史資料選編》第 1
　　　　卷，西安交通大學出版社 1986 年版，第 351 頁。
〔註88〕《交通系私有之交通大學》，《晨報》1921 年 3 月 17 日，第 2 版。

「教育本獨立之事業，各種學校之設立，不問其性質上若何，既為研究學術培養人才之地，自應在教育行政範圍以內。故除軍事學校外，有特別關係外，無論該農工商法醫等類學校，皆應歸教育部管轄，不特事權統一，且可貫徹教育獨立之精神」，如果政出多門，各類學校屬於各部管轄，「則教育部，殊無存在之餘地矣」。而在各部所屬的學校中，尤其「以交通部所設者為最多，支窗疊架，使教育上生歧異之法規，事實上多權限之爭議，其弊已不可勝言」。因此，未來不應該設立這種性質的學校，「今交通大學之設立，誠有令人不可思議者」。〔註89〕從學校性質方面質疑了其合法性。

對於交通大學的董事會條例，尤其是董事會選舉辦法和董事會職責，輿論也多有批評。對於交通大學的董事，《晨報》的社論認為該條例實際上是把交通大學「完全贈送與現任的董事，變為他們的私產，無論他們對於這個大學辦得好壞，政府不能過問，國民不能過問，這個大學完全脫離民國主權以外，為民意所不能支配」。但是交通大學經費卻並非由交通大學的董事籌劃，而是由全體國民負擔，因此作者發出疑問：「這個大學的經費既然是完全由我們國民擔負，我們國民為甚麼對於這個大學不能支配？」在董事人選上，大部分董事都為舊交通系的人物，對國民並無貢獻，因此，政府的行為實際上是越權行為，「根本不能成立，我們國民若有一天能恢復共和國民的權力，當然可以把這種條例宣告無效」。最後，作者明確表達了對政府合法性的質疑：「我因此對於現在政府的性質，根本上發生疑竇，因為政府若為中華民國的政府，實在無權以辦理這種贈送，而有權辦理這種贈送，只有私有式政府一種。」〔註90〕

然而，無論是國立八校的反對，還是輿論的聲討，交通系的交通大學仍然照舊創辦。通過這次索薪運動，可以反映出當時北洋政府內部派系之間的深刻矛盾。事實上，在靳雲鵬組織內閣之初，以財政總長周自齊、交通總長葉恭綽為代表的交通系骨幹分子即想要由本派組閣，「該系首領梁士詒自己企圖組閣，於是發生了以葉恭綽為核心的倒閣運動」。當時北洋政府的經費問題已經比較突出，由於交通系一直掌握著國家的交通和銀行事業，交通系便把持銀行團對於政府不予支持，「因此一九二一年年初北京即全國各地湧現了一片『窮』的浪潮」，教育經費問題也正是因交通系的「財政倒閣」手段而更趨

〔註89〕 似冰：《對於設立交通大學之疑問》，《晨報》1921 年 3 月 20 日，第 2 版。
〔註90〕 一山：《交通大學與私有式政府》《晨報》1921 年 3 月 25 日，第 2 版。

於惡化。〔註91〕對於派系鬥爭對教育的危害，《順天時報》對此有較爲深刻的分析：「因政黨爭權，遂見內閣各部零亂不一之現象。例如交通部收入豐富之機關，現均爲有力政黨所盤踞，專供其謀本黨之便利。……如交通與教育兩部官吏，雖同爲政府之官吏，而發給薪俸之中，既有現與鈔、多與寡之不同，復又發給時期之差異。其次如國立各校之薪俸則無從發給，交通部則有款設立大學，使各校教職人員激昂奮發，崛起而同盟罷課，是亦不失爲使此次罷課理由中之最重要者也。……現在中國之政治，實斃於此種弊害。如教育部常被虐待，教長屢陷於窮地者，即職是固也。而究其禍根，固皆發生於政黨政治之爭權營私也。」〔註92〕

縱觀索薪運動的全過程，交通系所控制的交通部對於教育部的袖手旁觀實爲教育經費無法解決的重要原因。政府各部門、各派系之間的深刻矛盾，進一步加劇了北京教育界的困難程度，這也成爲范源廉辭職的重要因素之一。

四、主動進行調解與學潮的初步解決

范源廉辭職以後，教育部處於群龍無首的局面，北京教育界爲此進行了挽留范源廉的活動，如八校學生臨時聯合會上書總理靳雲鵬，認爲教育基金之籌措，職員薪金的發放，如果范源廉能夠復職，應有解決辦法，因此請靳雲鵬「敦勸范總長以國家爲前提，勿再萌去志，迅赴新任」。〔註93〕但各界對於范源廉的挽救並沒有起到效果，范源廉表達了堅決辭職的態度。在范源廉拒不復職的情況下，北洋政府任命時任直隸教育廳長的馬鄰翼代理教育部長，但馬鄰翼處理這次學潮採取了錯誤的手段，反而激化了北京各高校與教育部的矛盾，馬敘倫回憶說：「那時，教育部長早已沒有人敢做，由一位教育廳長馬鄰翼升任次長，代理部務，這位馬先生忒大意了，不但毫無預備，冒冒然來就職，而且對幾十個老夫子的代表禮貌不周，已經引起了反感，他又大膽地答應了發還積欠薪金，他並不曉得積欠薪金總數有七八十萬，政府是無法籌措的，而且他並不先查一查，各校教職員一再地辭職在先，才後『索

〔註91〕　焦菊隱：《北洋軍閥統治時期史話》第6冊，生活·讀書·新知三聯書店1957年版，第25～26頁。

〔註92〕　《蔑視教育乃政爭之結果》，《順天時報》1921年3月18日，第2版。轉引自李世宇：《北京教育界索薪運動研究（1921～1927）》，華中師範大學2007年碩士論文。

〔註93〕　《學潮橫決後之所聞》，《順天時報》1921年5月25日，第3版。

欠』的，他不經過慰留，便許發清『積欠』，這樣，便激動了大家必須叫他立刻發清，自然是辦不到的；同時國務院秘書長郭則澐也不會應付，早爲教職員所不滿。」〔註94〕在這些因素的作用下，事態向更壞的方向發展，政府與教育界的對立也越來越嚴重。1921 年 6 月 3 日，北京各高校教職員與學生一起赴總統府請願，在新華門卻遭到了衛兵的毆打，「當時血肉橫飛，慘不忍睹。北大校長蔣夢麟受傷不能行動，法專校長王家駒，北大教授馬敘倫、沈士遠，頭破額裂，血流被體，生命危在旦夕。李大釗昏迷倒地，不省人事。此外重傷者三十餘人，傷輕者百餘人」。〔註95〕史稱「六三事件」，這也成爲索薪事件的頂點。

對於「六三事件」，輿論極爲關注，社會各界也紛紛來電，對北洋政府的做法表示了強烈譴責。〔註96〕在這種狀況下，處於輿論風口浪尖的政府開始尋找中間人尋求調解。6 月 15 日，教育次長馬鄰翼函請張一麐進行調停，雖然張氏也曾積極努力，但終因政府的推諉態度，使各界都無法滿意。在調停無果的情況下，張一麐於 6 月 24 日返回西山，〔註97〕標誌著張氏調停的失敗。

面對北京教育界嚴峻的局勢，已經卸任教育總長的范源廉意識到了自己的責任，並表現了積極的態度，1921 年 6 月 29 日的胡適日記有所記載：「九時，到第一院開會。今天召集的是北大的臨時委員，我們把昨天的議論和決議告訴他們，請他們商議。忽然夢麟來了。他說，他昨天到天津，見著范靜生先生，請他出來任調人。范先生居然肯出來，他說，總長他是決計不就的，但他任內鬧的事至今未了，他總不安，故願意出來做調人。夢麟又說，教職員聯席會議的方面，已聲明不反對范先生出來做調人。范先生已把各條件研究過，他說，這些條件都沒有什麼大困難。」〔註98〕

7 月 12 日，范源廉從天津赴京後，邀請張一麐、傅增湘、汪大燮等人，

〔註94〕 馬敘倫：《我在六十歲以前》，生活・讀書・新知三聯書店 1983 年版，第 67 ～68 頁。

〔註95〕 《北京國立學校「教育經費獨立運動」紀》，舒新城編：《近代中國教育史料》第 3 冊，上海中華書局 1928 年版，第 174 頁。

〔註96〕 相關電文可以參見《各省各界聯合會等抗議政府摧殘師生電》，中國第二歷史檔案館編：《中華民國史檔案資料彙編》第 3 輯・民眾運動，江蘇古籍出版社 1991 年版，第 554～557 頁。

〔註97〕 《張一麐對學生代表之談話》，《晨報》1921 年 6 月 24 日，第 3 版。

〔註98〕 曹伯言整理：《胡適日記全編》第 3 冊，安徽教育出版社 2001 年版，第 338 ～339 頁。

在中央公園共同協調解決學潮的辦法。〔註 99〕在接見北京學生聯合會代表時，范源廉表明了自己調停的動機：「此次教潮發生，係在余任教長期內，事先我既不能弭患於無形，洎至風潮發生，我又不能將風潮平靜，遷延多日，餘力不能挽回，故不得不去。總之此事發生，我即應負責，況延宕至今，未能解決，於良心上尤不安也，故此次毅然決然來京，純出於個人良心之自動，不受何方牽制。」〔註 100〕

隨後，范源廉與各方進行了積極地協調，「除與教職員方面接洽，外先見靳，再謁徐。各閣員中，如張交通、董司法、王農商等，均先後一一接洽，請其在閣議中有所建白方面」。〔註 101〕范源廉等人的努力起到了效果，經過調解，政府與北京八校教職員達成了如下的協議：訟案候法院處理；政府為解釋六月三日新華門不幸事件係出於一時誤會，派員向教育界慰問；受傷者醫藥費照實數由教部支給；由政府籌撥價值二百萬元之證券等存放銀行，為京師學款之準備金，其銀行存據歸教育部執管。此項準備金專儲為京師額支學款，每月二十萬元，不能如期發給時應急之用；八校臨時費由教育部依八年度預算，照歷來支款辦法支給，但各校收入亦應全數報部，於領款項下扣除。〔註 102〕胡適對學潮的解決表示滿意，在其 7 月 14 日的日記中有如下記載：「晚八時，夢麟來，說今天下午四方面人——調人，校長代表，教職員代表，學生代表——會議，鹽餘一層明天由財政部用公函通知教育部，由教育部發表。此一層通過後，全部都解決了。四個月之學潮——三月十四日至七月十四日——至此始有一個比較可以滿意的解決！」〔註 103〕

7 月 16 日，范源廉邀請學生代表何玉書等人到其私宅，就學生方面關於此次教潮所提出的各種條件逐一答覆。會面的最後，范源廉「復述此次調停，經種種困難，始辦到如此程度，務望學生學生以學業為重，勿再堅持不滿足之意見」。何玉書等人也為之動容，「答稱當以詳情，轉達同學，力促速行結束以重學業」。〔註 104〕7 月 24 日，北洋政府派王芝祥到尙志學會向教職員慰

〔註 99〕 《學潮調停中之各方面》，《晨報》1921 年 7 月 13 日，第 3 版。

〔註 100〕 《范靜生與學生代表之談話》，《申報》1921 年 7 月 13 日，第 11 版。

〔註 101〕 《范源廉調停教潮之奔走》，《京報》1921 年 7 月 5 日，第 2 版，

〔註 102〕 中國第二歷史檔案館編：《北洋政府檔案·教育部》第 92 冊，中國檔案出版社 2010 年版，第 310 頁。

〔註 103〕 曹伯言整理：《胡適日記全編》第 3 冊，安徽教育出版社 2001 年版，第 371～372 頁。

〔註 104〕 《范源濂會見學生代表之結果》，《晨報》1921 年 7 月 17 日，第 2 版。

問，在發言中，范源廉表達了自己的意見：「政府對於教育事件，不能速行解決，遷延好幾月，不幸而釀成六三事件，政府才知道非解決不可，本日才派王鐵珊先生代達政府對不住諸位之處，現在兄弟以為無論如何困難，政府、校長、教職員、學生各方面，均要同心協力，出來維持。還有一層，教潮發生，在兄弟任內，耽擱青年學生的光陰及國家的前途，私心實抱重大的不安。今日有此解決，兄弟對各方面均甚感謝。」

隨後，王芝祥又到醫院慰問馬敘倫等人，與馬敘倫等人達成了諒解。〔註105〕在各方面的共同努力下，7月28日，北京教職員發表宣言聲明復職，各校教職員也接受了這些辦法，決定復課。范源廉等人的努力，緩和了政府與學校的對立情緒，對於學潮的初步解決起到了關鍵作用。至此，持續將近一年的北京教育界索薪運動暫告一段落，作為卸任教育部長的范源廉也盡到了自己的職責。

1921年初的這場索薪風潮，是五四以後發生的聲勢浩大的教育風潮。對於北京各高校的教職員來說，薪俸為其收入的主要來源，欠薪對其生存會造成相當大的困難。如任鴻雋所言：「民國十年教育界的大恐慌，是經費缺乏到不能維護教員先生們的生活。」〔註106〕因此北京教育界教職員的抗爭無疑具有合理性。另一方面，學校教職員和學生以罷課為手段，擾亂了教學秩序，對於學生的學業和學校的發展也有相當不利的影響。作為當事人之一的胡適就曾對於這次索薪運動就有所反思：「仲甫來一長信，大罵我們──三孟、撫五、我，──為飯碗問題鬧了一年的風潮，如何對得起我們自己的良心！我覺得他罵的句句都對。這一年半，北京學界鬧的，確是飯碗問題。」〔註107〕對於時任索薪運動領袖的馬敘倫，胡適也表達了強烈的批判之意：「總之，我這一年半以來，太『不好事』了。因為太不好事，故我們竟讓馬夷初帶著大家亂跑，跑向地獄裏去！」〔註108〕直到1934年，胡適對1920年代的索薪運動仍有反省。在分析當時全國人冷淡教育，甚至高喊「教育破產」的原因時，胡適認為教育界自身的問題不能推卸：「第一是教育界自己在毀壞他們在國中

〔註105〕《政府對教育部已踐約慰問》，《晨報》1921年6月28日，第3版。
〔註106〕任鴻雋：《民國十一年教育的回顧》，《教育雜誌》1923年第15卷第1號。
〔註107〕曹伯言整理：《胡適日記全編》第3冊，安徽教育出版社2001年版，第362～363頁。
〔註108〕曹伯言整理：《胡適日記全編》第3冊，安徽教育出版社2001年版，第363頁。

的信用：自從民八雙十節以後北京教育界抬出了『索薪』的大旗替代了『造新文化』的運動，甚至於不恤教員罷課至一年以上以求達到索薪的目的，從此以後，我們眞不能怪國人瞧不起教育界了。」〔註109〕

　　無論如何，這次索薪運動後的辭職成爲范源廉執掌中央教育行政的絕響，1924 年 1 月，北京政府再次任命范源廉爲教育總長，范氏表達了拒不就任的態度，「因就教長以後，反不能辦理教育」。更重要的原因則是「中國政治混亂已極，一入政局中，雖屬好人，亦將爲其習染所污」。〔註110〕由此可見，此時的范氏對於當時的教育與政局有了更清醒的認識，尤其是對北洋政府已經不抱什麼希望了。

小　結

　　無論是教育廳的推行，抑或教育經費的籌措，都體現了范源廉想要在政治亂局下實現教育獨立的努力，但殘酷的現實卻無情打破了其理想。在這場索薪運動結束之後，教育界人士開始了反思，並掀起了關於教育獨立的討論。1922 年 2 月，李石曾發表《教育獨立建議》一文，作者指出，「教育經費獨立，固屬要務，但徒經費獨立，教育機關隸諸政府管轄之下，結果仍等於零」。針對這種情況，李氏提出「在中央廢除教育部，在地方廢除教育廳，而省縣市城鎮鄉教育會之職權與組織，另行創造」的主張，希望實現教育獨立的目標。對於李石曾的觀點，范源廉曾專門致信李氏，表達了自己的看法。范氏認爲李石曾的主張，如果從地方著手，可以收到比較好的效果，「但就全國言之，則覺政治苟長此糾紛，甚且日滋危亂，吾人對於教育，縱慾特爲保持，終亦不能幸免。故欲振興教育，仍須推本於政治，似非獨立一策略即能竟其功也」。〔註111〕認爲如果政治不上軌道，教育獨立則無從談起。此後，范源廉逐漸開始調整思路，他通過組織中華教育改進社、參與中華教育文化基金董事會等，重新參與到中國教育的改造上來，這也體現了其試圖從非政府的、自下而上改造中國教育的新嘗試。

〔註109〕胡適：《教育破產的救濟方法還是教育》，鄭大華整理：《胡適全集》第 4 卷，安徽教育出版社 2003 年版，第 554 頁。

〔註110〕范源廉：《關於不就教長的談話》，歐陽哲生等編：《范源廉集》，湖南人民出版社 2010 年版，第 251 頁。

〔註111〕《致李石岑函》，《教育雜誌》1922 年第 14 卷第 4 號。

第五章　新文化運動前後教育思想與實踐的轉變

　　近代中國教育模式經歷了從模仿日本到取法美國的轉變。正如莊澤宣在《三十年來中國之新教育》一文中指出：「從制度上看起來，這三十年中中國的新教育在前二十年是日本化，在近十年是美國化，到現在美國的影響還很大。」〔註1〕范源廉早年留學日本，並深受日本教育的影響，爲學習日本教育制度的代表人物。在時代趨勢的感召下，范氏逐漸向學習美國教育制度轉變，這也是范源廉思想和實踐的又一次重大轉變。因此，本章主要考察范源廉在推動中國教育從日本制度向美國教育制度轉變中的活動。

第一節　力主參加歐戰與教育政策的調整

　　歐戰的爆發，是世界歷史上的重大事件。范源廉對於歐戰非常關注，在歐戰爆發後不久，范源廉即發表《今日世界大戰中之我國教育》一文，闡述了其對於歐戰爆發後中國教育應採取的措施的見解。在文中，范氏首先認爲歐洲各國作戰的目的雖各不相同，「其共通之意志」，則在於「示人以立國之實力」，而與一國實力最相關的要素中，「教育實其最要者」。對於中國而言，「特值世界大戰之今日，於吾所期養成國力之教育，實爲最良之時機」。隨後，他從「明世界之大勢」、「示科學之重要」、「振尙武之精神」、「闡愛國之眞義」四個方面論述了中國主要應採取的對策，范氏強調「振起學者尙武之精神，又當務之急也」，

〔註1〕莊澤宣：《如何使新教育中國化》，民智書局 1929 年版，第 13 頁。

希望中國學者改變「文弱之積習」，從而擔負起保衛國家的義務。〔註2〕

1916 年 7 月，范源廉在第二次擔任教育總長之後，首先強調實行軍國民教育的重要性，1916 年 8 月，范源廉頒佈法令，規定如下：「（一）凡高等小學以上之學校，均施行軍事教育。（二）無論士農工商均須入學，以期軍事教育之普及。（三）各學校既施軍事教育，而於文事教育亦須並行，總期文武兼備。（四）所有軍國民一切教育之制度，均參仿英、美兩國。」〔註3〕需要注意的是，范源廉所提倡的軍國民教育具有新的時代特徵，所學習的國家已由德日轉向歐美，從中可以看到其思想的民主性。

不僅如此，范源廉還積極推動中國參加歐戰，希望藉此良機維護國家利益，提升中國的國際地位。對此，范旭東曾有回憶：「共和再造，歐戰驟興，國際關係激變。膠澳為日人乘機掠取，國人尚懵然標榜中立，以冀苟安，國家大計無復敢為斷然決定者。兄不忍坐視，五年七月，慨然再就教育總長職，力主對德宣戰以救危機。」〔註4〕

但在當時中國國內，各派力量對於是否參加歐戰意見並不一致。歐戰發生之初，中國宣佈實行中立，1917 年 2 月 3 日，美國政府對德宣佈絕交，隨後照會中國希望採取一致行動，以加強對中國的影響。在這種情況下，原本反對中國參戰的日本也轉而支持中國參戰，並與英、法、俄進行幕後交易，以謀取自身利益。在這種情況下，美國又轉而反對中國參戰，以防止日本借機擴張在華勢力。美日在中國參戰問題上的爭奪也影響了中國國內的政局，主要體現為以總統黎元洪和內閣總理段祺瑞為首的「府院之爭」。黎元洪為防止段祺瑞勢力以參戰的名義而增強自身的實力，反對中國參戰，而段祺瑞則堅決主張中國參戰。因此，府院雙方的衝突就不可避免了。

作為參加歐戰的堅定支持者，范源廉選擇站在段祺瑞一邊。1917 年 3 月 4 日，段祺瑞帶領閣員赴總統府請黎元洪蓋印，黎氏認為該案需要再考慮，段祺瑞很憤怒，「教育范、交通許，相繼發言，范尤激烈，幾至決裂。」〔註5〕

〔註2〕 范源廉：《今日世界大戰中之我國教育》，歐陽哲生等編：《范源廉集》，湖南人民出版社 2010 年版，第 42～46 頁。

〔註3〕 范源廉：《提倡軍國民教育》，歐陽哲生等編：《范源廉集》，湖南人民出版社 2010 年版，第 107 頁。

〔註4〕 范旭東：《先兄靜生先生行述》，歐陽哲生等編：《范源廉集》，湖南教育出版社 2009 年版，第 632～633 頁。

〔註5〕 張國淦：《中華民國內閣篇》，中國社會科學院近代史研究所近代史資料編寫組編：《近代史資料》總 40 號，中華書局 1979 年版，第 179 頁。

隨後，范源廉與段祺瑞一同辭職。在這種情況下，黎元洪只能請馮國璋等人進行調解，最終段氏回京復職。1917 年 3 月 14 日，內閣通過對德絕交。對德絕交之後，范源廉向各學校發佈訓令，主要強調三個方面：各學校職教員等，應就此次對德問題暨吾國與歐戰前後關係，詳加研索；各學校生徒，應以努力向上之決心，從事業一切學術。由根本上之愛國觀念，造成國家將來之國際資格，而增進其地位；對德國交斷絕之後，各該校學生員生以及全國教育界對於德國人民之私人交際，仍應守平時相當之儀式，關於對外言動，務各持以厚重，以表示立於世界國際上之國民態度。在訓令的最後，范源廉認為：「國家於世界、國際上能否增進其地位，全視其國民與世界之國民如何比較。而教育界與各學校員生等，尤應具有提挈本國國民加入世界國民同等地位之偉大抱負。」〔註6〕這一訓令的發佈，體現出范源廉的理性態度和希望國民能夠因歐戰融入世界的願望。

　　對德絕交之後，下一步即是對德宣戰問題。5 月 6 日，段祺瑞內閣閣議通過對德宣戰案。隨後，段氏再次與閣員請黎元洪蓋印，以往公文蓋印均為監印官唐浩鎮負責，「此次唐悻悻言：『此案我不能蓋印』，且將原件推出」。此舉引發段氏與范源廉的極大憤慨：「段大憤恚，范尤怒不可遏，斥之曰：『汝何人，不配說不蓋印！』因痛詆總統之種種不是，於是推門逕出，玻璃窗為之震碎。」黎元洪擔心事情鬧大，於是親自蓋印，「至此蓋印問題，已算勉強渡過了」。〔註7〕通過范源廉激烈的言行，體現出其希望中國參加歐戰的迫切心情。

　　在黎元洪被迫同意將對德宣戰案提交國會討論之後，參戰問題的關鍵又轉向了國會。在當時的國會，反對向德國宣戰的力量佔據著優勢，為保證宣戰案在國會通過，張國淦約范源廉「向國會各黨派以公的方面、私的方面分途陳說」，兩人的努力也取得了一定效果，「預料此案有通過之希望」。〔註8〕不料國會在 5 月 10 日開會審查宣對德戰案之時，議會門前突然出現各種請願團，並將議會包圍，聲明當日必須將宣戰案通過，否則不許議員離開國會。面對這種情況，國會立即電請段祺瑞和兼任內務總長的范源廉處理此事。下

〔註6〕 范源廉：《因中德斷交訓各學校令》，歐陽哲生等編：《范源廉集》，湖南教育出版社 2009 年版，第 120～122 頁。

〔註7〕 張國淦：《中華民國內閣篇》，中國社會科學院近代史研究所近代史資料編寫組編：《近代史資料》總 40 號，中華書局 1979 年版，第 181 頁。

〔註8〕 張國淦：《對德奧參戰（節錄）》，章伯鋒主編：《北洋軍閥（1912～1928）》第3 卷，武漢出版社 1990 年版，第 88 頁。

午 5 時，范源廉赴議會進行處理，但沒有效果。直至晚上 9 時，才由段祺瑞下令京師警察總監吳炳湘派警員最終驅散了公民團。

驅散公民團之後，國會於 9 時半再次開會，段祺瑞和范源廉一起進入議會，由范源廉向議員報告已經解散公民團，並保證「以後當不致再發生意外，宣戰案悉憑國會自由解決，望諸君勿以今日事介意」。〔註 9〕不過此時已經於事無補，議員一致採取抵制內閣的立場，5 月 19 日，眾議院最終議決緩議對德宣戰案，范源廉等人的努力也付諸東流。實際上，公民團是受段祺瑞之部屬傅良佐所指使，范源廉對於公民團之事應並不知情。公民團事件的發生，打亂了范源廉等人的原有計劃，范源廉對此非常痛心，張國淦曾回憶說：「范見余時聲淚俱下，余等連日從正規上所做之文章毫無效果。」〔註 10〕

公民團事件發生後，段祺瑞內閣閣員發生了分裂，農商總長谷鍾秀、司法總長張耀曾、海軍總長程璧光紛紛辭職，外交總長伍廷芳也出京，內閣僅剩段祺瑞和范源廉二人。〔註 11〕在此之前，范源廉曾因身體原因一再請辭，但此時卻堅決不辭職，范氏曾對張國淦表明了自己的心跡：「天下事要人辦，要得撐過去，只看是爲大局爲個人。臨陣脫逃，是不可以的。這次我（范）沒有隨同他們辭職，就是此意。」〔註 12〕對范氏的做法，《時事新報》的社論表示了充分的肯定：「范源廉以久病之身，本欲乞退，今日臨難不言辭，洵足可風。彼見事先逃之國務員，於相形之下，當亦自作無地矣。」〔註 13〕由於《時事新報》的研究系背景，該評論不無傾向性，但筆者以爲范氏的做法體現了其強烈的責任感。

不久，政局再起波瀾。黎元洪在親信和左右的鼓動下，於 5 月 23 日免去段氏的國務總理一職，因黎元洪的決策，引發了張勳復辟的鬧劇。段祺瑞則乘機再起，趕走張勳，於 7 月 14 日重新改組內閣，組成以湯化龍爲內務總長、梁啓超爲司法總長、范源廉爲教育總長等以研究系爲主的內閣，並以馮國璋代替黎元洪，這也爲宣戰案的通過掃清了障礙。1917 年 8 月 14 日，最終通過對德宣戰。不過此時的宣戰已經發生了變異，實際成爲以段祺瑞爲首的皖系

〔註 9〕《時事新報》1915 年 5 月 12 日，第 2 張第 1 版。
〔註 10〕張國淦：《對德奧參戰（節錄）》，章伯鋒主編：《北洋軍閥（1912～1928）》第 3 卷，武漢出版社 1990 年版，第 88～89 頁。
〔註 11〕陳錫祺主編：《孫中山年譜長編》上冊，中華書局 1991 年版，第 1024 頁。
〔註 12〕張國淦：《中華民國內閣篇》，中國社會科學院近代史研究所近代史資料編寫組編：《近代史資料》總 40 號，中華書局 1979 年版，第 182 頁。
〔註 13〕東蓀：《范源廉獨知大體》，《時事新報》1917 年 5 月 14 日，第 2 張第 1 版。

軍閥向日本借款，進行內爭的口實。范旭東回憶說：「卒之宣戰，主張雖得貫徹，而作用乃根本變換，增國民億兆外債之負擔，以供三數人逞意氣，而肆私鬥之戰，具同胞肝腦塗地，國家元氣永劫不復。吾兄平居無疾言厲色，獨於此事每言及，輒切齒痛恨。」〔註14〕可見范源廉與段祺瑞在參加歐戰的動機上是不同的。

以今日的後見之明視之，段祺瑞等人在推動中國參戰問題上雖夾雜私利，但中國之參加歐戰，符合中國國家利益，對於中國國際地位的提升具有積極意義。正如有學者所分析的：「參戰標誌著中國外交政策從消極迴避到積極參與的一個重大轉變，北京政府後期的積極外交可說由此而發端。……確實，參戰不能解決中國所面臨的一切問題，但參戰為中國提出和解決這些問題提供了可能的機會，抓住這個機會是明智的。」〔註15〕筆者以為，對於范源廉在推動中國參戰問題上的努力，我們應予以正面的評價，范源廉能夠隨時局的發展及時調整其教育政策，這也體現出其思想的敏銳性。

第二節　推動中國教育向美國模式的轉變

一、邀請西方學者講學與組織實際教育調查社

新文化運動的發生，為近代中國教育發展提供了新的契機。正如論者所言：「民國六年以後，新文化運動日盛一日。一方面，求文字的革新，俾普及於民眾；一方面對於舊時的理想和制度，都抱懷疑的態度，而求切實的改革。此種運動對於教育有極深的影響。」〔註16〕伴隨著思想的解放，教育界在這一時期掀起了新教育運動。這一時期，西方尤其是美國的教育思潮不斷湧入，大批留美學生學成歸國，並努力宣傳與實踐美國教育制度，這一切都促進了中國教育從學習日本到取法美國的轉變。面對這一歷史趨勢，范源廉的反應是敏銳的，他不僅沒有固步自封，並且通過自己的努力為加速這一歷史進程作出了相當大的貢獻。這主要體現於其親自赴美考察教育和邀請美國教育家來華講學兩方面。

〔註14〕范旭東：《先兄靜生先生行述》，歐陽哲生等編：《范源廉集》，湖南教育出版社 2009 年版，第 633 頁。

〔註15〕王建朗：《北京政府參戰問題再考察》，《近代史研究》2005 年第 4 期。

〔註16〕朱經農：《三十五年來中國之教育行政》，莊俞等編：《最近三十五年之中國教育》，商務印書館 1931 年版，第 244 頁。

　　范源廉赴美考察教育的願望由來已久。1917 年所發生的張勳復辟事件，更令范氏認識到「非從提倡公民教育著手，養成純善公民，必無以革新中國政局」。而「共和政治現今自以美國爲最完善，彼邦公民教育列入專課，人所必修」。〔註17〕1918 年 5 月至 11 月，范源廉與嚴修終於有機會赴美考察，從而對於美國教育制度有了更爲直接的體驗。

　　關於范源廉等人在美國的行程，我們仍可以通過檢索《嚴修日記》，以對其活動有一個大致的瞭解：「戊午日記（1918 年）：五月二十一日，伯苓約同靜生往大學（按：指哥倫比亞大學）師範科參觀小學；五月二十二日，八時半同伯苓、子文、靜生參觀林肯學校；六月四日，七時半同張、范、巴三君往中學校參觀；六月十二日，晨起，同巴克門君、范、張三君同往 State Department of Education 參觀；七月二十五日，晚同范、張二公訪 Kelpatire，久談。此公爲大學師範部講師中最著名之一人也，孟羅而外第一人也；八月一日，同劉、范、張三君往大學師範部，先見大學教授孟羅君，給以參觀之便。………又同范、張二君赴孟羅午飯之約，談頗久」。〔註18〕由此可知，范源廉、嚴修等人對於美國的各類學校、教育機構都有所考察，並與當時美國的著名教育家也多有交往，這也成爲范源廉思想發展的新起點。

　　1919 年 1 月，范源廉在《中華教育界》上發表了《調查美國教育報告》一文，從學校系統、學校經費、普通教育、高等教育、社會教育等各方面對美國教育制度進行了比較詳細地介紹，並對美國教育制度表示了高度贊賞。如對於美國小學校的教授方法，范氏以爲「其教授務切實用，今日所學欲其今日即可應用，學與用不令分開」；〔註19〕又如對於美國的高等教育，范氏也給予了很高評價：「其最良之大學，規模之宏大、設備之完全，有非吾人意料所及者，標本圖書皆非常美富。」〔註20〕總之，通過對美國教育的考察，使范源廉的教育思想發生了重大轉變，並深刻影響了范氏之後的教育實踐。

〔註17〕　范旭東：《先兄靜生先生行述》，歐陽哲生等編：《范源廉集》，湖南教育出版
　　　　　社 2009 年版，第 633 頁。
〔註18〕　《嚴修日記》編輯委員會編：《嚴修日記》第 2 冊，南開大學 2001 年版，第
　　　　　2167、2167、2169、2173、2184～2185、2186 頁。
〔註19〕　范源廉：《調查美國教育報告》，歐陽哲生等編：《范源廉集》，湖南教育出版
　　　　　社 2009 年版，第 153～167 頁。
〔註20〕　范源廉：《調查美國教育報告》，歐陽哲生等編：《范源廉集》，湖南教育出版
　　　　　社 2009 年版，第 161～162 頁。

　　爲更好地學習和引入美國教育制度，范源廉不僅主動出國考察美國的教育，而且積極聘請美國教育家來華講學或考察，以推動中國教育的改革，其中尤其以邀請杜威和孟祿來華講學與考察爲顯例。如所周知，杜威和孟祿的來華，對於近代中國教育的轉變起到了重要的作用，正如汪懋祖所言：「自歐戰激蕩世界，國人思潮爲之一新。其間杜威博士來華，予吾人以新教育之概念與其塗轍；孟祿博士又指示實際的方針，益堅其教育救國淑世之信心，遂有全國教育改進之運動。」〔註 21〕值得注意的是，杜威和孟祿的來華，都與范源廉有著相當密切的關係。

　　在杜威來華之前，經費問題是一個十分棘手的問題，胡適曾爲此非常犯難，此時范源廉及其所創辦的尚志學會在經費問題上發揮了相當重要的作用。胡適曾致信蔡元培，告知其中的經過：「那時范靜生先生到京，我同他商量，他極力主張用社會上私人的組織擔任杜威的費用。後來他同尚志學會商定，擔任六千元。林宗孟一系的人，也發起了一個『新學會』，籌款加入。我又和清華學校商量，由他們擔任三千元。」〔註 22〕由此可見，范源廉的建議與尚志學會的資金支持，對於杜威能夠來京起到了相當關鍵的作用。1921 年6 月，在杜威回國之際，范源廉作爲主席在五團體歡送杜威的儀式上發言，充分肯定了杜威的貢獻：「杜威博士來華講學，轉瞬已屆兩年。此兩年中，既苦天災，又多政潮，而又加以教育風潮，可謂多事極矣，然博士講演卻不因多事而稍有懈怠。故人或罷工，而博士則絕不罷工。此博士對於學術上之盡力，我們應當多多感謝者也。即論博士的人格，我亦有十分的感觸。博士爲美國的共和國民，第一便可爲我們矜式。博士又爲學者。又爲教授，亦大足爲我們模範。此我對於博士之人格十分感動者也。」〔註 23〕

　　需要指出的是，范源廉所創辦的尚志學會在新文化運動中也發揮了重要作用。民國建立以後，梁啓超擔任尚志學會會長，范源廉擔任副會長。〔註 24〕在新文化運動期間，尚志學會不僅爲杜威、羅素講學提供資金資助，而且出版《尚志學會叢書》，積極介紹西方新思潮。對於新文化運動時期尚志學會的譯書事業，蔡尙思回憶道：「談到這時期的譯書，則當推尚志學會和共學社兩

〔註 21〕汪懋祖：《第一屆年會發刊詞》，《新教育》1922 年第 5 卷第 3 期。
〔註 22〕中國蔡元培研究會編：《蔡元培全集》第 10 卷，浙江教育出版社 1998 版，第 419 頁。
〔註 23〕《五團體公餞杜威席上之言論》，《晨報》，1921 年 7 月 1 日，第 3 版。
〔註 24〕《尚志學會之事業》，《環球》1917 年第 2 卷第 1 期。

大叢書，其內容多屬哲學方面，在質量上後者比較不及前者，但均非有系統的介紹，所以漸失人家的信仰。但尚志學會由張東蓀翻譯的法國哲學家柏格森所著《創化論》一書，一出版就賣完，即此也可想見當時學者的需要新思想，與其影響之大了。」〔註 25〕可見，尚志學會在文化運動中實發揮了重要的作用。正因為如此，甚至有論者將尚志學會與北京大學、《新青年》並稱為「新文化運動發生動力的機器」。〔註 26〕此言不無誇大之處，但也可想見尚志學會在當時所產生的影響。

繼杜威來華之後，另一位對於中國教育界影響巨大的是孟祿。如果說在杜威來華上，范源廉主要為其提供了資金支持，那麼孟祿來華與范源廉等人的推動有著直接的關係。1918 年，范源廉與嚴修、孫子文等赴美考察教育，當時張伯苓正在哥倫比亞大學師範學院讀書，通過張氏的介紹，范源廉、嚴修認識了時任哥倫比亞大學師範學院主任的孟祿。〔註 27〕此時范源廉即有邀請孟祿來華考察中國教育的想法，如莊澤宣所說：「從前范靜生先生在美國的時候，曾經同博士討論中國教育上各種問題，范先生很佩服博士的意見和主張，早就想請博士到中國去，無奈博士在美國的事情太多，分身不開，所以不能早去，這次幸虧地大學允准博士請假四月才能成行。」〔註 28〕可見孟祿之來華與范源廉等人的熱情邀請密不可分。

為迎接孟祿來華，北京高師平民教育雜誌社特別出版一期「孟祿專號」，范源廉與嚴復、梁啓超撰文介紹，以表達歡迎之意。范源廉在文中介紹道：「吾國方今值新舊遞嬗之會，凡事有亟須創設者，亦有亟須改造者，夫人能言之矣。然徒言創設、言改造，而不預定其計劃，猶之縱騎遊行，終將無歸，知計劃之必要矣，而不先之以調查，猶之嚮壁虛造，百無一當。是故計劃之不可無，調查之不容緩，乃當然之序，不易之理也。他事皆然，教育事業，獨能外於是乎？雖然計劃與調查，固屬必要，苟無科學，無經驗，貿然從事於此，恐不能措諸實行，即行之或將徒勞無功，其必有賴於倡率指導之得人，

〔註 25〕 蔡尚思：《卅年來的中國思想界》，《蔡尚思全集》第 8 冊，上海古籍出版社 2005 年版，第 88 頁。
〔註 26〕 劉廷芳：《新文化運動中基督教宣教師的責任》，張西平等編：《本色之探：20 世紀中國基督教文化學術論集》，中國廣播電視出版社 1998 年版，第 136～137 頁。
〔註 27〕 王卓然：《中國教育一瞥錄》，商務印書館 1923 年版，第 3 頁。
〔註 28〕 莊澤宣：《介紹門羅博士》，《新教育》，1921 年第 4 卷第 1 期。

更無疑矣。孟祿先生，美國哥倫比亞大學師範專科之主任，學識才力，超邁群倫。向曾遊歷東亞，對於吾華之教育事業，富有研究興趣。吾國教育界人士往美考察者，晉謁先生，其一種肫摯之悃誠，恒溢於言貌，尤願於吾華有所協助焉。夫美國之教育事業，今稱極盛，考其興作之始，莫不先事調查，而後定計劃，故其成績昭著，幾駕先進諸國而上之。且此方法，不獨著效於本國也已，施之於南美諸國而效，施之於菲律濱群島亦效，孟祿先生又實深於此種經驗者也。吾儕感於我國教育事業創設改造，非可緩圖，乃有『實際教育調查社』之組織，因敦聘先生，請為贊助。今者蒙先生惠然遠臨，慨允盡力，以荷此倡率指導之重任，其裨益於任務之推行，即以裨益於教育之改進者，寧有涯涘？」〔註29〕

　　為方便孟祿的教育調查活動，范源廉與嚴修、張伯苓等人於 1921 年在北京組織實際教育調查社，以配合孟祿的教育調查活動。實際教育調查社的成立，與新文化運動有密切的關係，正如其啟事所言：「我國興辦學校已近二十稔。言實際者，概墨守成規；談理論者，多不求甚解。欲二者融合無間，俾教育與社會相一致而合夫世界最新之潮流，尤不易覯也。昔者尚志學會、講學社及北京各校迭約杜威、羅素諸先生公開講演，促進文化，國人之思想界為之一振。教育理論方面，其成效固昭然可睹，然此理論如何而可施諸實際，則非集合學識經驗豐富之教育家為實際的教育研究不易為功，故同人等應時勢之需要，組織實際教育調查社。」〔註30〕實際教育調查社成立以後，曾作了不少工作，如「曾對十多個省市的教育狀況作了調查，這對北京政府 1922 年制定的新學制（即「壬戌學制」）有過重大影響」。〔註31〕1922 年 3 月 23 日，在為孟祿回國舉行的餞別會上，范源廉再次作為主席對其活動表示肯定。在演說中，范源廉首先對於孟祿在考察中國教育中的貢獻給予了充分肯定，但更希望中國教育界能夠力行：「我們雖得了博士指引，若是不力求實行，教育進步又何能真有希望呢？所以實行，是今後之唯一要務。」〔註32〕表達了對孟祿的指導能在中國真正實行的期待。

〔註29〕《范靜生先生介紹孟祿博士文》，《平民教育》第 37 期，1921 年 9 月 10 日。
〔註30〕《實際教育調查社啟事》，《平民教育》1921 年第 45 期。
〔註31〕陳長河：《中華教育改進社的成立及其初期事業活動》，北京市檔案館編：《北京檔案史料》（2005‧2），新華出版社 2005 年版，第 178 頁。
〔註32〕《對於孟祿先生調查教育之感想》，陳寶泉、陶行知、胡適編：《孟祿的中國教育討論》，上海中華書局 1933 年版，第 166 頁。

通過以上的論述，我們可以看到，范源廉在新文化運動期間並非僅僅是被動的角色，而是主動學習，並通過其影響力爲中國教育的發展起到了相當重要的作用。有學者通過對杜威來華前後史事的考察，認爲五四前後中國教育的推動力量主要由兩部分人組成，一部分爲自歐美回國的留學生，另一部分則爲以梁啓超、范源廉、嚴修等爲代表的「老知識人分子」，這一批人此時在政治上並不激進，但在教育領域卻仍積極進取，「他們不斷追求新知，對五四前後傳入的西方教育思想給予充分理解並積極加以傳播。沒有教育界這些元老和領袖人物的支持參與，杜威教育理論的傳播與貫徹就會大打折扣」。〔註 33〕通過對范源廉在杜威、孟祿來華過程中所發揮作用的考察，即可以體現出這一點。

二、參與組織中華教育改進社及其活動

中華教育改進社成立於 1921 年 12 月 23 日，主要由實際教育調查社調查社、《新教育》雜誌社、中華教育共進會三個團體合併組成。中華教育改進社可以說集中了當時絕大部分的教育精英，「全國有名學校及教育會社悉入社爲會員。又羅致國內名流及教育界之巨子加入，其聯合組織之勢力極大」。〔註 34〕中華教育改進社的成立的目的，如蔡元培在《〈中華教育改進社第一次年會日刊〉發刊詞》中所言，「我們爲什麼要組織這個中華教育改進社？教育的範圍很廣，不能專靠政府所設的幾個機關來主持，要全國教育家來共同計劃，共同進行」，而各省教育會聯合會和教育部組織的教育調查會各有其局限和困難，因此，「我們要有一種改進教育的機關，是固定的，不是臨時結合的；是普遍的，不限於一地方一局部的；是純然社會的，不受政府牽掣的；所以要組織這個中華教育改進社」。〔註 35〕

中華教育改進社的宗旨爲「調查教育實況，研究教育學術，力謀教育進行」。其主要社務爲：「一、通信或實地調查各種教育狀況；二、依據實際問題研究解決辦法；三、輔助個人或機關對於教育之實施或改進事項；四、編譯關於教育之書報；五、提倡教育事業之發展及學術之研究；六、其他關於

〔註33〕 元青：《杜威的中國之行及其影響》，《近代史研究》2001 年第 2 期。
〔註34〕 顧倬：《學潮研究》，中華書局 1922 年版，第 88 頁。
〔註35〕 蔡元培：《〈中華教育改進社第一次年會日刊〉發刊詞》，高平叔編，《蔡元培教育論著選》，人民教育出版社 1991 年版，第 400 頁。

教育改進事項。〔註36〕中華教育改進社設有董事會,「設董事九人,由社員公選,任期三年,每年改選三分之一。惟第一次選出之董事任期一年、二年、三年者各一人,由董事會第一次開會時簽定之。董事部長及其職員由董事互選之」。〔註37〕1923 年 12 月 23 日,范源廉與張伯苓、熊希齡、蔡元培等 9 人被選爲董事,經過互選,范源廉擔任董事長,體現出各界對范氏在教育界崇高地位的肯定。

　　參與組織中華教育改進社,是范源廉辭去教育行政官員之後所從事的最重要工作之一。通過對中華教育改進社員教育背景的分析,可以看出「中華教育改進社是以留美生群體爲核心和主體的教育社團」,〔註38〕其建立的重要目的之一即爲學習與引入美國教育制度,這也可以視爲范氏本人教育思想轉向美國的表徵。此外,組織中華教育改進社,也體現出范源廉對於依靠北洋政府,自上而下改造中國教育的失望,他開始調整思路,嘗試從自下而上的路徑改造中國教育,這也是其對中國政治和教育有著更深刻認識的體現。

　　客觀而言,董事長一職更多爲榮譽頭銜,改進社的實權掌握在陶行知手中,范源廉也僅擔任一年董事長即因考察美國教育而辭職,對此,范源廉回憶說:「當我赴美以前中華教育改進社董事長,尙志學會會長,我皆辭了交代清楚才走:我不願作那一種掛名的事,於此可見。」〔註39〕這體現出其重視實踐不重虛名的性格。儘管如此,范源廉在中華教育改進社絕非尸位素餐,而是表現得相當積極,通過檢索《中華教育改進社同社錄》,我們可以發現范源廉分別擔任公民教育委員會、蒙古教育委員會和國際教育委員會委員,〔註40〕這體現出范源廉對改進社事務的廣泛參與。在中華教育改進社時期,范源廉尤其在反對日本所謂的「對華文化事業」和教會學校問題上表現得更爲活躍,下文即重點對這兩個問題展開論述。

1、反對日本「對華文化事業」

　　歐戰結束之後,爲改變中國人對日本的敵對態度,日本政府決定退還庚

〔註36〕《中華教育改進社簡章》,朱有瓛等編:《中國近代教育史資料彙編‧教育行政機構及教育團體》,上海教育出版社 2007 年版,第 563 頁。
〔註37〕《中華教育改進社史料選(上)》,《北京檔案史料》1989 年第 1 期,第 15 頁。
〔註38〕陳志科:《留美生與中國教育學》,南開大學出版社 2009 年版,第 138 頁。
〔註39〕《范校長莅本校歡迎會演說詞》,《北京師大周刊》第 208 期,1923 年 11 月 3 日。
〔註40〕《中華教育改進社同社錄》,1924 年 7 月,第 117、131、133 頁。

子賠款,以緩和緊張的中日關係。1923 年 4 月,日本政府公佈所謂「對支文化事業特別會計法」,作為退還庚子賠款的依據,並於外務省設置所謂「對支文化事務局」,以管理對華文化的一切事宜。1924 年 2 月 6 日,駐日公使汪榮寶與日本外務省亞細亞局長出淵勝次達成《日本對華文化事業協定》。主要內容規定:「庚子賠款項下資金,主用於中國人所辦之文化事業;在北京地方設立圖書館和人文科學研究所;在上海地方設立自然科學研究所。〔註41〕通過日本的一系列做法,可以看出日本對庚子退款的處置不過是在其內部設立管理機構,中國無權過問,實際上是以此實現對中國的文化侵略。

對於日本政府的做法以及中日所達成的協定,中國各界表達了強烈的不滿。為此,日本政府不得不派人來華,試圖緩和中國強烈的抵制情緒。1924年 4 月,日本政府分別派文化事務局事務官朝岡健和東京大學教授服部宇之吉來華交涉。尤其是服部宇之吉曾任京師大學堂教習多年,日本此舉也是試圖通過服部氏與中國教育界的良好關係以進行疏通。對此,范源廉並沒有表示退讓,在北師大招待服部宇之吉和朝岡健的宴會上,范源廉直言不諱地表達了自己的觀點:「文化事業,精神上既是超越政治,而對華文化事務局乃設在日本外務省內,關於事業經費的預算又須逐年通過日本國會,這樣從表面看,是此項文化事業完全屬於日本的內政,與超越政治之旨未免不符。」〔註42〕對於范源廉的發言,朝岡健表達了虛與委蛇的態度,認為范源廉所提到的日本「對華文化事業」在形式上與超越政治精神不符的問題,雖然不能立刻有具體的表示,「然甚願將來使形式與精神,完全一致」;在庚子賠款用途方面,「亦當尊重范先生的意思,審慎處理」。〔註43〕如前文所述,服部氏與范源廉有著相當良好的關係,但這次服部氏來華,范源廉的坦率表態,實際表明了其堅決反對日本所謂「對華文化事業」的態度。

對於范源廉等人的反對態度,一向對范源廉比較支持的《順天時報》也開始暴露出其日本背景的一面。在其社論中,對反對日本「對華文化事業」的言論進行了辯駁:「或曰此種事業,雖云超越日本之對華外交政策之範圍,似難遽然深信。何也?此事業既於日本外務省內設置一局專事管理矣。外務

〔註41〕 《庚款與教育文化》,教育部編:《第一次中國教育年鑒・戊編・教育雜錄》,開明書店 1934 年版,第 112 頁。

〔註42〕 范源廉:《關於日本對華事業意見》,歐陽哲生等編:《范源廉集》,湖南人民出版社 2010 年版,第 266 頁。

〔註43〕 《師範大學歡迎服部博士》,《順天時報》1924 年 4 月 12 日,第 7 版。

省之職務，非在文化，而顯然以外交爲其事務，在外務省爲監理者，其實不過偏於理論之一觀察，即徒趨於形式的理論者也。」〔註44〕如果仔細體察，可以發現此番言論實際上是批駁以范源廉代表的反對派的。只是顧忌范源廉等人在教育界的巨大影響力，才沒有明確點名批駁。

1924 年 4 月 27 日，北京各校、全國教育會聯合會、中華教育改進社、中國科學社等 11 個團體，聯合發表了《對於日本在我國辦理文化事業之宣言》，在宣言中，各團體明確指出，日本政府所謂「對華文化事業」的處理辦法，實際上只是日本內政的一部分，「若照現在的辦法，是不妥當的。」最後，各團體表明了自身的要求：「由中日兩國推選專門學者，組織文化事業委員會，籌畫決定並管理日本以庚子賠款辦理文化事業一切事務，理事人數中日各半，別設理事長一人，由中國人充之，這是最低的限度」。〔註45〕

1924 年 7 月，中華教育改進社全國教育經費委員會在南京開會，以范源廉、熊希齡等爲代表的 24 人，在會議上「議決函請政府迅與日本嚴重交涉，取消對華文化事業之協定」。〔註46〕同月，在全國教育經費委員會會議上，范源廉報告了日本部分賠款的情況，對於日本的所謂「對華文化事業」進行了說明，並解釋之所以反對的四點理由：一、各國爲退還庚子賠款辦教育文化事業，而日本卻並不退還，「益以日本在外務省特設對支文化事務局，爲其內政一部。且其款列入該國預算，經議會保管」，因此日本所謂的賠款仍爲其所有；二、對於日本的退款，雖經中國各方面的宣言和協商，但日本政府仍不改正；三、日本強迫中國簽訂的二十一條使中日關係惡化，尤其是該條約第五號第二款規定日本在中國內地設立學校、醫院、寺院擁有土地所有權，因此對於日本在中國內地設立的學校，「爲反對二十一條故，不能與以設校土地所有權」；四、由於日本「對華文化事業」爲逐年進行，「預算賠款終了之年，可永久維持其建設」，因此呼籲北洋政府取消中日文化協定，並要求日本無條件退換賠款。〔註47〕對於范源廉的說明，會議討論通過，並「議決請范源廉先生草擬抗議書，提出大會向政府提出」。〔註48〕

〔註44〕 《關於日本對華文化事業之懷疑說》，《順天時報》1924 年 4 月 15 日，第 2 版。
〔註45〕 范源廉：《對於日本在我國辦理文化事業之宣言》，歐陽哲生等編：《范源廉集》，湖南人民出版社 2010 年版，第 270 頁。
〔註46〕 《中華教育改進社重要之議決案》，《晨報》1924 年 7 月 11 日，第 6 版。
〔註47〕 范源廉：《關於反對日本對支文化事業案的說明》，歐陽哲生等編：《范源廉集》，湖南人民出版社 2010 年版，第 284 頁。
〔註48〕 《籌畫教育經費委員會開會紀要》，方明主編：《陶行知全集》第 1 卷，四川

　　值得注意的是，在當時的北京教育界，對於日本的所謂「對華文化事業」，實際上是有不同的看法。如以胡適爲代表北大派對於日本庚款則表現得相當熱心，早在 1922 年 7 月 6 日，蔣夢麟與胡適擬定了相當詳細的計劃，以此在教育改進社全國教育經費委員會上討論，據《胡適日記》，其主要內容如下：主旨：提倡東方文化的研究。子目：（1）設東方歷史博物館及圖書館。（2）設東方天然博物館。（3）國立大學設日本文學、歷史、法制等講座，附帶圖書購置費。（4）設留學日本學額。（5）在日本帝國大學設中國講座。（6）在中國國立大學設日本學生留學中國之學額。〔註 49〕即使面對各界的反對之聲，北大並未因此而放棄對日本東方文化事業的爭取，「先是提議推舉王國維出任該事業計劃中北京人文研究所主任，以抗拒聲望尙隆的研究系領袖梁啓超，意圖包攬；後來又有鼓吹『將圖書館及人文研究所館長、所長歸校長兼理之說』」。〔註 50〕可見，北大對於日本所退還的庚款是相當熱衷的。

　　中華教育改進社所通過的決議，對於北京大學爭取日本庚款有非常不利的影響，胡適爲此特別致信陶行知、范源廉等人，表達自己的不滿。不過范源廉對胡氏的反對持保留意見，在任鴻雋致胡適的信中，就可以表現出二人的不同觀點：「你對於日本文化事業的抗議，我接到之後，就交與靜生先生看了——正值靜生先生接到北京寄來宣言稿的時候。靜生先生說，你的話很有條理，可以提出討論，但他個人的意思總覺得日本人不可輕信。」〔註 51〕由此可見，相對於胡適等人對日本退款的用途的關注，范源廉等人更注目於日本退款的性質，並對日本的所謂「對華文化事業」產生更大的懷疑。筆者以爲，較之胡適等人，范源廉的主張更爲理性，更能使人認淸日本退款的實質。

　　正是在中國各界人士的反對下，日本「雖有東方文化事業總委員會暨上海分委員會之組織，亦未能有若何進展」。南京國民政府建立之後，外交和教育兩部建議廢除中日文化協定，並由外交部與日本交涉，「一面交涉文化協定之廢止，一面依據歐美各國退還庚款前例，請將此後庚款退還我國」。〔註 52〕

　　教育出版社 2009 年版，第 625 頁。
〔註 49〕曹伯言整理：《胡適日記全編》第 3 冊，安徽教育出版社 2001 年版，第 718 頁。
〔註 50〕參見桑兵：《晚淸民國的國學研究》，上海古籍出版社 2001 年版，第 120 頁。
〔註 51〕《任鴻雋致胡適》，中國社會科學院近代史研究所中華民國史組編：《胡適來往書信選》上冊，中華書局 1979 年版，第 255 頁。
〔註 52〕《庚款與教育文化》，教育部編：《第一次中國教育年鑒・戊編・教育雜錄》，開明書店 1934 年版，第 114 頁。

1929 年 12 月 19 日,「中國政府訓令教育部,廢止對華文化事業協定,並令東方文化事業委員會之中國委員退出該會」。〔註 53〕自此以後,日本所謂的「對華文化事業」基本處於名存實亡的狀態。

通過對范源廉在反對日本所謂「對華文化事業」中的考察,可以反映出由於日本對中國的步步侵略,使范源廉對於日本的印象發生了急劇的轉變。1920 年代的范源廉,已經從早年對日本的服膺者轉變為對日本的批判者,其對於日本所謂「對華文化事業」的堅定反對,正是范氏對日本深刻警惕的體現。

2、對於教會學校的整頓及思想轉變

教會學校是近代中國教育的一個特殊組成部分。戊戌維新以後,西方教育得到士大夫階層的認同,教會教育也得到了更快的發展。對於這種情況,清政府並沒有予以重視,學部於 1906 年規定「外國人在內地設立學堂,奏定章程並無允許之文,除已設各學堂暫聽設立,無庸立案外,嗣後如有外國人呈請在內地開設學堂,亦均無庸立案,所有學生,概不給予獎勵」。〔註 54〕這一規定,為教會教育的發展更提供了便利。民國建立之後,教會學校繼續有所發展,「到五四以後,教會學校已經形成了一個包括幼兒園、小學、中學、師範、專科學校、高等學校的完整體系」。〔註 55〕教會學校的存在具有兩面性:一方面對於近代中國教育有促進作用,如論者所言:「民國初年,教會教育得以迅速發展,成為新教育的一個重要組成部分」;〔註 56〕但另一方面,教會學校的發展是與帝國主義侵略的發展同步進行的,而教會學校的重要目標之一就是宣傳基督教教義,這也對於中國教育發展產生了不利的影響。如何處理中國廣泛存在的教會學校,就成為一個相當棘手的問題。

對於教會教育,范源廉早就表達了相當大的關切。在其擔任教育總長期間,范源廉頒佈了一系列法令,對教會學校進行規範。1917 年 5 月 12 日,第二次擔任教育總長的范源廉發佈公告,針對「京師及各省區中外人士創設

〔註 53〕黃福慶:《近代日本在華文化及社會事業之研究》,「中央」研究院近代史研究所 1982 年版,第 205 頁。

〔註 54〕《學部咨各省督撫為外人設學無庸立案文》,朱有瓛等主編:《中國近代學制史料》第 4 輯,華東師範大學出版社 1993 年版,第 26 頁。

〔註 55〕黃興濤主編:《中國文化通史・民國卷》,中共中央黨校出版社 2000 年版,第 359 頁。

〔註 56〕楊東平編著:《艱難的日出:中國現代教育的 20 世紀》,文匯出版社 2003 年版,第 33 頁。

私立各種學校往往有學科程度較中學爲高，而學校之名稱及科目與大學校令第三條或專門學校令第二條未能盡符，然其實力經營亦有未便湮沒」的情況，爲推廣教育，特別制定關於這類學校考核待遇的辦法四條：一、此項學校辦理確有成績者，經本部派員視察後，得認爲大學同等學校或專門學校同等學校；二、此項學校學生修業年限須在三年或在三年以上，如設有預科者，其預科修業年限須在一年或一年以上；三、此項學校呈請本部認定時，應將左開事項詳造表冊，在京師者，徑呈本部；在各省區者，由行政長官專報本部……四、經本部認定後，該校畢業生得視其成績予以相當之待遇。〔註 57〕正如論者所言，該通告的發表，表明「此時教育部對教會學校的政策已明顯有變，從過去消極被動式的『不干涉亦不承認』，已調整爲積極主動式的引導其立案註冊」。〔註 58〕

1920 年 11 月 16 日，時三任教育總長的范源廉再次發表布告：「查近年以來，外國人士在在各地設立專門以上之學校者，所在多有，其熱心教育，殊堪嘉許。惟是等學校大半未經報部認可，程度既形參差，編制時復歧異，以致畢業學生不得與各公立、私立、專門學校畢業學生受同等之待遇，滋足惜焉。茲爲整理教育、獎勵人才起見，特定外國人之在國內設定高等學校以上等，許其援照大學令、專門學校令、以及大學專門學校各項規程辦法，呈請本部查核辦理，以泯畛域而期一致。」〔註 59〕這一公告，體現了范源廉所主持的教育部欲收回教育權的努力。

1921 年 2 月，范源廉在直隸——山西基督教教育會上演講，更爲直接地表達了其對於教會教育的態度。在演講中，范源廉認爲基督教學校與公辦學校各有優點，但基督教學校過於強調外語和科學，忽視了中國語文、歷史和地理的教育，這並不能適應當時的社會需要。在演講中，范源廉強調基督教教育應由傳教的工具轉變爲促進中國教育制度革命的重要因素，隨後，范氏提出了三點要求：第一，與中國政府有更爲密切的關係；第二，與地方教育界有更爲密切的關係；第三，消除中國民眾對基督教教育的誤解。〔註 60〕

〔註 57〕 《政府公報》第 481 號，中國第二歷史檔案館整理編輯：《政府公報（影印版）》第 108 冊，上海書店出版社 1988 年版，第 473 頁。

〔註 58〕 楊思信、郭淑蘭：《教權與國權——1920 年代中國收回教育權運動研究》，光明日報出版社 2010 年版，第 59 頁。

〔註 59〕 《政府公報》第 1710 號，中國第二歷史檔案館整理編輯：《政府公報（影印版）》第 166 冊，上海書店出版社 1988 年版，第 89 頁。

〔註 60〕 "Speech given before the Chilli-Shanxi Christian Educational Association", The

在這次講話之後，1921 年 4 月 9 日，教育部又頒佈訓令，對教會中等學校立案辦法，作了進一步的規定，主要有如下幾款：1、學校應冠以「私立」字樣；中學校應遵照《中學校令》、《中學校令施行規則》辦理，實業學校應遵照《實業學校令》、《實業學校規程》辦理；2、中等學校科目及課程標準，均應遵照。如遇有必須變更時，應敍明理由，報經該省區主管教育官廳呈請教育部核准，但國文、本國歷史、本國地理不得呈請變更；3、關於學科內容及教授方法，不得含有傳教性質；對於校內學生，無論信教與否，應予以同等待遇；違反以上各條者，概不予立案；4、即已經立案，如有中途變更者，將立案取消。〔註 61〕通過以上的論述，我們可以發現關於教會教育的法令基本都爲范源廉任教育部長時期所頒佈的，體現出范氏對於教會學校的密切關注，其目的在於對教會學校進行規範。

不過總體看來，范源廉對於教會學校是持比較寬容的態度的，這與其對美國在華教會學校的良好印象關係比較密切。在 1919 年所發表的《調查美國報告》一文中，范源廉即對美國在華所辦的各項教育事業表示了贊賞，並認爲：「故美人爲吾國興教育，吾人自應感激，然而吾人自身之事業須他人代謀，吾人尤應慚愧。此後吾人益當振作，群策群力，謀教育之進行，以期不負友邦厚我者之盛意也可。」〔註 62〕除此之外，范源廉對教會學校的態度與孟祿的影響也有關係。孟祿在華考察教育期間，在與中國教育界討論的過程中，即認爲「教會學校當與私立學校受同等之待遇，任其自由發展，只要此等學校能實行政府之最小限制即可」。〔註 63〕鑒於二人的密切關係，孟祿的言論也應當對范源廉的思想有不小影響。

如果說范源廉對於日本所謂「對華文化事業」的堅決反對得到了改進社內部大部分成員支持的話，那麼范源廉對教會學校的態度則在中華教育改進社內部引發了相當大的爭議，尤其招致了國家主義派部分人士的反對，這主

Educational Review, Vol. XIII, N.2, April, 1921, pp.131～134.轉引自張龍平：《國家、教育與宗教——晚清民國時期的中華基督教教育會研究》，中山大學 2008 年博士論文，第 146 頁。

〔註 61〕　《政府公報》第 1844 號，中國第二歷史檔案館整理編輯：《政府公報（影印版）》第 172 冊，上海書店出版社 1988 年版，第 277 頁。

〔註 62〕　范源廉：《調查美國教育》，歐陽哲生等編：《范源廉集》，湖南人民出版社 2010 年版，第 167 頁。

〔註 63〕　陳寶泉、陶行知、胡適編：《孟祿的中國教育討論》，中華書局 1933 年版，第 88 頁。

要體現在中華教育改進社第三次年會之上。1924 年 7 月，中華教育改進社第三次年會在南京東南大學開會，在此次年會上，以余家菊、陳啓天等爲代表的國家主義派提出《請求力謀收回教育權案》，其主要內容爲：請求國會及教育部制定嚴密之學校註冊條例，凡外人借學校實行侵略或宣傳宗教者，一律不予註冊；凡未註冊之學校，學生不得享受已註冊學校所享之一切權利；中小學教科書應將教育權之喪失列爲國恥之一，直至教育權完全收回之後爲止；凡不依學校註冊條例之學校應限期封閉禁止招收新生。〔註 64〕國家主義派的主張，體現了對於教會學校的激進態度和收回教育權的迫切要求。

對於國家主義派的提案，改進社成員紛紛發表意見，范源廉即表示了不同的意見。范氏認爲對教會學校應該區別對待，「如聖約翰大學，在前不重視中國文等，今日亦注意之，凡此皆當設法知道」；又如嶺南大學，雖然名爲教會大學，但實際上已經是中國學校，因爲「有百分之九十幾爲中國經費」；但是日本學校與教會學校不同，因爲「教會在傳教，始宣傳國家主義，而日人則以尊重日本國體用爲原則，故當區別言之」。〔註 65〕但范源廉的觀點遭到了國家主義派的反對，朱經農回憶道：「記得當日會場中有人欲阻止范靜生先生發言，我謂應否發言，可取決於主席，如主席准其發言，他人不應干涉。」〔註 66〕這也從一個側面反映了當時各派爭論之激烈。

面對各界的反對之聲，國家主義派在《中華教育界》出版「收回教育權」專號，系統表達了國家主義派對收回教育權的主張。陳啓天在《我們主張收回教育權的理由與辦法》一文中，認定當時反對中國收回教育權的只有四種人，前三種分別爲外國人、中國教徒以及教會學校出身的教育家，「第四種是原與教會學校無大關係，不過暫且假借利用教會學校與外人勾結，增大自己勢力的教育家。對於這類教育家，陳氏認爲：「這種人是持『凡有實力即承認』的態度，他們認教會學校有實力，故不敢反對教會學校。而且有時甘做教會學校的傀儡，爲教會學校賬目，公然反對收回教育權，或暗加阻止。教會學校也利用他們在教育上的權威，以榮譽學位，特請講演，參與會議等做拉攏的妙計，而此種教育家遂忘其所以，不知尊重他們自己在中國教育上的地位

〔註 64〕 《請求力謀收回教育權案》，《中華教育界》1924 年第 14 卷第 1 期。
〔註 65〕 《學術會議》，《新教育》第 9 卷第 3 期，第 445 頁。
〔註 66〕 朱經農：《爲國家主義的教育問題答覆陳啓天君》，《中華教育界》1925 年第 14 卷第 11 期。

了。」〔註67〕通過上述言論，實際上可以看出陳氏的言論暗指范源廉為代表的教育家。

余氏的言語還比較隱晦，並沒有將矛頭指向范源廉，周太玄在《非宗教教育與教會教育》一文中，則直接批評了范源廉的言論。對於范源廉所主張的「教會學校，由外國教會辦則不可，由中國教會無不可」的言論，周氏以為，范源廉「既不甚清楚教育與教會教育原則上之不兩立，又沒有知道教育而成教會的將生些甚麼影響；他更沒有想著假使中國所有的宗教都群起而辦學校，則若干年後的中國與中國人是成了一種甚麼光景」；對於范源廉所認為的「教會教育假定中國有力自辦學校，則教會學校可減少。約翰學校在前不重視中國文等，今亦注意及之」的言論，周太玄認為，聖約翰這類學校中國有能力自辦，而這類學校的教員「大部分不知中國話，教書與平常談話絕對用英文，及絕對趨重英美文學、史地的學校，中國即綽有餘力，亦不應該來自辦」。這類學校雖然在監督之下可以有所改良，但是要求教育學校取消讀經和宗教儀式是不可能的，「因為教會學校漸迫於大勢，不得已略重中文，以圖遮掩耳目」；對於范源廉所認為的「教會學校與日人設學不同，教會在傳教，非宣傳國家主義，而日人則為文化的侵略，不可不反對」，周氏以為日本人辦學為文化侵略是有目共睹的，而教會教育目的為傳教也是很明顯的，「但是我們無須傳教，是否用得著教會教育？至於說教會不宣傳國家主義也是不錯的。因為，如果他宣傳國家主義，學生知道有國家有中國，則他們的地位立刻不穩」。〔註68〕

不僅如此，中国共產黨也批評了范源廉的主張。時任中国共產黨總書記的陳獨秀對於范源廉在中華教育改進社的言論給予了批判。陳氏以為，收回教育權的議案之所以不能徹底，「是因為教育改進社完全在研究系操縱之下，他們如何能贊成這樣激進的主張！初提此案時，研究名人范源廉猶極力贊教會學校之成績，經陳啓天等紛起駁斥，才將會場空氣轉換過來」。〔註69〕事實上，中国共產黨和國家主義派之間也有激烈的鬥爭，但在收回教育權的問題上，雙方則有相當多的共識，范源廉即成為兩派攻擊的中心人物之一。

在各方面的爭論之下，改進社最後議決四條辦法：（1）外人所設立之學

〔註67〕 陳啓天：《我們主張收回教育權的理由與辦法》，《中華教育界》1925 年第 14 卷第 8 期。

〔註68〕 周太玄：《非宗教教育與教會教育》，《中華教育界》1925 年第 14 卷第 8 期。

〔註69〕 獨秀：《收回教育權》，《嚮導》1924 年第 74 期。

校，含有侵略主義查有實證者停辦；（2）全國學校俱應註冊，又規定最低限度之課程，適合者註冊；不合者，不允註冊；（3）本社應依據教會報告，在相當時期內接受其可能收回之學校；（4）教育界努力發展本國教育，使無形中足以抵制外人所辦教育事業。〔註70〕這一辦法，體現了各方面力量的妥協。

然而，「五卅慘案」的發生，使范源廉對於教會教育的態度發生了重大轉變，這一轉變主要體現為對國家主義教育的提倡。1925 年 6 月 16 日，范源廉在北京師範大學發表演說，范氏認為當時的中國最需要的是國家主義的教育，在具體措施上，主要分為兩個方面：「（甲）對內——要養成學生有良好的品格，充實的能力和強健的身體。本國生存所必需的物品要自己製造，不仰賴於外國；學問更應求獨立，使學生們知道無論精神上、物質上仰賴於外人，總是可恥的事情。同時要盡國民的天職，力自振作，革新腐敗的政治與民德……（乙）對外——國家主義有對象，我們就以英、日兩國為對象。研究為什麼英國、日本會能對中國實行政治的壓迫與經濟的侵略……我們決當以英日作對象，好好的『準備實力』，再圖與他們相見！」〔註71〕不僅如此，范源廉甚至準備在中華教育改進社太原年會上發表《全國一致力行國家主義的教育》的演講，〔註 72〕但由於各種原因未能實現。由此可見，在時局激變的情況下，范源廉的思想也開始向國家主義派靠攏。

對於范源廉的演說及其思想轉變，各界表示了不同的看法。周傳儒在《國家主義與教育》一文中指出，范源廉因「五卅慘案」在北師大發表所發表的講演「說的很沉痛，很懇切，很適當，聽眾非常感動。」周氏認為范源廉當時所提出國家主義的教育主張「可謂最光明最大膽的主張了」，因此認定在當時的歷史條件之下，「國家主義之與中國教育，不是應否實行的問題，乃是如何實行的問題」。〔註73〕

時為北京大學學生的馬復在《晨報副刊》撰文，則表達了對范源廉所主張的國家主義的不同意見。馬氏以為范源廉所提出的國家主義教育雖然解釋

〔註70〕 《中華教育改進社歷年年會概況（節錄）》，李桂林主編：《中國現代教育史教學參考資料》，人民教育出版社 1987 年版，第 559 頁。

〔註71〕 范源廉：《滬案與教育》，歐陽哲生等編：《范源廉集》，湖南人民出版社 2010年版，第 317 頁。

〔註72〕 《教育改進社籌備年會之積極》，《申報》1925 年 7 月 27 日，第 9 版。本條材料的使用參考了何樹遠：《中華教育改進社與民國教育界（1919～1928）》，中山大學 2008 年博士論文，第 158～159 頁。

〔註73〕 周傳儒：《國家主義與中國教育》，《清華周刊》1926 年第 25 卷第 15 期。

得比較清楚，「但我終覺國家主義的教育，在現在的中國，實在不甚相宜。」在馬復看來，「現在中國所需要的教育，非他就是養成一種有創造的，自衛的，合格的──配做二十世紀的公民──人民的教育」。〔註74〕

　　對於馬復的觀點，屬於國家主義派的劉炳藜則持不同意見，並對范源廉的轉變表示了贊賞。對於范源廉所發表的演講，劉氏以爲：「范先生上次在師大講演《滬案與教育》，他將國家主義的教育分作對內和對外兩方面，這個分法，馬先生認爲很清楚，而且我認爲很恰當。提倡國家主義的《醒獅周刊》是以『外抗強權，內除國賊』爲標的的；范先生講國家主義教育的兩方面而不覺與《醒獅周報》的標語相吻合。在《醒獅周報》固然是眼光獨到，而在范先生亦是言之有見。」〔註75〕

　　即便如此，范源廉所主張的國家主義教育與國家主義派的教育思想也是有距離的。如果說，國家主義派在教育上基於教育主權的觀點，希望對於外國在華教育一概取締的話，那麼，以范源廉等人爲代表的一些教育家則希望在維護教育主權的前提下，對於各國在華教育加以區別對待，以促進中國教育的發展。筆者以爲，在當時教育資源嚴重不足的情況下，范源廉所採取的的措施更符合當時的國情，在一定程度上是比較現實和理性的。〔註76〕

第三節　主持中基會與近代教育文化的促進

一、美國庚款退還與中基會委員之爭

　　美國第二次對華退還庚子賠款，始於 1917 年第一次世界大戰期間：「民國六年，我國對德宣戰，與協約諸國有緩付賠款之議。同時中美兩國之有識者，爲增進兩國之邦交及文化之關係起見，更倡議請美政府將前次退款餘存之部分一併退還，是爲第二次退還庚款之運動。」經過中美各方面人士的努

〔註74〕馬復：《我們需要國家主義的教育？》，《晨報副刊》1925 年 7 月 6 日，第 8 版。
〔註75〕劉炳藜：《閒談國家主義的教育並質馬復先生》，《晨報副刊》1925 年 7 月 12 日，第 8 版。
〔註76〕孫邦華先生也認爲：「當時教會學校滿足了相當一部分人──並不純粹是教徒或教徒子弟──讀書求學的願望，有助於政府解決教育資源不足的問題，如果採取簡單化的政策，使其一律關閉停辦，顯然是不明智的。」參見孫邦華：《收回教育權運動與中國教會大學的「立案」問題──以輔仁大學爲個案的分析》，《天津師範大學學報（社會科學版）》，2009 年第 1 期。

力，1924 年 5 月，退還庚款於中國一案「完全通過與美國議會兩院，並表示此款當用於發展中國之教育及文化事業」。〔註77〕

美國庚款的退還，對於中國當時經費極為短缺的教育界可謂雪中送炭，因此各大文化教育團體表示了極大的關注，並極力爭取，希望從中分得一杯羹。如中國科學社、中國天文學會、中國地質學會、中國地學會等 7 個團體團於 1924 年 6 月經過協商達成一致，議決了三項原則：「（一）各種教育文化事業之中，目前最須提倡與補助者，莫過於發展科學之研究。（二）退還庚款應作為固定基金，以維持久遠，基金之保管與分配，則應由基金委員會負責。（三）基金會的中國委員，應由相當額數以熟悉中國教育及學術事業並有相當成績之教育家或學者充任。」〔註78〕表達了希望在基金會人選和經費分配上有利於己方的要求。

對於美國庚子退款，范源廉所參與的中華教育改進社也積極爭取。1922 年 2 月，中華教育改進社批准成立籌劃全國教育經費委員會，其主要宗旨為「督促並計劃全國教育經費之擴充及支配」。〔註79〕2 月 15 日，中華教育改進社籌劃全國教育經費委員會舉行第一次會議，以范源廉為賠款部主任，全國教育經費委員會的設立，一方面為解決當時教育界普遍存在的教育經費短缺問題，另一方面實際也要應對各國退還庚子賠款事宜。2 月 22 日，由上海返回北京的范源廉在蔡元培家中召開改進社董事及委員會成員開會，由范源廉報告改進社在上海召開董事會的經過，並就組織籌劃教育經費委員會，內分計劃、關稅、賠款、公債四部等問題詳細加以討論。〔註80〕由此可見，中華教育改進社對於美國庚款也在積極爭取。

美國退還庚子賠款之後，首要的問題是如何管理退款問題。為此，中美兩國決定設立專門的委員會。圍繞著委員會的人選，北洋政府與民間教育團體展開了激烈的博弈。1924 年 8 月，孟祿為中美委員一事訪華，各派政治力量都積極爭取孟祿，孟祿到北京後，「外長顧維鈞即將從事接待，並乘機介紹於中國名流，如范源廉、袁希濤、張伯苓、曹雲祥等教育要人，以便討論庚

〔註77〕 美國第二次退還庚子賠款的情況，可以參看王樹槐：《庚子賠款》，「中央」研究院近代史所 1985 年版；楊翠華：《中基會對科學的讚助》，「中央」研究院近代史所 1991 年版。
〔註78〕 楊翠華：《中基會對科學的讚助》，「中央」研究院近代史研究所 1991 年版，第 6～7 頁。
〔註79〕 《新教育》，1922 年第 4 卷第 5 期。
〔註80〕 高平叔撰：《蔡元培年譜長編》中冊，人民教育出版社 1996 年版，第 477 頁。

款用於最有益之事業」。〔註81〕經過與顧維鈞等人的協商,「為免教育團體推舉之糾紛,取消了原議由教育團體推舉三位委員之草案,改為由總統任命」。〔註82〕

　　1924 年 9 月 1 日,全國教育學術聯席會議在中華教育改進社總事務所開會,討論美國庚款的人選問題。經過投票選舉,「當場選出蔡元培、范源濂(以上得十四票),汪精衛、黃炎培(以上得十二票),蔣夢麟(以上得十一票),郭秉文、熊希齡(以上得十票),張伯苓、丁文江(以上得九票),袁希濤、李石曾、陳光甫、周詒春、穆湘玥(以上得六票)十四人」。〔註83〕通過選舉結果可以看到,蔡元培和范源濂實際上得到了全票,可見二人當時在教育界人士中的地位和威信。

　　不過在最終的名單上,蔡元培、汪精衛卻並未入選,這招致了各界的不滿。《東方雜誌》對此有所報導:「北京教育學術團體曾開會選定蔡元培、范源濂、汪精衛等擔任管理美國退款委員;這次政府所發表,則蔡、汪均未入選,尤為各方所不滿。」〔註84〕事後看來,中基會董事會的組成,孟祿實際上起到了關鍵作用。范源濂在談話中也承認美國在中基會董事中的作用:「美款董事會之組織,中國董事本居多數,然外國人之意思,萬難抹煞也。」〔註85〕實際上也坦承了孟祿在人事組織中的重要作用。

　　依據董事會章程,中基會董事應為 15 人,「國務院於是函請教育部徵詢教育界意見,提出補聘董事一名」。〔註86〕圍繞著第 15 位董事的人選問題,各方面又進行了一番博弈,其中尤以中國科學社最為積極,暗中運作更多社員入選。時在中國科學社的任鴻雋致信胡適,請其從中運作使丁文江當選:「大概我們最少也希望政府在學術團體所選出的十四個人中,就他的前九名選任。京中的團體應該力爭。個人中如你和在君有嫌疑的關係,不便說話,我

〔註81〕 《孟祿博士抵滬》,《晨報》1924 年 8 月 24 日,第 3 版。

〔註82〕 楊翠華:《中基會對科學的讚助》,「中央」研究院近代史研究所 1991 年版,第 11 頁。

〔註83〕 《京教育學術團體對美款委員問題之急進》,《申報》,1924 年 9 月 14 日,第 6 版。

〔註84〕 朔一:《教育文化基金董事會與退款用度》,《東方雜誌》1924 年第 21 卷第 18 號。

〔註85〕 《教聯會昨招待各國庚款董事》,《晨報》1926 年 8 月 25 日,第 6 版。

〔註86〕 楊翠華:《中基會對科學的讚助》,「中央」研究院近代史研究所 1991 年版,第 13 頁。

們很希望夢麟和靜生出來講幾句話。」〔註87〕對於此事，作爲當事人的丁文江也致信胡適，表明了自己的態度：「『被擠』我早已料到了。我對於這種事本來毫無興味。這一次因爲翁詠霓再三勸我爲地質調查所設法，不得不出頭，但是不在裏面，也有不在裏面的好處。以後還要請你在杜威、孟祿面前說說。中國人方面我很希望夢麟同靜生幫忙，其餘的人都不甚靠得住。」〔註88〕任鴻雋和丁文江都不約而同地提到了范源廉，也可見在二人心目中范氏爲值得信賴之人。事實表明任鴻雋、胡適等人的運作起到了效果，經過范源廉、蔣夢麟等人的推薦，國務院正式補聘丁文江爲中基會董事。至此，中基會的委員人選問題才告一段落。

董事會的組織與人選公佈之後，教育界的部分派別表達了不滿。1925年，全國教育會聯合會第十次大會提出《否認所謂「中華教育文化基金董事會」案》。在提案中，對中基會表示了反對：「查該董事會，本專爲美國之賠款而設，不能涉及其他，茲定名既如此含混，關於權限，復規定得接受其他經營教育及文化事業之款項。推解其義，即將來其他各國退還之賠款，亦未嘗不可由該會管理。且於接收存放之外，復有使用之權，中政府不能過問，美政府亦不能過問，我全國之教育學術團體亦復不能過問。而期滿改選，仍由該董事會自行補選，任何方面，無權參與，似此組織，殊不相宜。」〔註89〕

不過，對於中基會董事會的組織，不少人則表達了肯定之意，如胡適即認爲：「此中經過的情形，可以使我們覺悟：在這樣的無政府、這樣的紛亂的情形之下，我們決不希望把一萬多萬的鉅款作『無條件的拋棄』。拋棄給誰呢？拋棄給政府，我們固不放心；拋棄給全國教育聯合會，或拋棄給中華教育改進社，難道就沒有爭端了嗎？我在北京這幾年，眼見各國爭庚款的慘史、醜史，思之痛心。……美款所以較佳者，正因爲美國總統操有全權，直

〔註87〕《任鴻雋致胡適》（殘），中國社會科學院近代史研究所中華民國史組編：《胡適來往書信選》上冊，中華書局1979年版，第263～264頁。

〔註88〕《丁文江致胡適函》，中國社會科學院近代史研究所中華民國史組編：《胡適來往書信選》上冊，中華書局1979年版，第260～261頁。按：本段和上一段材料的使用曾參考了何樹遠：《中華教育改進社與中華教育文化基金董事會》，中國社會科學院近代史研究所編：《中國社會科學院近代史研究所青年學術論壇（2009年卷）》，社會科學文獻出版社2011年版。第169～170頁，特此致謝。

〔註89〕《第六屆全國教育會聯合會議決案》，邰爽秋等合選：《歷屆教育會議議決案彙編》，上海教育編譯館1935年版，第5－6頁

到董事會正式開會之後，基礎已定，組織已完成，然後他把全權交付董事會，所以流弊較少，成績較大。」〔註 90〕今人楊翠華也認為：「在南北教育界未能破除私意的前提之下，先由美國總統操有全權，俟董事會基礎已定，組織已成，再將全權交付中美政教人士所組的董事會，這樣的方式應該是流弊較少。」〔註 91〕鑒於當時的具體情況，楊氏的觀點應為平情之論。

　　1924 年 9 月 18 日，中華教育文化基金董事會在北京正式成立，由范源廉擔任臨時董事長。中基會成立之後，隨後的工作即是確定具體分工，明確職務等。1925 年 6 月，中基會在天津舉行第一次年會，范源廉被推舉為幹事長。幹事長一職在中基會中具有重要地位：「中基會的日常事務，則悉由幹事長領導其所屬職員辦理，幹事長由董事會投票選任，不以董事為限，是中基會的主要執行領袖，負執行該會各項決議之責，並保管該會關防，凡該會一切書契合同及公文，除董事會另有規定者外，應由幹事長與秘書或會計或特定的董事一人會同簽署。」〔註 92〕范氏擔任此職，與其在教育界的聲望及各方面的良好關係密切相關。董事長顏惠慶在致辭中，對於范氏出任幹事長表示了歡迎：「本會事務執行的領袖是幹事長。現在承范靜生先生允許擔任此職，乃是本會所極欣幸的。范先生學識、聲望、經驗，都是全國所景仰的，擔任此事，極為適宜。幫助范先生的，還有陶行知先生，陶先生在中華教育改進社多年，凡是教育界中人無不知道的。有這兩位擔任執行的任務，本會事業進行一定可望圓滿。」〔註 93〕

　　范源廉成為中基會首任幹事長應為多種因素所促成的，首先是范源廉與美國庚子賠款素有淵源，美國第一次退還庚款所創辦的清華學堂與范氏關係密切。另一重要的原因在於范氏自身的積極態度，較之對於日本庚款的強烈反對態度，范源廉在中基會一事上可謂相當積極。在教聯會招待各國庚款董事會的招待會上，范氏表露了自己的心聲：「兄弟數年以來，對於他項職務，均不敢承辦，對中華文化基金董事會職務，則孜孜不倦。蓋因中國政治時入

〔註 90〕　《胡適致陶行知、凌冰》（稿），中國社會科學院近代史研究所中華民國史組編：《胡適來往書信選》上冊，中華書局 1979 年版，第 369～370 頁。

〔註 91〕　楊翠華：《中基會對科學的贊助》，「中央」研究院近代史研究所 1991 年版，第 15 頁。

〔註 92〕　楊翠華：《中基會對科學的贊助》，「中央」研究院近代史研究所 1991 年版，第 39 頁。

〔註 93〕　《中華教育文化基金董事會事務所昨日成立》，《晨報》1925 年 7 月 30 日，第 7 版。

混亂狀態,國家根本教育問題,每因政治影響,無法進行。曩承乏教部,辦理教育行政,受此痛苦,指不勝屈。今欲達我教育救國之目的,不得不注重此點耳。」〔註 94〕在范源廉擔任教育總長期間,曾深受教育經費短缺之苦,中基會的充足經費為其發展中國教育提供了堅實保障,因此范氏的積極態度就不難理解了。

范源廉就任幹事長之後,「隨於六月下旬選定北京石駙馬大街四十二號房一所為董事會會所,七月二十八日舉行董事會會所開幕式,自是正式辦公」。〔註 95〕中基會首要工作為選擇工作人員,范源廉聘請曾留學美國的任鴻雋和陶行知分別擔任專門秘書和執行秘書,任鴻雋回憶道:「十四年夏,范靜生先生出任中華教育文化基金(簡稱中基會)幹事長,復以該會專門秘書見徵。」〔註 96〕選取任鴻雋和陶行知作為秘書,為范源廉及幹事會增添了得力的助手。在人事問題解決之後,中基會的下一步工作為制定各種章程,任鴻雋回憶說:「吾嘗聞先生(按:指范源廉)言『美國退還庚子賠款得為各國退還賠款之先聲,故中基會不可不為將來此種組織樹一模範』。」〔註97〕在任鴻雋、陶行知等人的幫助下,范源濂等人花費數月起草董事會章程、細則及基金管理辦法,「逐步確定了事業範圍與撥款原則,成為此後中基會發展方向的指南」。〔註98〕由此可見,范源廉能夠不辱使命,對於中基會的早期發展可謂盡職盡責。

二、制定經費分配原則與應對各界紛爭

中基會的組織、章程基本建立與完善之後,下一步的重要任務即為制定經費分配辦法,中基會在范源廉的領導下按部就班地開展工作。為了保證經費分配的公平,在幹事部成立之後,「即約請中西專門學者二十二人前往各地,分門考察。除時局不靖,交通阻滯之區,暫緩實行外,凡向董事會提出請款之學校團體,及其他機關,多已經專員實地視察,以期將來提議於董事

〔註94〕 《教聯會昨招待各國庚款董事》,《晨報》1926 年 8 月 25 日,第 6 版。
〔註95〕 《庚款問題之重要事實》,《新教育評論》1925 年第 1 卷第 3 期。
〔註96〕 胡宗剛整理:《任鴻雋自述》,近代史資料編輯部編:《近代史資料》第 105 號,中國社會科學出版社 2003 年版,第 16 頁。
〔註97〕 胡宗剛整理:《任鴻雋自述》,近代史資料編輯部編:《近代史資料》第 105 號,中國社會科學出版社 2003 年版,第 17 頁。
〔註98〕 顏惠慶著,吳建雍等譯:《顏惠慶自傳:一位民國元老的歷史記憶》,商務印書館 2002 年版,第 188 頁。

大會時，得以依據報告事實，作爲討議之參證」。〔註99〕在個人方面，范源廉擔任中基會幹事長之後，分別辭去了中國科學社、湘雅醫科學校、楚怡學校、中華圖書學會推其爲董事的邀請，並辭去了中華教育改進社的董事職位，〔註100〕體現了其欲保持公平的願望。

　　1925 年 8 月 21 日，范源廉在中華教育改進社作報告，提出了中基會分配款項的原則：（一）本會分配款項，概言之，與其用以補助專憑未來計劃請款之新設機關，毋寧用以補助辦理已有成績及實效已著之現有機關。（二）有因本會補助，可以格外努力前進，或可以多得地方之援助者，是種事業，本會更應重視之。（三）本會考慮應行提倡之事業時，對於官立私立各機關不爲歧視。（四）本會分配款項，對於地域觀念應行顧及，其道在注重影響普遍之機關，始收錄學生於全國，或者學術貢獻有益於全民者，皆在注重之列。（五）本會分配款項，應規定期限，到期繼續與否，由本會斟酌再定。（六）本會分配款項，須先經幹事長詳愼審查，遇必要時，得徵集專家意見或請其襄助審查。〔註101〕

　　1926 年 2 月，范源廉又提出了分配款項的補充原則，主要內容如下：本會教育事業，擬暫以左列各項爲範圍：第一項　科學研究，包含：（1）物理，（2）化學，（3）生物學，（4）地學，（5）天文氣象學。第二項　科學應用，包含：（1）農，（2）工，（3）醫。第三項　科學教育，包含：（1）科學教育，（2）教育之科學的研究。二、文化事業，擬暫以圖書館爲限。三、其他屬於教育文化之事業，影響及於全國者，亦在考慮之列。四、對於某種機關加以補助時，除須有（1）過去成績，及（2）維持現狀之能力外，以（3）能自籌款項之一部分爲重要條件。五、除僅與一次補助者外，如無特別約定或計劃，每事補助，暫以三年爲限。在補助期內如無相當成績，本會得隨時停付補助金。六、凡請求撥款以作基金者，概不照允。〔註102〕

　　中基會的經費分配原則確定之後，圍繞著經費分配問題，各派別紛紛發表自己的意見。可以說，圍繞著經費分配問題，幾乎無時不在爭議之中，這

〔註99〕《庚款問題之重要事實》，《新教育評論》1925 年第 1 卷第 3 期。
〔註100〕歐陽哲生等編：《范源廉集》，湖南人民出版社 2010 年版，第 373、374 頁、375 頁。
〔註101〕范源廉：《中華教育文化基金董事會分配款項原則》，歐陽哲生等編：《范源廉集》，湖南人民出版社 2010 年版，第 321～322 頁。
〔註102〕中華教育文化基金董事會編：《中華教育文化基金董事會第一次報告》，1926 年，第 28～29 頁。

也為中基會的工作帶來了相當大的阻力。在經費分配問題上，中基會所遇到的最大阻力來自全國教育會聯合會。在范源廉擔任教育總長期間及反對日庚款退還問題上，全國教育會聯合會與范源廉曾有著相當多的共識，然而圍繞著美國退款的分配問題，雙方則發生了相當大的分歧。1925 年，第十屆全國教育會聯合會通過《庚款分配標準及董事組織原則案》，主張庚子賠款的分配應「以總數之大部分照人口比例分配於各省區，以總數之小部分照各該省原負擔賠款比例分配於各該省」；在庚款的具體分配上，主張「國家教育得十分之一」，「各省區教育得十分之九」。〔註 103〕這體現出教聯會想要使庚款平均分配的願望。

需要注意的是，對於全國教聯會的用途分配辦法，地方教育會並不買賬。如奉天教育會長馮子安對教聯會的分配辦法表示了不滿，認為如依全國教育會聯合會的標準，奉天當時沒有賠款，因此根本無法得到退款。馮氏還以范源廉為例，從地域因素表達了對分配方法的不滿：「向者奉亦嘗擔負留學經費矣，然而當時奉天並未有留學者，乃所造就者多為南方之人士，如范靜生者流。准貴會之規定，東省可要求范君等服務東省，那豈非（豈有此理）乎？」〔註 104〕

對於全國教育會聯合會等團體所要求的庚款平均分配方案，范源廉表達了不同意見。早在 1923 年，范氏在發表對於英國庚款分配的意見時，即反對各個學校平均分配，范氏以為「若各校分割、分散之後一處所得無幾，二十年一轉眼即過，等到錢已盡，而事業尚無一成。實不如用全款以建立一二種基本事業之為得法」。〔註 105〕1926 年，在全國教育會聯合會招待各庚款董事的會議上，范源廉進一步重申了自己的觀點：「惟是統一庚款，是國際間一重大問題。……就餘個人觀察，各國退還庚款之宗旨及目的，未必相同，且賠款為一種條約的，德奧戰敗，條約失效，固可自由處理。俄款乃拋棄性質，係條約效力中止。至於美、日、英各國，雖係退還，究不能脫條約之束縛。曩遊歐美，關於統一運動，確已舌敝唇焦。美國學者莘特華女士，孟祿博士，及英人朱爾典，亦間接或直接幫助不少，卒未成功。因民族之性情各別，如

〔註 103〕 《第十屆全國教育會聯合會議決案》，邰爽秋等合選：《歷屆教育會議議決案彙編》，上海教育編譯館 1935 年版，第 33～36 頁。

〔註 104〕 《群起力爭之庚款與東三省》，《時事新報》1925 年 3 月 16 日，「教育界」。

〔註 105〕 范源廉：《對於退款興學之意見》，歐陽哲生等編：《范源廉集》，湖南 ⟨ 凡山版社 2010 年版，第 237 頁。

英人沉靜，美人熱忱，表面上語言雖屬相同，而精神上未必一致也。即令不管外國意見如何，中國方面若聯合一氣，以處分庚款，固是正當辦法。但事實上能否不發生困難，恐無把握。」〔註106〕

　　在庚款處置問題上主張集中而非平均分配，也為梁啟超所讚同。1926 年 6 月 29 日，梁啟超在致時任教育總長任可澄的信中，也表達了自己對於庚款分配問題的態度：「庚款總委員會事，各省教育界要求甚囂塵上，僕處亦屢得公私函箚，希望從旁贊成。但我以為此事在理論上固極當，實際上恐無著手處，因各國之分委員會皆以協定的性質建設成立，欲以片面的主張取消之，勢固不可能，既不取消而別冠以總委員會於其上，權限之分割極不易，恐實權仍在分會手，總會便成虛器耳。……僕對於庚款用途，以為比較的當用於集中事業，使成一氣脈，若零碎分散各地，辦所謂義務教育、平民教育等等，必至百無一成，故各省教育代表所主張，亦宜慎聽之也。」〔註107〕

　　在分配原則確定之後，中基會的主要工作對於社會各界請款進行分配，筆者特列下表以考察中基會的資金分配情況：

名　　稱	常年補助（以三年為限）	一次補助	本屆補助總　數	用　　途
北京大學	20000	10000	30000	補助物理系之設備及施行研究
復旦大學	10000		10000	發展生物科學
南開大學	30000	15000	45000	改進科學教學及施行研究
大同大學	10000		10000	發展科學設備
武昌中華大學	10000		10000	改進科學教學
科學研究助學金	10000		10000	
科學研究獎勵金	6000		6000	
地質調查所	35000		35000	補助調查研究事業及設備
中國科學社	15000	5000	20000	生物研究所研究費
東南大學農科	35000		35000	改良推廣稻麥及棉作

〔註106〕《教聯會昨招待各國庚款董事》，《晨報》1926 年 8 月 25 日，第 6 版。
〔註107〕丁文江、趙豐田編：《梁啟超年譜長編》，上海人民出版社 1983 年版，第 1081～1082 頁。

南洋大學	30000	20000	50000	發展工業教育
工實實習科	10000	10000	20000	謀中國學生之入美國工廠實習之便利及上海工藝教育
湘雅醫學專門學校	30000	15000	45000	添設校舍及設備
明德中學		10000	10000	改進科學教學
南開中學		15000	15000	改進科學教學
楚怡中學		10000	10000	改進工業教育
中華職業教育社	15000	5000	20000	發展職業教育
中華教育改進社	15000	5000	20000	發展教育研究
北京圖書館	250000		250000	
圖書館學教席及助學金	10000		10000	
社會調查部	10000		10000	
華美協進會	30000		30000	
總計	730000	120000	850000	

資料來源：中華教育文化基金董事會編：《中華教育文化基金董事會第一次報告》，
1926 年 3 月。

中基會的資助名額公佈之後，各界反應各不相同，尤其是沒有得到資助的機構，紛紛表示了不滿。如全國私立大學聯合會對於中基會所資助的學校僅限於公立學校深表不公，並於 1926 年 3 月 19 日在中央大學開會，討論應對辦法。在會議上，各私立大學代表認爲美國庚款「爲全國人民所負擔，既決定完全作全國教育經費，自應全國教育團體均須分配，方昭公允。對該會董事只就與各董事有特別關係之各校決定補助，深致不滿」。〔註108〕

1926 年 4 月，「全國教育團體監督庚款用途委員會」致函中基會，從五方面對於庚款的分配加以質詢。在信中，監督庚款用途委員會首先對中基會所制定的發展科學知識的原則表示讚同，但認爲此次所補助的學校，如南開大學、復旦大學、明德中學、南開中學等學校，「悉爲普通學校」，並非爲具有科學性質的專門學校，因此與中基會的分配原則並不相符；其二，中基會所訂分配原則及補充原則，原本對官立、私立兩種性質和農、工、醫三類學校

〔註108〕《全國各私立大學請求分配庚款之運動》，《晨報》1926 年 3 月 20 日，第 6 版。

不加歧視，但在具體分配中，「遠在南京東南大學之農科，湖南之湘雅醫專，楚怡學校尚能津助」，而與其同一原則、同一性質的學校卻沒有得到補助，「顯示歧異」；第三，中基會在制定分配經費原則時，雖曾考慮到地域因素，並注重有全國影響性的機構。但在分配經費時卻並非公正無私，如湖南明德中學、湘雅醫專、楚怡學校等，「其收錄學生，不但不能遍於全國，且恐不能遍於湖南全省，其學術貢獻，不但不能益於中國全民，且恐不能益於湖南全民」，這與原定分配原則大相違背；第四，中基會原定補充原則規定主要資助科學教育、科學教席、科學研究及圖書館事業，但此次所分配的團體，如中國科學社、中華職業教育社、中華教育改進社等機構，「悉為私人組織機關」，並與原定分配原則並不符合，已經「軼出分配原則範圍之外」。在信的最後，監督庚款用途委員會認為本屆中基會經費分配與其所訂分配原則大不符合，並直指中基會董事與得到補助學校及團體的關係，表達了很深的懷疑：「外間迭興謠諑，謂此屆分款之學校及團體與各董事有直接之關係，如北京大學之於蔣夢麟，南開大學、南開中學之於張伯苓，湘雅醫學校、明德中學、楚怡學校之於范源廉，大同大學、女子大學之於胡敦復，中國科學社、地質調查所之於丁文江，復旦大學、東南大學、中華職業教育社之於黃炎培，中華教育改進社之於黃炎培、范源廉等。此種傳說，是否屬實，並上列貴會各董事應如何洗清此種嫌疑？」〔註109〕

　　對於庚款用途委員會的質疑，中基會於4月17日覆函，對五項質疑一一進行解釋。中基會首先認為庚款用途委員會對於中基會所訂分配款項原則並未完全明瞭，南開大學、復旦大學等雖為普通學校，但中基會所資助上述學校的經費，「皆指定用於促進各該校科學之研究與教學，並非漫無限制」。至於具體選擇資助哪些學校，則根據請款機關的計劃及實地調查的結果擇優資助，因此並非違背原有原則；就庚款用途委員會對各種性質的學校不能一視同仁的質問，中基會在覆函中指出，選擇資助東南大學之農科，湖南之湘雅醫專等校，而不專門偏重資助北京各校，原因在於中基會以普及全國為目的，「似不便專顧北京補助過多，更不應對於教部直轄之學校一律盡先優待」。各種專業性質的學校需要款項甚多，但中基會經費有限，因此「不得已於三項學校中，擇優補助先行試辦」，而非對於同一性質的學校有所偏私；關於地域問題的質疑，中基會在回覆中指出該會雖以普及全國為目標，但在具體補助

〔註109〕《監督庚款會質問美款分配》，《晨報》1926年4月16日，第6版。

機構上,「則不得不就來會請款者,酌量分配」。而湖南三校都已有良好成績,並非「僅限於一省區」;對於庚款用途委員會所質問的中國科學社、中華職業教育社等機構受到資助的問題,中基會認為在補充原則中已有規定,其他影響及於全國的教育文化團體,也在資助之列,上述團體與其相符,因此並未超出原定規則之外;對於外界所傳此次所補助的學校和團體均與中基會董事有關係的說法,該覆函指出,在討論經費分配問題時,凡請款機關「與敝會董事有直接關係者,會議之時各該董事均經遵章退席迴避,其議決之結果則純以該項事業之價值為準」。因此「固未嘗因該機關與董事有直接關係而特別優待,亦不能因董事與該機關有關係而轉令向隅也」。〔註 110〕

對於中基會的答覆,庚款用途委員會並不滿意,1926 年 6 月,全國省教育聯合會庚款董事會發表第一次宣言,對於美國庚款的分配再次表示質疑。該宣言首先肯定「諸庚款退款國不含侵略意味,惟有美款」,但引發爭議的,「乃在支配此款之中國方面」。〔註 111〕在宣言中,庚款董事會首先質疑中基會章程中的董事推舉辦法,認為如按現有規定,「則此後改選,可由留任董事,永久操縱」。因此要求政府予以修正;庚款董事會認為中基會所訂立的分配款項原則,「專為補助各機關而設,已軼出聲明之範圍以外」。並且分配原則中的「已有成績」、「已著成績」又並無一定標準,如此處於比較偏僻的機構「將永無補助之希望矣」。是否補助,「惟董事一言取捨」,因此所謂顧及地域觀念,僅為「欺蔽國人、假公濟私」;對於中基會所開辦的圖書館事業,庚款董事會認為與中基會有關的全國圖書館協會雖曾聲稱聲明擬在全國設立八處圖書館,但最終「僅設北京一處,與日本庚款所擬設之地點重複」。中基會對文華大學圖書館的補助,僅因韋棣華在美國退還庚款中曾盡力甚多,「遂藉彼所辦之公書林辦一圖書館講習,以相敷衍」;此外,中基會對申請補助機關的調查,僅「派若干人,赴有關係之處,為籠統調查」,最終「滬寧及京津,各占三分之一」。中基會所贈與的七處科學教習,「不過在各校經費應行設施範圍內,減輕負擔」,實際上仍為變相的補助。最後,庚款董事會請國人對中基會的經費分配予以注意並要求中基會慎重考慮。

對於教聯會庚款董事會的宣言中關於美國庚款的質疑,中基會於 1926 年

〔註 110〕 《中華教育文化基金董事會對分配美庚款之說明》,《晨報》1926 年 4 月 18 日,第 6 版。
〔註 111〕 《教聯會庚款董事會對全部庚款之第一次宣言》,《世界日報》1926 年 6 月 25 日,第 7 版。

7月3日發表覆函，對於相關問題進行解釋。對於中基會董事問題，中基會認為「本會之組織，乃根據於本會章程，查此項章程由政府制定公佈」，因此庚款董事會的質疑「似不免專從消極方面預為預測」；中基會的款項分配原則與補助的事業，「均在原有聲明之內」，並不存在超出範圍之事；至於中基會分配款項的標準問題，「則有各該機關之調查表格，與夫考察專員之實地調查報告，可資依據」，因此並非任意取捨；關於庚款董事會反覆強調的地域問題，該覆函中認為中基會其補助款項本來就以普及全國為目的，補助機關之所以主要根據「來會請款者」，「蓋我國幅員廣大，學術幼稚，發展之道，當從確定方針徐圖普及入手。若欲於最短期間，普遍設置，不獨本會財力固有未逮，即事業設施，亦難同時並舉也」；就庚款董事會對中基會所創辦圖書館事業的質疑，覆函首先聲明全國圖書館協會的聲明並不能代表中基會，設立圖書館教席和助學金，主要基於培養圖書館人才的考慮，「武昌文華圖書科為國內唯一之圖書館學校」，因此才予以資助，「以期造成圖書館人才，以為改良全國各處圖書館之初步」。此外，中基會在覆函中還解釋了請款機關的調查問題和科學教席設置問題。在回信的最後，中基會表達了對其款項分配公正性的信心：「總之，本會分配款項，均經各董事就目下情形悉心審慮，期歸至當，雖不敢謂舉無遺算，而議決補助之時，絕無偏私，此本會董事所差堪自信者也。」〔註112〕

　　客觀而言，各界的質疑並非沒有道理，中基會的款項分配確實因董事會的人選問題而導致一些傾向性。以范源廉本人為例，范氏為湖南人，此次在經費分配上，湖南得到資助的學校不少，不能不說與范源廉有或多或少的關係；對於南開大學的資助方面也是如此，顏惠慶曾對於當時南開的狀況有所回憶：「我作為校董事會主席，與張博士經常會面，方知學校經費非常困難，以至於常出現難以為繼的局面。張博士說，學校一次又一次面臨某些財政捐款再不到位就要關門的危險。銀行見此又拒絕貸款幫助學校渡過難關，絕望之際，每一次都獲得了意外的援助，使學校得以生存下來，校方懸起的心，總算暫時放下。資助南開大學的各組織中包括有洛克菲勒基金會和中華教育文化基金會。」〔註113〕范源廉為南開大學創始人之一，又曾擔任南開大學董

〔註112〕《中華教育文化基金會覆教聯會函》，《申報》1926年7月11日，第11版。
〔註113〕顏惠慶著，吳建雍等譯：《顏惠慶自傳：一位民國元老的歷史記憶》，商務印書館2002年版，第212頁。

事長，中基會資助南開爲人所猜疑自是難免了。

筆者以爲，在當時的歷史條件下，中基會的經費分配實現絕對公平並不可能，即使能夠實現相對的公平已經比較難得。正如胡適在致丁文江的信中所言，「在今日國內很不容易尋得十五個完全公心而不想謀私利的董事先生。中基會不是完全無疵，但它的多數董事是很可敬愛新任的」。至於中基會「這樣一個機關是絕不會『盡人而悅之』的。『Impartiality』是絕不會得著大家一致承認的。但自信爲公家謀最大效用，即此便是無私。悠悠之口，都不足計較，更不足憑信」。〔註114〕雖然胡氏此言的語境是指 1930 年代的中基會，但對於范源廉所主持的的早期中基會而言，也可以在一定程度上作如是觀。

三、對近代社會教育的推動：以北京圖書館的建立爲中心

中基會成立之後，其資助重心爲推動中國近代科學教育的發展，由於這一方面楊翠華在其所著的《中基會對科學的讚助》一書中已經有了比較詳盡的描述，因此筆者特選取中基會所創辦的北京圖書館爲研究對象，藉以探討范源廉所主持的中基會在促進近代中國教育文化中的作用。

圖書館是社會教育的重要組成部分，對於提高民眾的知識有著重要作用。對於設立圖書館，范源廉一直以來都比較讚同。1918 年從美國考察回國之後，在其所發表的演說中，即表達了對美國圖書館的高度贊賞：「社會教育。其最優者爲圖書館，各州及各城市亦皆有之，其組織完善，洵足爲世界第一。其中又有閱報室陳列各國新聞紙，即如我國上海各報亦有之。若至此觀書者，毫無資費，且地址清潔，屋宇開敞，管理者又非常和藹，閱者可以隨時出入，看畢盡可置書而去。」〔註115〕1923 年范氏在赴英國商談庚子賠款用途時，又有「設圖書館以促進社會教育」的主張。〔註116〕

中基會重視圖書館事業，與中華教育改進社和中華圖書館協會有密切的關係。美國退還庚子賠款之後，中華教育改進社即設立「圖書館教育組」，1923 年 8 月，中華教育改進社第二屆年會所通過的議決案中即有將美國退還

〔註114〕《胡適致丁文江》（稿）：中國社會科學院近代史所中華民國史組編：《胡適來往書信集》中冊，中華書局 1979 年版，第 271～272 頁。

〔註115〕范源廉：《赴美調查教育之情形》，歐陽哲生等編：《范源廉集》，湖南人民出版社 2010 年版，第 175 頁。

〔註116〕范旭東：《先兄靜生先生行述》，歐陽哲生等編：《范源廉集》，湖南人民出版社 2010 年版，第 634 頁。

庚子賠款三分之一用以擴充中國圖書館的內容，此外還包括組織各地方圖書
館協會的決議案。〔註 117〕隨後，南京、江蘇、上海、天津各圖書館協會陸
續建立，在此基礎上，1925 年 4 月，中華圖書館協會正式成立，其宗旨為「研
究圖書館學術，發展圖書館事業，並謀圖書館之協助」。〔註 118〕梁啟超擔任
董事長，范源廉被選為董事。中華圖書館協會的成立在上教育部的呈文中，
重申了圖書館教育的重要性：「竊查近今教育趨勢，多利賴於圖書館，而民
族文化，亦於是覘之。啟超等顧國籍之亟待董理，新學之尚須研尋，以為非
力謀圖書館教育之發展，不可與列邦爭數千年文化之威權，所關深巨，孰則
逾是。」〔註 119〕

　　中基會對圖書館的重視，也與時任武昌文華大學圖書館主任的韋棣華
（Mary Eizabeth Wood）〔註 120〕關係密切。為了爭取美國庚款的退還，韋棣華
「聯絡美國人士，上請願書於美國國會，在華府日夜奔走，遍謁顧理治總統
及參眾兩院議員數百人」。〔註 121〕可以說，美國庚款能夠退還，與韋氏的積極
運作不無關係。因此，中基會在建立早期對於圖書館事業的注重，一定程度
上也是為了答謝韋棣華在退還庚款問題上的不懈努力。顏惠慶即明確指出：
「其中特別提到『圖書館』，一是滿足美國立法人的興趣所在，二是報答韋棣
華女士的努力。她非常願意在中國建起更多的圖書館。」〔註 122〕

　　在幾方面的推動之下，建立圖書館就成為中基會初期的重要工作之一。
1926 年 6 月，中基會第一次年會通過美國退還庚款的分配原則和範圍，在該
議案中，即有「促進有永久性質之文化事業，如圖書館之類」的條文，〔註 123〕

〔註117〕 李致忠主編：《中國國家圖書館館史資料長編（1909～2008）》，國家圖書館出
　　　　 版社 2008 年版，第 55 頁。
〔註118〕 《中華圖書館協會組織大綱》，《中華圖書館協會會報》，1925 年第 1 卷第 1 期。
〔註119〕 范源廉：《呈請補助圖書館文》，歐陽哲生等編：《范源廉集》，湖南人民出版
　　　　 社 2010 年版，第 320 頁。
〔註120〕 韋棣華（1862～1931），出生於美國紐約，美國聖公會女教士，近代圖書館學
　　　　 家。1900 年來到中國，任文華大學英語教師兼校圖書館館員。1903 年創辦文
　　　　 華公書林，1920 年開設文華大學圖書科，並於同年改為武昌文華圖書館專科
　　　　 學校。
〔註121〕 沈祖榮：《韋棣華女士傳略》，丁道凡搜集編著：《中國圖書館界先驅沈祖榮先
　　　　 生文集》，杭州大學出版社 1991 年版，第 164 頁。
〔註122〕 顏惠慶著，吳建雍等譯：《顏惠慶自傳：一位民國元老的歷史記憶》，商務印
　　　　 書館 2002 年版，第 189 頁。
〔註123〕 中華教育文化教育基金董事會編：《中華文化教育基金董事會第一次報告》，
　　　　 1926 年，第 3 頁。

這也爲中基會建立圖書館提供了依據。經過綜合考慮，中基會決定與北洋政府教育部合作，在北京合辦國立京師圖書館。中基會選擇北京作爲圖書館的地點，「以北京爲人文薈萃之地，宜有規模宏大之圖書館以廣效用」；選擇與教育部合辦，則在於「教育部原有之京師圖書館所藏中文書籍甚富，其中且多有善本，徒以地址偏僻，館舍亦復簡陋，致閱覽者多感不便」。如果雙方合作並擇新址建立新館，「則舊館書籍既得善藏之所，而新館亦可騰出一部分經費爲購置他種圖書之用」。〔註124〕可見，對雙方而言，合作建立新的圖書館應爲雙贏的結果。

　　中基會的想法，也得到了時任教育總長的章士釗的支持。1925 年 10 月 22 日，中基會與教育部簽訂《合辦國立京師圖書館契約》和《國立京師圖書館委員會章程》，主要內容規定：教育部與中華教育文化基金董事會會定館址，由教育部無償撥爲建築圖書館之用；現在教育部直轄國立圖書館所有圖書及設備，由教育部完全移交委員會處理。凡屬於中央政府之圖書，得由教育部設法陸續劃歸委員會處理；教育部及中華教育文化基金董事會合任本圖書館之每年經常費，確數由教育部及中華教育文化基金董事會另行協定。教育部擔任本圖書館經常費二分之一，由教育部提出國務會議指定的款充之。中華教育文化基金董事會擔任圖書館經常費二分之一，由基金利息充之。〔註125〕

　　依據《國立京師圖書館委員會章程》，隨之成立了京師圖書館委員會。委員會委員由 9 人組成，分別由教育部和中基會分別推薦 3 人，由雙方共推教育界具有聲望者 3 人。1925 年 11 月 5 日，范源廉、周詒春等 9 人擔任爲圖書館委員會，范源濂被選爲委員長，依據章程，「委員長代表本會處理屬於本會職權之以一切事務，並未本會一切會議之主席」。〔註126〕委員會成立之後，其首要工作是選定館長人選，1925 年 12 月 2 日，北洋政府教育部任命梁啓超、李四光爲正、副館長。梁啓超之擔任圖書館長一職，與范源廉關係密切，梁啓超在書信中，提到「靜生近以中華教育文化基金董事會所創北京圖書館事

〔註124〕北京圖書館編：《北京圖書館第一年度報告(十五年三月至十六年六月)》，1927年，第 1 頁。國家圖書館館藏縮微膠捲。

〔註125〕《教育總長章士釗關於教育部與中華教育文化基金董事會合組國立京師圖書館委員會呈並契約》，中國第二歷史檔案館編：《中華民國史檔案資料彙編》第三輯・文化，江蘇古籍出版社 1991 年版，第 145 頁。

〔註126〕李致忠主編：《中國國家圖書館館史資料長編（1909～2008）》，國家圖書館出版社 2008 年版，第 60 頁。

相付託」，〔註 127〕可見梁氏擔任館長一職係范源廉敦請的結果。對於圖書館長，梁啓超本人很願意擔任，這與其對美國庚款的良好印象有密切關係。對美國的庚款退還，梁啓超表示了贊賞之意：「庚款退還，美最大方，一切由董事會自主，毫不干涉，實足根據，以爲將來各國模範。」〔註 128〕對於美國庚款的使用，梁啓超也表現出自己的責任感：「且美退還庚款態度最爲光明，全權付與董事會，一切不加掣肘。董事會自行經營之事業，惟在茲館，以全權委諸靜生與我。今以部中無力踐約，致大部分計劃不能進行，對信用失墜，而懷抱文化侵略野心之國家，將益有所藉口，謂中國人任何事業皆不能獨立建設。此於庚款前途影響甚大，不僅僕一人名譽所關而已。」〔註 129〕

然而，中基會在建立北京圖書館過程中，卻發生了相當多的波折，其中尤以與教育部的矛盾爲焦點。按照雙方約定，京師圖書館經常費爲每月 5000元，由中基會和教育部各出一半，但此時的教育部已經處於困窘的狀態，已經無法履行契約。此時北京教育界的環境更爲惡劣，由於教育部經費短缺，教育部職員發起了索薪運動。教育部職員的矛頭不僅指向北洋政府，還指向了中基會與教育部合辦的京師圖書館。1926 年 1 月 7 日，教育部召開索薪大會，在索薪未果的情況下，教育部職員以扣押四庫善本書作爲要挾。依據雙方契約，教育部所轄圖書館的書籍都應轉入雙方合辦的京師圖書館，《四庫全書》即爲重要的組成部分，這對於中基會的圖書館計劃產生了不利影響。正如時論所分析的，「惟聞該項書籍教部久與中華文化基金會訂約，公共辦理，並定即日遷移北海，今部員等既已移作欠薪抵押，一時絕難拿出，是誠該會之第一次打擊也」。〔註 130〕

1 月 27 日，教育部全體職員再次開索薪大會，在這次會議上，有部員提出建議，認爲「京師圖書館，改爲文化基金委員會合辦，實屬違背行政系統，應設法糾正」。經教育部員討論，決定呈文教育部和范源廉，表示反對雙方合辦京師圖書館，在致范源廉的信中，主要表達了三條理由：「查京師圖書館本爲教育部直轄機關，民國初元即經政府明令規定，若逕行合辦，不啻侵越教

〔註 127〕 丁文江、趙豐田編：《梁啓超年譜長編》，上海人民出版社 1983 年版，第 1076 頁。
〔註 128〕 丁文江、趙豐田編：《梁啓超年譜長編》，上海人民出版社 1983 年版，第 1083
　　　　　～1084 頁。
〔註 129〕 丁文江、趙豐田編：《梁啓超年譜長編》，上海人民出版社 1983 年版，第 1085
　　　　　頁。
〔註 130〕 《教部索薪之再接再厲》，《順天時報》1926 年 1 月 7 日，第 7 版。

育部職權，此對於法令不能合辦者一也；又查中華教育文化基金董事會，分配款項原則，概係補助性質，若逕行合辦，勢必反客為主，跡近干涉，此對於該會宣佈之原則不能合辦者二也；又查中華教育基金董事會，本係華洋人士合組成之，若逕行合辦，終不免權操外人，此對於主權不能合辦者三也。」
〔註131〕

對於教育部部員的質疑，范源廉覆信教育部，對這三點質疑逐一進行解釋：對於教育部職員所認為的雙方合辦京師圖書館為「侵越教育部職權」的質疑，范源廉指出，開辦圖書館在中國接受美國退款時已經事先聲明，教育部所轄的京師圖書館雖然藏書豐富，但「館舍未能適宜，於庋藏閱覽，俱感不便」，因此才由雙方商定合辦辦法，以使其成為更完備的圖書館。因此「此事既由教育部提倡，又經國務會議議決舉辦，自無侵越職權」。對教育部職員所認為中基會分配款項全為補助性質，雙方合辦「勢必反客為主，跡近干涉」的質疑，范源廉指出中基會的分配款項原則並非全為補助性質，如華美協進會、武昌華中大學圖書館教席等，都為自行籌辦。京師圖書館如果真能實現雙方合辦，「則館務之處理，自有規章，以資遵守，既無主客之區分，又何干涉之可言？」對教育部職員所認定的中基會董事會由中外人士組成，雙方合辦京師圖書館「終不免權操外人」，有損中國主權的懷疑，范源廉認定中基會所接收的美國退款「完全屬於國有」，「主權均在我國」，以辦事手續而言，「凡經本會董事議決辦理之事件，即由其掌管機關主持辦理，敝會董事除經費一項須由中美兩會計會同簽發與稽核外，並未有所干涉」。因此「所謂權操外人者，自屬過慮」。最後，范源廉表明中基會與教育部合辦的圖書館的契約已經中止，「現在北海籌備之北京圖書館，係由敝會自行籌辦，與國立京師圖書館各不相涉」。〔註132〕

在雙方合辦圖書館陷於僵局的情況下，1926年2月24日，中基會致函教育部，正式聲明暫緩執行原定契約，並致函國立京師圖書館委員會暫時中止其職權。3月1日，中基會決定自辦圖書館，並改名為北京圖書館，聘梁啟超、李四光為正、副館長，袁同禮為圖書部主任，並由中基會派范源廉、任鴻雋、周詒春、張伯苓、戴志騫組成北京圖書館委員會。董事會撥付開辦費100萬元，租北海公園的慶霄樓、悅心殿等處為館址。〔註133〕至此國立

〔註131〕《教部部員昨開索薪大會》，《世界日報》1927年1月26日，第6版。
〔註132〕《范源廉函覆教育部部員》，《世界日報》1927年2月11日，第6版。
〔註133〕李致忠主編：《中國國家圖書館百年紀事‧1909 2009》，國家圖書館出版社

京師圖書館便分爲兩館：教育部領導位於方家胡同的原京師圖書館；基金會領導籌建於北海園內的北京圖書館。〔註134〕

由於經費等一系列問題，1927年6月，梁啓超、李四光均提出辭職。經過中基會董事會第三次會議討論通過，北京圖書館於是「改聘范君源廉與袁君同禮爲正、副館長，俱於七月十三日就職」。〔註135〕雖然中基會決定獨立創辦北京圖書館，但對於京師圖書館並沒有見死不救。1927年7月15日，中基會致函教育部，同意自本月起每月墊付國立京師圖書館經常費2500元，爲期一年，〔註136〕對於京師圖書館的維持起到了雪中送炭的作用。范源廉繼任北京圖書館館長後，體現了認眞負責的精神。該職務雖然比較清閒，但范氏「猶一人居京，日必詣館執務，未嘗或間」。〔註137〕由於原定中基會與教育部雙方合作建立新館的契約仍繼續生效，因此范源廉繼任之初的主要工作之一即爲負責建築新館。爲此，1927年9月，中基會特別設立了建築委員會，由范源廉擔任委員長，專門負責新館館舍建築事宜。在范源廉的領導下，建築委員會對於一切工程「詳愼審查，黽勉經營，無間寒暑」。〔註138〕范源廉等人的努力，爲新館的建設奠定了基礎。

不幸的是，范源廉就職未滿四個月，即於12月23日逝世。梁啓超對此深爲悲痛，在致其女兒梁令嫻的信中，表達了對范源廉之死的深深惋惜：「范靜生昨晨死去，可傷之至。他是大便失血太多，把身子弄虛弱了，偶得感冒小病，竟自送命。我一年以來，我們師徒兩人見面，彼此都諄勸保養。但靜生凡事看不開，不會自尋娛樂，究竟算沒有養到。半年來我把圖書館事脫卸交給他，也是我對不住他的地方。」〔註139〕任鴻雋也致信胡適，表達了對范

2009年版，第11頁。

〔註134〕趙其康：《北京圖書館變遷紀略》，北京市政協文史資料委員會編：《文苑擷英》，北京出版社2000年版，第69頁。

〔註135〕北京圖書館編：《北京圖書館第二年度報告（十六年七月至十七年六月）》，1928年，第1頁。國家圖書館館藏縮微膠捲。

〔註136〕李致忠主編：《中國國家圖書館館史資料長編（1909～2008）》，國家圖書館出版社2009年版，第136頁。

〔註137〕范旭東：《先兄靜生先生行述》，歐陽哲生等編：《范源廉集》，湖南人民出版社2010年版，第635頁。

〔註138〕李致忠主編：《中國國家圖書館館史（1909～2009）》，國家圖書館出版社2009年版，第57頁。

〔註139〕丁文江、趙豐田編：《梁啓超年譜長編》，上海人民出版社1983年版，第1167頁。

氏之死的痛惜：「靜生先生的死去，的確是北方教育界的一個大損失。他自然
也不無弱點，但是他的瞭解、虛衷與公心，是現在當事諸公中間所少有的。」
〔註140〕作爲與范源廉相知較深的任氏的評價，在筆者看來應爲平情之論。

小　結

　　面對著中國教育制度逐漸由日本向美國轉變的歷史趨向，范源廉並不是
一個被動的接受者或抵抗者，而是一個主動的參與者與推動者。無論是遊美
考察美國的教育制度，還是聘請杜威和孟祿來華講學和考察教育，抑或組織
實際教育調查社和組建中華教育改進社，范源廉都參與其中並發揮了相當重
要的作用，這一切都體現出其積極學習西方先進教育制度的精神。范源廉與
美國的密切關係還體現於美國兩次庚款的退還，都與范源廉有著相當緊密的
聯繫，如果說主持清華學堂的創建還屬相對被動的話，那麼選擇主持中基會
事務，則與其積極的態度密切相關。在其擔任中基會幹事長之後，面對各界
對於中基會的反對和質疑，以范源廉爲早期領袖的中基會能夠克服各種困
難，爲促進中國近代教育文化的發展作出了重要貢獻，其功績也應爲歷史所
銘記。還需要指出的是，中華教育改進社和中基會會都是相對於北洋政府具
有相對獨立性質的教育機構。范源廉之所以積極參與其中，是其此前執掌中
央教育行政，希望通過政治力量改造中國教育遭受各種挫折之後所發生的重
大轉變，可以反映出其對於改造中國教育的依靠力量有了更清晰的認識。事
實表明，在政局混亂的北洋政府時期，范源廉的這一轉變是明智的，對於發
展中國教育是更有成效的。

〔註140〕《任鴻雋致胡適》，中國社會科學院近代史研究所中華民國史組編：《胡適來
　　　往書信選》上冊，中華書局 1979 年版，第 456 頁。

結　語

　　范源廉所生活的年代，正處於近代中國各方面發生劇烈變動，從傳統向現代轉型的關鍵時期。張灝先生將 1895～1925 年前後的二十餘年視爲中國近代思想文化史的轉型時代，認爲「這是中國思想文化由傳統過渡到現代、承先啓後的關鍵時代」。〔註 1〕近代中國教育也正是在這一時期經歷了重大變動，基本完成了從傳統到現代的轉變。范源廉的一生的主要時間基本都是在這一歷史時代裏渡過的，從早年確立教育救國的志向起，范源廉就終身爲實現這一目標而努力。

　　從清末任職學部開始，尤其是民國建立以後，范源廉主要是以教育行政家的身份出現的。特別是三任教育總長的經歷，爲范源廉施展其教育理想提供了條件，正如論者所言：「教育總長爲全國教育之最高行政長官，他的理想才能、任期長短與權力大小等，都是決定全國教育發展方向及速度的重要因素之一。」〔註2〕通過主持中央教育行政工作，使其逐漸成爲中國教育界的主要領導人之一。事實表明，范源廉在教育總長任內累計時間雖短，但其一直爲維持教育的發展而苦苦支撐，其所付出的努力是應該充分肯定的。

　　中國教育近代化的過程經歷了一個模式轉化的過程，即從學習日本向學習美國的轉變。1926 年，周傳儒曾對民國建立以來的教育特徵有相當準確的概括：「總觀這十五年的教育，可約分爲三期：第一期自民國元年至民國五年，

〔註 1〕 張灝：《中國近代思想史的轉型時代》，《幽暗意識與民主傳統》，新星出版社
　　　　 2006 年版，第 134 頁。
〔註 2〕 蘇雲峰：《中國新教育的萌芽與成長：1860～1928》，北京大學出版社 2007 年
　　　　 版，第 100 頁。

第二期自民國五年至民國十年，第三期自民國十年至民國十五年。第一期的教育，是日本化的，是開創的，是自上而下的；第二期的教育，是日、美調和的，是醞釀的，是上下不管的；第三期的教育，是美國化的，是發展的，是自下而上的。」〔註3〕

　　如果與范源廉的一生進行對照，可以發現二者有著相當高的契合。清末民初的二十幾年，中國教育基本是以模仿日本作為主導，作為留日派教育思想的代表性人物，范源廉在民國初年的教育改革中扮演了重要的角色，並使民初教育的發展深深打上了日本教育的烙印；袁世凱死後，中國陷入了軍閥混戰的局面，對於教育發展產生了極大的衝擊。在這種混亂局面之下，范源廉殫精竭慮的中心是排除各種干擾，以實現教育的獨立發展；新文化運動前後，近代中國的教育模式再次發生轉變，即從學習日本向借鑒美國轉變。面對這一歷史趨勢，范源廉並沒有固步自封，而是通過自己的努力，積極推動中國教育模式的再次轉變，這也體現了其思想的敏銳性和革新精神。可以說，在中國教育發展的每一個重要階段，范源廉都走在了教育發展的前列。

　　然而使人深為惋惜的是，范源廉雖然為尋求教育發展費盡了心血，但其許多教育規劃和實踐未能實現，對其個人而言是深深的遺憾，對於中國近代教育的發展也是重大的損失。究其原因，筆者以為可以從時代和個人兩個方面來考察：

　　就外部環境言之，政局的混亂和動盪是制約范源廉施展教育抱負的外部因素。北洋政府時期，政局處於極不穩定的狀態，政局的不穩定的重要表徵之一即為內閣的頻繁更替，由於教育部長須與內閣成員同進退，因此教育總長也隨之發生變動，根據蘇雲峰先生對北洋政府時期教育總長的統計：「自民國元年至1928年，初兼署代理的22人次不算外，共換教育總長15人次，任期均短。」〔註4〕即使范源廉曾三次擔任教育總長，其任期時間總計不過3年，這對於其政策的延續性帶來了極為不利的影響；在教育經費問題上，由於軍閥混戰的頻繁發生，軍費極大地擠佔了教育經費，令北洋政府時期的教育部處於極為困難的境地，因此教育發展毫無基礎可言；在中央與地方關係方面，由於國家處於四分五裂的狀況，中央政府有名無實，已經無法對地方實行有

〔註3〕　周傳儒：《十五年來的中國教育回顧》，《清華周刊》（十五週年紀念號增刊），1926年。

〔註4〕　蘇雲峰：《中國新教育的萌芽與成長：1860～1928》，北京大學出版社2007年版，第100頁。

效地控制。在這種狀況之下，教育部對全國教育的控制力可以說每況愈下，尤其是「民九以後，我國內亂頻仍，北京教育部號令不出部門」。〔註5〕由此教育部的法令在各地無法得到有效地貫徹，這對范源廉自上而下改造中國教育是一個重大的阻礙。

就范源廉個人而言，其思想的局限也是阻礙教育發展的重要因素。1919年，《民國日報》曾對民國建立之後的北洋政府教育總長有所評價：「自民國成立以來，教育當局皆教育界負重望之人物，新如蔡元培，舊如傅增湘，不新不舊如范源廉，皆在教育界中素日佔有地位。」〔註6〕筆者以爲，以「不新不舊」來評價范源廉是有一定道理的。毫無疑問，在北洋政府的歷屆教育總長中，范源廉無疑屬於較爲開明的一位。我們可以將范源廉與湯化龍在學校讀經上的做法進行對比，湯氏於1914年5月就任教育部長不久，即發表《上大總統言教育書》，明確主張「於中、小學校修身或國文課程中採取經訓，一以孔子之言爲旨歸」。在其隨後發表的訓令中，更明確規定各書局所編纂的修身及國文教科書「採取經訓，務以孔子之言爲指歸」，對於已經審定而與此規定相違背或遺漏該規定的教科書，則需立即「妥愼改定，呈部審查」。〔註7〕可以說，湯化龍在學校讀經問題上的言論和做法是相當直接的。與湯氏相比，范源廉並沒有明確的言論，其在第二次擔任教育總長期間對小學讀經的廢除，可以體現出其對於學校讀經的支持是有限度的。不過與蔡元培相比，范源廉在這一問題上的保守性就顯現出來，由於前文已經有所論述，在此不贅。作爲主持中央政府教育的領導者，范源廉在學校讀經問題上態度的曖昧不明和舉措的不徹底，使其受到新派與舊派的雙重攻擊，加劇了當時教育界思想的混亂，對於教育發展是不利的。

除此之外，由於較長時間從事於教育行政的工作，使范源廉的教育思想和實踐比較注重實用性，對於教育理論的深入思考和研究則相對薄弱，由此導致其教育思想的深度不足，這一局限直接影響到其教育實踐的成效。〔註8〕

〔註5〕 吳研因、翁之達：《三十五年來中國之小學教育》，莊俞等編：《最近三十五年之中國教育》，商務印書館1931年版，第28頁。

〔註6〕 《傅嶽棻釀成學潮眞相》，《民國日報》1919年12月30日，第3版。

〔註7〕 參見湯化龍：《上大總統言教育書》和《飭京內外各學校中小學修身及國文教科書採取經訓務以孔子之言爲指歸文》，璩鑫圭、童富勇編：《中國近代教育史資料彙編·教育思想》，上海教育出版社2007年版，第896、898頁。

〔註8〕 劉慧娟在其論文中也提到此點，對於筆者有所啓發。參見劉慧娟：《范源廉的教育理念及其實踐》，北京大學歷史學系2006年碩士論文「結語」部分。

究其原因，既與范氏個人的性格和經歷有關，也與其所受湖湘文化注重經世致用的影響有一定聯繫。﹝註9﹞在這一方面，我們仍可以將范源廉與蔡元培相對照，客觀而言，范源廉無論是在教育思想的深度還是在教育實踐的效果上，都顯得稍遜一籌。

無論如何，作為近代教育的先行者，范源廉可謂盡到了其應有的責任。筆者選取范源廉作為研究對象，不僅希望能夠重新確立范源廉在近代教育史上應有的位置，更期望以之為視角，進而能夠對近代中國教育變革過程中的成敗得失有更為深入的考察，本書的意義也在於此。

﹝註9﹞ 關於經世致用是否為湖湘文化的特徵，學界有不同的看法。筆者也並不認為
　　　 注重經世致用為湖湘文化的根本特徵，但經世致用仍不失為湖湘文化的一個
　　　 特點，范源廉的教育思想和實踐與此應有一定關聯。

附錄一　范源廉大事年表

1876 年（清光緒二年）　1 歲

　　10 月 16 日出生於湖南湘陰。

1892 年（清光緒十八年）　17 歲

　　從其舅父在清泉書院讀書。

1898 年（清光緒二十四年）　23 歲

　　求學於時務學堂，受教於梁啟超，與蔡鍔、楊樹達等人為同學。

　　1899 年（清光緒二十五年）　24 歲

　　5 月，與蔡鍔等人投考南洋公學。

　　8 月，應梁啟超之召，與蔡鍔等人東渡日本，進入東京大同學校。

1901 年（清光緒二十七年）　26 歲

　　考入東京高等師範學校，主修生物學，並受到時任校長嘉納治五郎的賞識。

1902 年（清光緒二十八年）　27 歲

　　在吳汝綸的推薦下，回國擔任京師大學堂日文助教。

1904 年（清光緒三十年）　29 歲

　　春末，與楊度、蔡鍔、楊毓麟等人被湖南留日學生推舉，任中國留日學生會館評議員。

　　回湖南倡議派遣女留學生赴日留學，共得 12 人，後入東京實踐女學校，開近代女子留學之先河。

1905 年（清光緒三十一年）　30 歲

應學部之請回國，被任命爲學部主事。

1906 年（清光緒三十二年）　31 歲

參與創辦殖邊學堂。

1909 年（清宣統元年）　34 歲

7 月，擔任遊美學務處會辦。

與江庸、施今墨等人設立尙志學會。

1911 年（清宣統三年）　36 歲

4 月 9 日，擔任清華學堂副監督。

5 月 4 日，赴天津聘張伯苓任清華學堂教務長。

1912 年（民國元年）　37 歲

3 月，國民協進會在天津成立，與籍忠寅、黃遠庸等 18 人被選爲常務幹事。

7 月 13 日，接替蔡元培擔任教育總長。

1913 年（民國二年）　38 歲

3 月，與朱啓鈐、段祺瑞、陸徵祥、趙秉鈞、周學熙、熊希齡、賈士毅等 48 人發起中國經濟學會。

4 月 1 日，擔任中華書局編輯長。

1916 年（民國五年）　41 歲

袁世凱稱帝以後，與梁啓超、蔡鍔等從事倒袁運動，擔任護國軍務院駐滬委員。

7 月，第二次擔任教育總長。

9 月，聘請蔡元培擔任北京大學校長。

1917 年（民國六年）　42 歲

1～7 月，以教育總長兼署段祺瑞內閣內務總長，積極推動中國參加歐戰。

5 月 6 日，中華職業教育社成立，爲發起人之一。

中國科學社成員之一。

1918 年（民國七年）　43 歲

4 月～12 月，與嚴修、孫子文等人考察美國高等教育，回國後參與創辦

南開大學，並擔任董事長。

12 月，教育部組織教育調查會，被選爲會長。

1919 年（民國八年）　44 歲

2 月 16 日，國民外交協會成立，與張謇、熊希齡、王寵惠、嚴修、林長民、莊蘊寬 7 人當選爲理事。

1920 年（民國九年）　45 歲

3 月，應張伯苓之請，擔任南開大學董事。

5 月，梁啓超與張東蓀等成立「共學社」，爲董事之一。

8 月，第三次出任教育總長。

9 月，梁啓超組織講學社，擔任董事。

1921 年（民國十年）　46 歲

2 月 15 日，籌劃全國教育經費委員會第一次會議正式舉行，選出該會主任、副主任、書記和各部門主任，被選爲賠款部主任。

6 月 30 日，北京大學、北京高等師範學校、北京女子高等師範學校、尙志學會、新學會等五團體爲杜威夫婦餞行，在歡送會上發表演說。

7 月，組織實際教育調查社，被選爲正會長。

9 月 11 日，擔任各界歡迎孟祿宴會主席。

1922 年（民國十一年）　47 歲

與張伯苓、蔡元培、熊希齡等 9 人推舉爲被中華教育改進社董事。

6 月，赴美考察教育。

8 月，中國科學社在南通舉行第七屆年會，與張謇、梁啓超、蔡元培等 9 人被選爲董事會董事。

1923 年（民國十二年）　48 歲

赴英國與英國各方人士討論庚子退款事宜。

11 月，擔任北京師範大學校長。

1924 年（民國十三年）　49 歲

2 月，與胡適、張伯苓、張福運、丁文江等 5 人被清華學校聘請爲大學籌備顧問。

7 月 7 日，中華民國大學聯合會成立，被選爲會長。

9月，被北京政府派定擔任中國董事，與孟祿、杜威等美國董事合組中華教育文化基金董事會。

12月，中華教育改進社成立，被選爲董事。

1925年（民國十四年）　50歲

2月，教育部組織教育行政討論會，擔任會長。

6月，與梁啓超等人共同發表宣言，表達對「滬案」的意見。

6月3日，中基會董事會在天津召開第一次年會，被選爲幹事長。

10月，教育部與中基會合組國立京師圖書館委員會，擔任委員長。

1926年（民國十五年）　51歲

6月19日，與蔡元培、張伯苓、蔣夢麟等30人被國民政府特聘爲中山大學籌備委員。

1927年（民國十六年）　52歲

6月，擔任北京圖書館館長。

9月1日，擔任北京圖書館建築委員會委員長。

12月23日，在天津逝世。

附錄二 《范源廉集》未收文章目錄 [註1]

1、《籌辦分科大學工程意見書》，《北京大學史料》第1卷，北京大學出版社1993年版，第566～567頁。

2、《致袁世凱、蔡元培等電》，《孫中山藏檔選編》，中華書局1986年版，第183～184頁。

3、《〈萬竹小學〉序》，《萬竹小學》1913年第1期。

4、《范源演說學者之天職》（按：原文如此），《神州日報》1913年6月19日，第6版。

5、《南洋公學二十週年紀念圖書館募捐啓》，《申報》1917年4月17日，第11版。

6、《教育部范總長致沈君電》，《時事新報》1917年9月19日，第3張第4版。

7、《設立教育廳之理由》，《晨鐘報》1917年9月29日，第3版。

8、《前教育總長范靜生先生在美國意利諾大學中西兩部留美中國學生第九次年會演說詞》，《留美學生季報》1918年第5期。

9、《銀行制度之研究》，《東方雜誌》第16卷第3號，1919年3月15日。

10、《范源廉爲請徐世昌酌認永利股款並題額表揚事致張國淦函》，林開明等編：《北洋軍閥史料‧徐世昌卷》第9冊，天津古籍出版社1996年版，第175～177頁，1919年5月25日。

〔註1〕歐陽哲生等人主編的《范源廉集》爲范源廉生平文章、講演等的第一次結集，筆者在論文寫作的過程中，又發現了一些《范源廉集》未收錄的文章，因此特列出以作爲該集的補充。

11、《美國美術之一顧》,《美術》1919 年 7 月第 2 期。

12、《范源濂時局談》,《京報》1920 年 10 月 25 日,第 3 版。

13、《范源廉對於豫學潮之談話》,《晨報》1920 年 12 月 15 日,第 3 版。

14、《范源廉關於湘事之談話》,《晨報》1921 年 1 月 31 日,第 3 版。

15、《民本歌》(作詞),《蕭友梅全集》第 2 卷,上海音樂出版社 2007 年版,第 153～154 頁,1921 年 2 月 28 日。

16、《范靜生先生介紹孟祿博士文》,《平民教育》第 37 期,1921 年 9 月 10 日

17、《范校長蒞本校歡迎會演說詞》,《北京師大周刊》第 208 期,1923 年 11 月 3 日。

18、《人格及其危機》,《北京師大周刊》第 229 期,1924 年 5 月 11 日;《人格及其危機》(續),《北京師大周刊》第 230 期,1924 年 5 月 18 日。

19、《范總長覆班樂衛先生函》,《新教育》1925 年第 11 卷第 2 期。

20、《國立暨南校董范源廉辭職》,《申報》1925 年 8 月 10 日,第 2 版。

21、《教聯會昨招待各國庚款董事》,《晨報》1926 年 8 月 25 日,第 6 版。

參考文獻

一、**史料**（以拼音字母先後為序）

（一）檔案及史料彙編

1. 北京師範大學檔案館藏解放前北師大檔案。
2. 北京圖書館業務研究委員會編：《北京圖書館館史資料彙編（1909～1949）》，北京：書目文獻出版社，1992 年。
3. 陳學恂主編：《中國近代教育大事記》，上海：上海教育出版社，1981 年。
4. 陳學恂主編：《中國近代教育史教學參考資料》，北京：人民教育出版社，1987 年。
5. 陳學恂、田正平編：《中國近代教育史資料彙編·留學教育》，上海：上海教育出版社，2007 年。
6. 陳學恂、田正平編：《中國近代教育史資料彙編·教育行政機構及教育團體》，上海：上海教育出版社，2007 年。
7. 國民政府教育部年鑒編撰委員會編：《第一次中國教育年鑒》，上海：開明書店，1934 年。
8. 李桂林等編：《中國近代教育史資料彙編·普通教育》，上海：上海教育出版社，2007 年。
9. 李致忠主編：《中國國家圖書館館史資料長編（1909～2008）》，北京：國家圖書館出版社，2009 年。
10. 李希泌等編：《護國運動資料選編》，北京：中華書局，1984 年。
11. 璩鑫圭等編：《中國近代教育史資料彙編·實業教育　師範教育》，上海：上海教育出版社，2007 年。
12. 璩鑫圭等編：《中國近代教育史資料彙編·學制演變》，上海：上海教育

出版社，2007 年。

13. 宋恩榮、章咸主編：《中華民國教育法規選編（1912～1949）》，江蘇教育出版社，1990 年。

14. 舒新城編：《中國近代教育史資料》，北京：人民教育出版社，1961 年。

15. 邰爽秋等選編：《中國教育憲法問題》，上海：教育編譯館，1935 年。

16. 邰爽秋等選編：《庚款興學問題》，上海：教育編譯館，1935 年。

17. 邰爽秋等合選：《教育行政之理論與實際》，上海：教育編譯館，1935 年。

18. 天津歷史博物館編：《北洋軍閥史料·徐世昌卷》，天津：天津古籍出版社，1996 年。

19. 王芸生：《嚴修與學制改革》，《文史資料選輯》第 87 輯，北京：文史資料出版社，1983 年。

20. 王學珍等主編：《北京大學史料》，北京：北京大學出版社，2000 年。

21. 徐仲迪等譯：《美國退還庚子賠款餘額經過情形》，上海：商務印書館，1924 年。

22. 中國第二歷史檔案館編：《中華民國史檔案資料彙編·第三輯·教育》，南京：江蘇古籍出版社，2000 年。

23. 莊俞、賀聖鼎等編：《最近三十五年之中國教育》，上海：商務印書館，1931 年。

（二）報刊雜誌

《北京高師周刊》、《北京師大周刊》、《北京大學日刊》、《晨報》、《晨鐘報》、《大公報（長沙）》、《大公報（天津）》、《東方雜誌》、《京報》、《教育雜誌》、《教育世界》、《教育公報》、《清華周刊》、《時事新報》、《申報》、《世界日報》、《順天時報》、《學部官報》、《新教育》、《新教育評論》、《盛京時報》、《現代評論》、《湘報》、《遊學譯編》、《益世報》、《中華教育界》、《政府公報》

（三）文集、年譜、日記、書信、回憶錄

1. 曹汝霖：《一生之回憶》，臺北：傳記文學出版社，1970 年。

2. 陳旭麓主編：《宋教仁集》，北京：中華書局，1981 年。

3. 杜春和編：《張國淦文集》，北京：北京燕山出版社，2000 年。

4. 丁文江、趙豐田編：《梁啟超年譜長編》，上海：上海人民出版社，1983 年。

5. 方明主編：《陶行知全集》第 1 卷，成都：四川教育出版社，2009 年。

6. 高平叔編：《蔡元培全集》第 2、4、7 冊，北京：中華書局，1984 年。

7. 高平叔撰著：《蔡元培年譜長編》，北京：人民教育出版社，1998 年。

8. 胡漢民：《胡漢民自傳》，臺北：傳記文學出版社，1982 年。

9. 湖南省社會科學院編：《黃興集》，北京：中華書局，1981 年。

10. 黃遠庸：《遠生遺著》，北京：商務印書館，1984 年。

11. 姜義華等編校：《康有爲全集》第 10 卷，北京：中國人民大學出版社，2007 年。

12. 羅振玉：《雪堂自述》，南京：江蘇人民出版社，1999 年。

13. 梁吉生撰著：《張伯苓年譜長編》，北京：人民教育出版社，2008 年。

14. 馬敍倫：《我在六十歲以前》，北京：生活‧讀書‧新知三聯書店，1983 年。

15. 歐陽哲生等編：《范源廉集》，長沙：湖南教育出版社，2009 年。

16. 曲士培主編：《蔣夢麟教育論著選》，北京：人民教育出版社，1995 年。

17. 任鴻雋：《任鴻雋自述》，中國社會科學院近代史研究所近代史資料編輯部編：《近代史資料》第 105 號，北京：中國社會科學出版社，2003 年。

18. 上海市檔案館譯：《顏惠慶日記》，北京：中國檔案出版社，1996 年。

19. 吳宓：《吳宓自編年譜》，北京：生活‧讀書‧新知三聯書店，1995 年。

20. 王栻主編：《嚴復集》，北京：中華書局，1986 年。

21. 嚴修撰，武安隆、劉王敏點注：《嚴修東遊日記》，天津：天津人民出版社，1995 年。

22. 嚴修自訂，高凌雯補：《嚴修年譜》，濟南：齊魯書社，1990 年。

23. 嚴修著，《嚴修日記》編輯委員會編：《嚴修日記》，天津：南開大學出版社，2001 年。

24. 顏惠慶著、吳建雍等譯：《顏惠慶自傳：一位民國元老的歷史記憶》，北京：商務印書館，2002 年。

25. 朱維錚校注：《梁啓超論清學史二種》，上海：復旦大學出版社，1985 年。

26. 曾業英編：《蔡松坡集》，上海：上海人民出版社，1984 年。

27. 周秋光編：《熊希齡集》，長沙：湖南人民出版社，2008 年。

28. 張樹年主編：《張元濟年譜》，北京：商務印書館，1991 年。

29. 中國社會科學院近代史研究所民國史研究室編：《胡適來往書信選》，北京：中華書局，1980 年。

二、專著（以作者姓氏拼音爲序）

1. 畢苑：《建造常識：教科書與中國近代文化轉型》，福州：福建教育出版社，2010 年。

2. 北京師範大學校史研究室編：《北京師範大學校史》，北京：北京師範大學出版社，1982 年。

3. 陳寶泉：《中國近代學制變遷史》，北京：北平文化學社，1928 年。

4. 陳寶泉、陶行知、胡適編：《孟祿的中國教育討論》，上海：中華書局，1933 年。

5. 陳翊林：《最近三十年中國教育史》，上海：太平洋書店，1930 年。

6. 程燎原：《清末法政人的世界》，北京：法律出版社，2003 年。

7. 崔運武：《中國師範教育史》，太原：山西教育出版社，2006 年。

8. 蔡禮強：《晚清大變局中的楊度》，北京：經濟管理出版社，2007 年。

9. 董守義：《清代留學運動史》，瀋陽：遼寧人民出版社，1985 年。

10. 谷鍾秀：《中華民國開國史》，上海：泰東圖書局，1914 年。

11. 郭秉文：《中國教育制度沿革史》，上海：商務印書館，1922 年。

12. 郭季信編：《中國教育行政大綱》，上海：商務印書館，1934 年。

13. 顧明遠主編：《北京師範大學名人誌・校長篇》，北京：北京師範大學出版社，2010 年。

14. 何曉夏、史靜寰：《教會學校與中國教育近代化》，廣州：廣東教育出版社，1996 年。

15. 胡衛清：《普遍主義的挑戰——近代中國基督教教育研究》，上海：上海人民出版社，2000 年。

16. 黃延復：《清華的校長們》，北京：中國經濟出版社，2003 年。

17. 黃福慶：《清末留日學生》，臺北：「中央」研究院近代史研究所，1975 年。

18. 黃福慶：《近代日本在華文化及社會事業之研究》，臺北：「中央」研究院近代史研究所，1982 年。

19. 林子勳：《中國留學教育史（一八四七至一九七五年)》，臺北：華崗出版有限公司，1976 年。

20. 劉問岫：《中國師範教育簡史》，北京：人民教育出版社，1984 年。

21. 劉捷、謝維和：《柵欄內外：中國高等師範教育百年省思》，北京：北京師範大學出版社，2002 年。

22. 李致忠主編：《中國國家圖書館館史：1909～2009》，北京：國家圖書館出版社，2009 年。

23. 林輝鋒：《馬敘倫與民國教育界》，北京：北京師範大學出版社，2010 年。

24. 呂芳上：《從學生運動到運動學生（民國八年至十八年)》，臺北：「中央」研究院近代史研究所，1994 年。

25. 林麗容：《民國讀經問題研究（1912～1937)》，臺北：花木蘭文化出版社，2010 年。

26. 粟洪武：《西學東漸與中國近代教育思潮》，北京：高等教育出版社，2002年。

27. 李喜所：《近代留學生與中外文化》，天津：天津教育出版社，2006年。

28. 雷國鼎：《中國近代教育行政制度史》，臺北：教育文物出版社，1983年。

29. 梁吉生：《張伯苓教育思想研究》，瀋陽：遼寧教育出版社，1994年。

30. 李華興：《民國教育史》，上海：上海教育出版社，1997年。

31. 凌興珍：《清末新政與教育轉型——以清季四川師範教育爲中心的研究》，北京：人民出版社，2008年。

32. 馬嘯風：《中國師範教育史》，北京：首都師範大學出版社，2003年。

33. 彭鵬：《研究系與五四時期新文化運動——以 1920 年前後爲中心》，廣州：中山大學出版社，2007年。

34. 錢曼倩、金林祥主編：《中國近代學制比較研究》，廣州：廣東教育出版社，1996年。

35. 錢炳寰：《中華書局大事紀要（1912～1954）》，北京：中華書局，2002年。

36. 清華大學校史編寫組編：《清華大學校史稿》，北京：中華書局，1981年。

37. 清華大學校史研究室編：《清華大學一百年》，北京：清華大學出版社，2011年。

38. 〔美〕任達：《新政革命與日本：中國，1898～1912》，南京：江蘇人民出版社，2006年。

39. 〔日〕實藤惠秀：《中國人留學日本史》，北京：生活·讀書·新知三聯書店，1983年。

40. 舒新城：《收回教育權運動》，上海：中華書局，1927年。

41. 舒新城編：《中國新教育史概況》，上海：中華書局，1928年。

42. 申曉雲主編：《動盪轉型中的民國教育》，鄭州：河南人民出版社，1994年。

43. 商麗浩：《政府與社會——近代公共教育經費配置研究》，石家莊：河北教育出版社，2001年。

44. 蘇雲峰：《從清華學堂到清華大學（1911～1929）》，北京：生活·讀書·新知三聯書店，2001年。

45. 史春風：《商務印書館與近代文化》，北京：北京大學出版社，2006年。

46. 蘇雲峰：《中國新教育的萌芽與成長（1860～1928）》，北京：北京大學出版社，2007年。

47. 孫培青：《中國教育史》，上海：華東師範大學出版社，2009年。

48. 尚小明：《留日學生與清末新政》，南昌：江西教育出版社，2002年。

49. 田嵩燕：《國家主義派政治思想研究（1924～1930)》，北京：中共中央黨校出版社，2008 年。

50. 田正平：《留學生與中國教育近代化》，廣州：廣東教育出版社，1996 年。

51. 田正平，肖朗主編：《世紀之理想：中國近代義務教育研究》，杭州：浙江教育出版社，2000 年。

52. 田正平主編：《中外教育交流史》，廣州：廣東教育出版社，2004 年。

53. 〔美〕魏定熙：《北京大學與中國政治文化（1898～1920)》，北京：北京大學出版社，1998 年。

54. 王卓然：《中國教育一瞥錄》，上海：商務印書館，1923 年。

55. 衛道治主編：《中外教育交流史》，長沙：湖南教育出版社，1998 年。

56. 衛金桂：《歐戰與中國社會文化思潮變動研究》，香港：香港拓文出版社，2003 年。

57. 王樹槐：《庚子賠款》，臺北：「中央」研究院近代史研究所，1985 年。

58. 王建軍：《中國近代教科書發展研究》，廣州：廣東教育出版社，1996 年。

59. 王炳照、閻國華主編：《中國教育思想通史》第 6 卷，長沙：湖南教育出版社，1996 年。

60. 汪向榮：《日本教習》，北京：生活・讀書・新知三聯書店，1988 年。

61. 王小丁：《中美教育關係研究（1840～1927)》，成都：四川大學出版社，2009 年。

62. 夏承楓：《現代教育行政》，上海：中華書局，1932 年。

63. 蕭超然等編：《北京大學校史（1898～1949)》，上海：上海教育出版社，1981 年。

64. 薛人仰：《中國教育行政制度史略》，臺北：臺灣中華書局，1983 年。

65. 熊賢君：《千秋基業——中國近代義務教育研究》，武漢：華中師範大學出版社，1998 年。

66. 楊曉：《中日近代教育關係史》，北京：人民教育出版社，2004 年。

67. 楊天宏：《基督教與民國知識分子》，北京：人民教育出版社，2005 年。

68. 楊翠華：《中基會對科學的贊助》，臺北：「中央」研究院近代史研究所，1991 年。

69. 楊思信、郭淑蘭：《教育與國權——1920 年代中國收回教育權運動研究》，北京：光明日報出版社，2010 年。

70. 莊澤宣：《如何使新教育中國化》，上海：民智書局，1929 年。

71. 周其厚：《中華書局與近代文化》，北京：中華書局，2007 年。

72. 張衛波：《民國初期尊孔思潮研究》，北京：人民出版社，2006 年。

73. 張雁：《西方大學理念在近代中國的傳入與影響》，杭州：浙江大學出版社，2009 年。

74. 周一川：《近代中國女性日本留學史（1872～1945 年)》，北京：社會科學文獻出版社，2007 年。

75. 臧佩紅：《日本近現代教育史》，北京：世界知識出版社，2010 年。

三、論文（以作者姓氏拼音為序）

（一）期刊論文

1. 遲雲飛：《陳天華、宋教仁留日史事新探》，《近代史研究》2005 年第 6 期。

2. 陳競蓉、周洪宇：《孟祿與壬戌學制》，《河北師範大學學報（教育科學版)》2005 年第 2 期。

3. 杜敦科、岳瓏：《清末留日學生速成教育探析》，《福建論壇》2011 年第 1 期。

4. 賀躍夫：《清末士大夫留學日本熱透視——論法政大學中國留學生速成科》，《近代史研究》1993 年第 1 期。

5. 韓華：《民初廢除尊孔讀經及其社會反響》，《社會科學戰線》2006 年第 4 期。

6. 何樹遠：《五四時期北京教職員聯合會的挽蔡驅傅運動》，《中山大學學報》2011 年第 3 期。

7. 何樹遠：《中華教育改進社與中華教育文化基金董事會》，中國社會科學院近代史研究所編：《中國社會科學院近代史研究所青年學術論壇（2009 年卷)》，社會科學文獻出版社 2011 年版。

8. 姜文：《范源廉與北京師範大學》，《教育學報》2012 年第 3 期。

9. 李致忠：《中華教育文化基金會與國立京師圖書館》，《國家圖書館學刊》2008 年第 1 期。

10. 陸發春：《晚清中央新式教育行政管理機構的沿革》，《安徽史學》1996 年第 3 期。李興韻：《杜威、孟祿訪華與中國高等教育界的派系紛爭》，《北京大學教育評論》2007 年第 4 期。

11. 李喜所、李來容：《清末留日學生「取締規則」事件再解讀》，《近代史研究》2009 年第 6 期。

12. 高平叔：《北京大學的蔡元培時代》，《北京大學學報》1998 年第 2 期。

13. 關曉紅：《清末中央教育會述論》，《近代史研究》2000 年第 4 期。

14. 孫宏雲：《小野塚喜平次與中國現代政治學的形成》，《歷史研究》2009 年第 4 期。

15. 孫邦華、顏芳：《論 20 世紀二三十年代北平師範大學的生存危機》,《北京社會科學》2011 年第 3 期。

16. 宋淑玉：《民初尊孔讀經問題辨析》,《安徽大學學報》2005 年第 3 期。

17. 宋恩榮、李劍萍：《民國教育史及其研究中的幾個問題》,《歷史研究》2000 年第 3 期。

18. 田正平、于瀟：《教育決策民主化的最初嘗試——民初臨時教育會議考察》,《高等教育研究》2010 年第 1 期。

19. 田正平、楊曉：《辛亥革命與中國教育近代化》,《浙江大學學報》2002 年第 1 期。

20. 王建朗：《北京政府參戰問題再考察》,《近代史研究》2005 年第 4 期。

21. 謝長法：《清末的留日女學生》,《近代史研究》1995 年第 2 期。

22. 熊賢君：《論民國時期教育經費的困擾與對策》,《湖北大學學報》1996 年第 5 期。

23. 許文果：《1919～1920 年北京教育界索薪運動論析》,《北京社會科學》2007 年第 2 期。

24. 楊彩丹：《北高師與杜威、孟祿的中國之行》,《教育學報》2010 年第 4 期。

25. 楊天宏：《民族主義與中國教會教育的危機——北洋時期收回教育權運動之背景分析》,《社會科學研究》2006 年第 5 期。

26. 楊天宏：《學生亞文化與北洋時期學運》,《歷史研究》2011 年第 4 期。

27. 袁成毅：《中國對日庚子賠款述略》,《抗日戰爭研究》1999 年第 4 期。

28. 元青：《杜威的中國之行及其影響》,《近代史研究》2001 年第 2 期。

29. 翟海濤：《日本法政大學速成科與清末的法政教育》,《社會科學》2010 年第 7 期。

30. 張欽：《范源廉教育思想述論》,《船山學刊》1995 年第 2 期。

31. 張書豐：《范源濂的教育活動及教育主張初探》,《山東師大學報》1989 年第 3 期。

32. 張元隆：《民國教育經費制度述論》,《安徽史學》1996 年第 4 期。

33. 鄭師渠：《論京師大學堂師範館》,《北京師範大學學報》2002 年第 5 期。

34. 鄭師渠：《五四前後外國名哲來華講學與中國思想界的變動》,《近代史研究》2012 年第 2 期。

35. 周一川：《清末留日學生中的女性》,《歷史研究》1989 年第 6 期。

36. 左玉河：《堅守與維護：中國現代大學之「教授治校」原則》,《北京大學教育評論》2008 年第 2 期。

37. 左玉河：《民國初年的信仰危機與尊孔思潮》,《鄭州大學學報（哲學社會

科學版)》2012 年第 1 期。

38. 左玉河:《二三十年代「中基會」對中國學術研究之資助》,《揚州大學學報(人文社會科學版)》2012 年第 3 期。

(二)學位論文

1. 陳文彬:《五四時期杜威來華講學與中國知識界的反應》,復旦大學 2006 年博士論文。

2. 大江平和:《宏文學院與中國留學生生活》,中國社會科學院研究生院 2002 年碩士論文。

3. 關曉紅:《晚清學部研究》,中山大學 1999 年博士論文。

4. 何樹遠:《中華教育改進社與民國教育界(1919~1928)》,中山大學 2008 年博士論文。

5. 劉慧娟:《范源廉的教育理念及其實踐》,北京大學 2006 年碩士論文。

6. 盧浩:《中華教育改進社——中國近代教育模仿美國的主要推動者》,華東師範大學 2003 年碩士論文。

7. 劉佳:《范源廉教育思想研究》,河北大學教育學院 2011 年碩士論文。

8. 劉山:《日本近代普及義務教育研究》,河北大學 2010 年博士論文。

9. 劉建:《中國近代教育行政體制研究》,南京師範大學 2008 年博士論文。

10. 李世宇:《北京教育界索薪運動研究(1921~1927)》,華中師範大學 2007 年碩士論文。

11. 孫廣勇:《社會變遷中的中國近代教育會研究》,華中師範大學 2006 年博士論文。

12. 汪楚雄:《中國新教育運動研究(1912~1930)》,華中師範大學 2009 年博士論文。

13. 王豔芝:《民初教育部研究(1912~1916)》,陝西師範大學 2010 年碩士論文。

14. 王偉:《商務印書館與中華書局的競爭與合作(1912~1949)》,東北師範大學 2009 年碩士論文。

15. 許文果:《民國教育界的庚子賠款之爭》,華南師範大學 2007 年博士論文。

16. 楊瑞:《通向學術之路:蔡元培與北大法科的學術化進程(1916~1927)》,四川大學 2006 年碩士論文。

17. 楊文海:《壬戌學制研究》,南京大學 2011 年博士論文。

18. 楊彩丹:《北京高師與近代文化》,北京師範大學 2007 年博士論文。

19. 楊小輝:《從士紳到知識分子——中國知識階層轉型研究》,上海大學 2007 年博士論文。

20. 張平海：《中國教育早期現代化研究》，華東師範大學 2001 年博士論文。

21. 張太原：《〈獨立評論〉與 20 世紀 30 年代的教育變革》，中山大學 2004 年博士後出站報告。

22. 張龍平：《國家、教育與宗教——晚清民國時期的中華基督教教育會研究》，中山大學 2008 年博士論文。

四、外文著作

1. Bastid，Marianne：*Educational Reform in Early Twentieth-Century China*（Translated by Paul J.Bailey）.Ann Arbor：Center for Chinese Studies，The University of Michigan，1988.

2. Han，Yelong：*Making China part of the globe：The impact of America's Boxer Indemnity remissions on China's academic institutional building in the 1920s.* Chicago University PhD dissertation，1999.

3. Sarah Coles McElroy：*Transforming China through Education：Yan Xiu，Zhang Boling，and the Effort to Build a New School System，1901〜1927*，Yale University PhD dissertation，1996.

4. Wen-hsin Yen：*The Alienated Academy：Culture and Politics in Republican China，1919〜1937*，Cambridge Mass：Council on East Asian Studies，Harvard University，1990.

5. 阿部洋：《中國の近代教育と明治日本》，福村出版社，1990 年版。

6. 法政大學史料委員會編：《法政大學史料集》第 11 集（法政大學清國留學生法政速成科特集），東京：1989 年版。

後　記

　　本書是以我的博士論文爲基礎修改而成的。其實已經很久沒有關注這篇論文了。由於時間緊迫，加之諸事纏身，因此沒有對博士論文進行大的修改，僅在表述、標點等方面作了一些改動，大部分內容仍保持原貌。現在看起來，論文存在著很多不足，不過這畢竟是我三年多博士讀書生活的最終成果，也是敝帚自珍吧。

　　在寫本書的後記之時，讓我回憶起了攻讀博士的時光。2009 年，我考入北京師範大學，感謝我的導師李帆教授將我收入門下。李老師溫文爾雅，學識淵博，對我的爲人、治學都有著很深的影響。入學以後，李老師從學業到生活都給予了我很大的鼓勵和支持，尤其是關於博士論文的選題，由於自己不斷變換研究方向，導致很晚才確定題目，但李老師能夠一直表示理解。在論文寫作期間，每當遇到困難時，李老師總能夠給予關鍵性的指導，使自己的思路能夠開闊。論文完成之後，李老師又對論文進行了認眞細緻的修改。感謝李老師的關心和指導！

　　讀書期間，我的博士同學岳亮、姜淑紅、朱淑君、李銳、曹群、王玉山、劉亮、陳曄、陳建成等，時常交流往來，共同度過了緊張而又充實的時光。畢業之後，同學們奔赴各地，爲各自的生活努力。雖然大家身在各處，但不時來自遠方一句問候，也令我心中感到溫暖。

　　在博士論文開題過程中，鄭師渠、孫燕京等老師對我的寫作提出了寶貴意見。在論文預答辯和正式答辯期間，鄭大華、左玉河、張皓、李志英、孫燕京等老師，對我的論文提出了不少中肯的修改意見，這些寶貴意見對於提升我的博士論文質量有著非常大的幫助。

　　2013 年 1 月博士畢業之後，我又於 2014 年 7 月再度回到北師大，在教育學部做博士後，主要從事北師大校史的寫作工作。在站期間，我的博士後合作導師孫邦華教授，校史課題組成員徐勇、施克燦、周慧梅教授，以及校史研究室的魏書亮、李敏辭、楊玉芬、白媛老師，爲我提供了很多幫助，在此深表感謝！

　　最重要的，是要感謝我的父母多年來對我的養育之恩，對我無限的愛與關懷。由於自己性格的偏執，經常做出一些令人意外之事，給父母增添了不少煩惱，但他們一直在物質和精神上給了我極大的理解與支持，這也是我克服困難，不斷前進的最大動力！

　　時光飛逝，不知不覺之間，自己早已年過而立。這麼多年，經歷了不少事情，心態發生了不小變化，對人生也有了更多感悟。感謝這些經歷，讓我學會了堅持、忍耐、沉潛，這些都是我的寶貴精神財富。在本書出版之際，我的學業已經告一段落，正開啓了新的工作與生活。無論將會經歷什麼，我知道，自己必須奮力前行……